奥派投资

穿越通胀与通缩

拉希姆·塔吉扎德甘（Rahim Taghizadegan） 罗纳德·圣弗尔（Ronald Stöferle）
马克·瓦莱克（Mark Valek） 海因茨·布莱斯尼克（Heinz Blasnik）◎著

朱海就 屠禹潇 童娟◎译

AUSTRIAN SCHOOL FOR INVESTORS

AUSTRIAN INVESTING BETWEEN INFLATION AND DEFLATION

中国人民大学出版社
·北京·

目　录

推荐序一

为什么中国大妈是对的？

刘建位
汇添富基金首席投资理财师
《巴菲特选股10招》作者，霍华德·马克斯《周期》译者

不久前收到中国人民大学出版社曹沁颖女士发来的书稿，当天看到半夜12点多。晚上我一般10点之前就上床睡觉了，能让我看到12点的书，最近这是第一本。感觉1994年开始在复旦读研学的货币银行学在我脑子里又重新活跃起来了。后来突然中招，得了新冠，休养四五天后又开始看后面几章。

你知道的，得了新冠，人的脑子就……我忽然一想：哎呀，奥地利学派经济学家的这本书研究了这么多，讲了这么多，最后就是证明了一点——中国大妈是对的。中国大妈过去典型的投资行为，整体来讲可以说都是对的。

都说得新冠会让人脑子变笨，但可能正是这次新冠让我脑子灵光一现想到：这本书就是支持中国大妈投资行为习惯的投资教科书。

中国大妈爱存钱。

太对了。

中国大妈买黄金。

太太对了。

中国大妈买房子。

太太太对了。

中国大妈买基金。

太太太太对了。

这本书讲了很多，从理论上证明了一点：中国大妈都是对的。在投资理财上，要听中国大妈的话。说得直接一点，对于年轻的大学生、刚毕业不久的大学生，就是一点：听你老妈的话，跟你老妈走，你老妈是对的。

这本书有些方面和我特别崇拜的投资大师巴菲特的看法也非常一致。这里我结合书中内容以及巴菲特的观点简单梳理一下中国大妈做得特别对的四大类投资。

中国大妈的投资类型，按照优先顺序，可以分成两大类四大块。

中国大妈学习邓小平，先求稳定，稳定压倒一切；再求发展，发展是硬道理。

第一块投资

中国大妈不欠钱多攒钱，是对的。

首先，手上要有足够多的现金。现金是通俗的说法，就是马上可以拿到手且马上能用的活钱，可以是活期存款，可以是不超过三个月的短期存款，可以是货币基金。

中国大妈精打细算，从不过度消费，不会刷卡透支，不会贷款购物，想买啥有钱再买，发了工资能存多少就存多少，能多存一点就多存一点。现金是氧气，欠的债务有时能一下子勒死你。

事实证明，遭受疫情的突然打击，封闭在家，工作停了，甚至工资也停发了，但是你各种各样的支出一分也少不了，这时你才发现：老妈平时多存钱是对的。

一分钱难倒英雄汉，那是那些男人才会做的傻事，中国大妈才不会干，手上随时都有足够的钱。

投资理财关键的第一步是——攒钱。你要投资，就得先有钱。所以第一步是最重要的一步，既是投资的前提，也是投资过程中最耗费时间的步骤。想想，高考只有两三天，但是学生们为高考准备了三年。交钱买房一天就能搞定，但是要攒够买房的钱需要多少年？

《奥派投资》是怎么说的呢？

要攒钱，需要三步：

攒钱三步走的第一步——花钱要节俭，控制不必要的消费。

你都花光了，还怎么攒钱？要攒钱，你得节俭，不能乱花钱。

第八章“储蓄的道德”这一小节讲到，要这样正确理解节俭的重要性：

> “节俭本身不是目的，而是一种手段，让我们能够以迂回的方式为我们的生活注入更多的品质与意义。如果人们认为节俭不再有必要，那就说明这恰恰是最需要回归节俭的时刻。那些最美丽、最有价值的东西，往往不是瞬间就能买到的，需要我们耐心等待。留给我们的时间不多了，这对于人类来说似乎是一件很痛苦的事情。但只有依靠节俭，我们才能发掘自己的潜能。实践、经验、获取的知识、记忆和可以储存人类能量的物质财富，只能随着时间的推移慢慢让人类社会变得繁荣。储蓄是保障我们未来各个时间点安全的一种尝试。节俭实际上不是当下有意识生活的反面，而是这种意识的表达，这才是对节俭的正确理解。”

巴菲特的节俭是出了名的。巴菲特在纽约时开的车，车牌就是节俭（THRIFT）。巴菲特平时不洗车，哪天一下大雨，就赶紧开车出去溜一圈——老天爷免费洗车。巴菲特爱买过期杂志。现在巴菲特90多岁了，早餐还是吃麦当劳的汉堡包，住的还是1958年买的老房子，当时花了3.15万多美元，折合人民币20多万元，住了60多年，还在住。

学巴菲特的第一步，就是学会节俭，不断积蓄资本。这一点，中国大妈和巴菲特太像了。

攒钱三步走的第二步——不要欠债。

有时遇到事了，非借债不可，这也是没有办法的事。但是能不借债绝不借债，不得已借了债要赶紧还掉。无债一身轻，欠债可能会要了你的命。有些年轻人禁不住诱惑，贷款提前消费，但你不知道的是这些消费贷款的利率相当高，有的真称得上是高利贷了。中国大妈会劝你，“孩子，这事不能干”。

本书第八章说，一般情况下不建议人们使用消费贷款，而且提出严重警告：“任何背负债务的人都不应该进行进一步的投资活动。对这类人的行动建议只有一个：尽快偿还债务！”

巴菲特极度厌恶负债，能不借钱尽量不借钱。巴菲特在公司所有人手册第7条原则中说得非常坚决，宁可少赚钱，也不会多借债：

> “我们在借债方面非常克制。真的需要借钱时，我们会尝试去获得利率固定的长期贷款。我们宁可放弃很感兴趣的机会，也不愿意背负过高的债务。这种保守态度肯定会拖累我们的经营业绩，但只有这样我们才能心安理得，因为我们对许多投保人、债权人与股票投资人负有受托人义务；许多

> 股东托付我们管理的资金，占其家庭财富的比例高得非同一般。（正如印第安纳波利斯500英里汽车越野大赛的一位冠军说的那样：‘要率先第一个完成比赛，你首先必须完成比赛。’）我和芒格在财务管理方面向来审慎，绝对不会为了追求多赚几个百分点的利润而牺牲哪怕是一个晚上的安心睡眠。我从来都不相信，自己应该拿家人和朋友现在已经拥有而且需要拥有的财富作为赌注，去追求他们现在还未拥有也并不需要的未来财富。”

有些人做生意会加杠杆，做股票投资会加杠杆，就是通过借债融资来扩大规模。在这种情况下，做对了，会成倍放大收益，但是做错了，会成倍放大亏损，让你的财富一夜归零。

巴菲特（2010）警告说：“我们小学三年级时就学过了，无论之前积累的一连串数字有多大，一旦乘以零，一切都完全归零；有些人在2008年重新学了一遍这个教训。历史告诉我们，太多时候杠杆会产生一切归零的结果，即使运用杠杆的人非常聪明，也照样一切归零。”

攒钱三步走的第三步——囤钱。

第八章“囤积”那个小节谈到了货币囤积，说得俗一点，就是多存钱，要存够一年不工作也够你日常生活开支的钱：

> “它能够保存流动资金，让个体拥有行动的能力。因为不确定性始终存在，所以人们有必要持有流动资金。一个明智的投资者不可能在任意武断的时间点以任意武断的数量进行投资。”

> “囤积的初衷一定是让自己的财务有盈余。囤积是以填补之前的债务和减轻个人负担为前提条件的。一旦一个人摆脱了债务，其首要任务就是为自己预期的支出建立储备。”
>
> “流动性储备至少要能够应对自己一整年的支出。如果一个人还没能建立这样的储备，那就无须进一步考虑投资的问题。”
>
> “罗兰德·巴德尔曾推荐对投资资金进行以下划分：把投资资金分为三份。当周围的一切都平和稳定时，使用第一份资金；对第二份资金的使用必须足够谨慎和保守；第三份资金只能在拉响‘红色警报’的时候使用。”

巴菲特（2014）说得更加直白：现金是氧气。

“现金对企业的意义，犹如氧气对个人的意义：氧气存在时，没有人会注意到氧气；氧气短缺时，所有人都只想着氧气。”

巴菲特说：我们在任何时候账上的现金都至少保持200亿美元，折合人民币1 400亿元，一是有急事时马上可以救急，二是有重大投资机会时马上可以出手。巴菲特经历多次重大危机而不倒，而且能从危机中抓住机会迅速出手，这是一个重要原因。

好多企业现金流中断，结果有再多资产也没用，不能马上当钱花，这才明白巴菲特说的真对：现金是氧气。

流动性压倒一切，稳定压倒一切。这是中国大妈和巴菲特的共同人生智慧。这是保命的事，而不是多赚几个点的利息的事。

第二块投资

中国大妈小钱多买黄金，是对的。（个人认为，小钱以万元为单位。）

现金量足够支撑你一年的开销就行了，持有特别多的现金只会贬值，最稳妥的保值方式是买黄金。

手头有了足够的现金、足够的积蓄之后得想办法买点黄金，因为纸币是靠不住的。你想想，二十年前你小时候父母带你吃一碗面多少钱？现在吃一碗面多少钱？再反过来看，二十年前你小时候一百块钱能买到什么？现在一百块钱能买到什么？你就明白物价上涨了多少，现在的钱多不值钱。现在拿太多现金的是傻瓜，拿太多活期存款的是傻瓜，拿太多长期存款的更是傻瓜。利息赶不上物价上涨。古往今来，公认最保值的还是黄金。所以中国大妈有了一些小钱就买黄金是对的。

有时适当买些黄金饰品，既保值，又美颜，一举两得。我二十多年前到上海工作，就给老妈买过一个金戒指，才80多元一克。结果发现，我当时买的东西中就数黄金最保值，而衣服、鞋子、家电，现在一分钱也不值。可惜当年买的黄金太少了。早知道当时就不会为了一时追求流行买那些容易贬值的东西。向中国大妈学习，多买些黄金，多买些金戒指、金项链。

在投资组合中适当配置一些黄金是有益的。本书第九章这样说：

“黄金具备多种品质，因而能够作为平稳的、长期性的投资工具。黄金与大多数其他资产类别，尤其是股票和债券的相关性非常低。自1970年以来，黄金与标准普尔500指数的相关性为-0.18；与10年期国债的相关性为-0.04。因此，黄金作为一种相关性较低的资产类别，可以充当实现投资组合多样化的一种手段。”

“大部分研究认为，黄金能够降低投资组合的整体风险，减少投资的波动性。尤其是在极端动荡时期，这种功能更加明显。大部分研究建议黄金配置占个人总财富的5%～10%。鉴于目前所推行的货币政策，我们会把这个比例再往上调。”

但是存再多存款，买再多黄金，也赚不到多少钱，存款保证生活稳定，黄金保持价值稳定，但是黄金不会生黄金啊。

稳定压倒一切之后，发展才是硬道理。

第三块投资

中国大妈大钱买房子，是对的。（个人认为大钱以百万元为单位。）

中国大妈最热衷的是买房子。

我个人一直嘲笑，公司同事那些做了妈妈的、准备做妈妈的，都只知道买房子，自己有钱就赶紧买房子。儿子要结婚，中国大妈买房子；女儿要结婚，中国大妈催着先买房子。

看看上海的房价从每平方米一千多涨到十几万，事实证明，中国大妈买房子，太对了。

曾经每平方米价格不到一千块的房子摆在我面前，我身边的中国大妈拼命抢，我却……我错了，中国大妈抢房子，是对的，太对了。

我老婆劝我早点买房子，我妈劝我早点买房子，我周围年纪大的女同事也劝我早点买房子，可是……我错了，中国大妈是对的。

买房子，买房子，还是买房子，不管房价涨多少，大钱攒得差不多了，都要优先买房子。

我翻译过《彼得·林奇的成功投资》，这位美国历史上最成功的基金经理也劝投资人有钱先买房，买好房子之后，有余钱再做股票投资。

巴菲特本人也认同，长期来看能够跑赢通胀的只有两大类资产：好房子和好股票。事实证明，长期跑赢通胀的只有房产和股票这两大类资产。

但是对于大多数人来说，他们只会买一套房子用来自住。从这个意义上讲，不论房子升值多少，都会一直住到老，所以买这套自住的房子其实只不过是一项耐用消费品投资。房价再涨你也不能把房子卖了，因为你还得住啊（本书第八章也说到，从狭义的奥地利学派视角来看，当前许多被称为投资的活动其实并不是真正的投资，很多只不过是消费决策，比如投资购买自住房产，就是一个例子）。

所以中国大妈解决了住房问题，过上小康生活之后，重点转向投资，主要是投资下一代的教育和成长。这是中国大妈一生最主要的投资。

在教育好孩子的前提下，有些中国大妈进一步拓宽视野，开始转向长期最有升值潜力的资本市场：股票市场。

第四块投资

中国大妈中钱买股票是对的。（个人认为，中钱以十万元为单位。）

有了足够的存款，又买了一些黄金保值，房子也买了，贷款也还得差不多了，甚至还完了，这个时候又有些长期不用的闲钱，买点股票和基金长期持有，是对的。

大多数人 60 岁退休后平均还有二三十年的寿命，所以我们的养老投资至少 20 年起步，而从 20 年投资期限来看，两百多年历史统计数据表明，股票投资是长期升值幅度最大的资产，远远超过债券，也明显超过房地产。

可是选股太难了，基金经理都难以战胜市场，业余投资者想要战胜市场，绝大多数人根本不可能做到。所以自己选股投资不如买基金。但选基金经理也挺费劲的。如果闭着眼睛买的话，可以买些代表整个市场的指数基金，反正这样能达到所有基金经理选股的平均水平，绝对不会出大错。

这是巴菲特唯一多次公开提出的投资建议：对于绝大多数人来说（我个人理解超过90%），最好的股票投资策略就是持续不断买入代表整个股市的指数基金。

事实证明，听巴菲特的话就对了。数据表明，最近15年，美国股市极少有基金经理能够战胜市场指数。

最后，作为总结，我们来对比一下本书奥派经济学家建议的投资方案与中国大妈的实践：

> 30%的资金配置于囤积流动性——中国大妈多存钱和买黄金是对的。
>
> 30%的资金配置于耐用消费品（自有房产、艺术品、价值高的家庭用品等）——中国大妈买房子是对的。
>
> 30%的资金配置于资本品（机器、工具、企业股份、房地产出租等）——中国大妈买股票基金是对的。
>
> 最后10%用于捐赠基金（购买涉及慈善、科学、和平促进、文化和环境项目的企业的股份）——中国大妈积极支持教育事业是对的。

明白了吧？这就是我为什么说，这本书证明了中国大妈是对的。

所以我个人认为，这本书可以作为未来的中国妈妈学习投资理财的入门教科书之一。

各位大学生，特别是女大学生，未来家里负责管钱的中国妈妈，你读到这本书就偷着乐吧。在此我推荐所有年轻的大学生，特别是女大学生，都看看这本书。

高中时妈妈天天只让学习；一上大学就开始准备考研；刚考上研就要开始实习找工作；一毕业妈妈就催着找对象结婚，一结婚就催生孩子，而这时你发现，自己还多了一个重要职责——管钱，管一大笔钱，很大很大的一笔钱。

可是你从来都没管过钱，怎么办呢？肯定得先跟你妈学，但是怎么跟你妈学呢？你总觉得妈妈很土，都是土办法，是自己摸索出来的。现在有了这本书，你就知道了，你妈妈是对的，跟着妈妈好好学吧。

不过你妈妈只有实践，而这本书提供了理论框架，如同给了你一张标出清晰路线的地图，能让你跟妈妈学得更快，甚至能让你给妈妈出谋划策。

读读这本书，增加一些有用的经济学和货币银行学基本常识，再结合你妈妈的英明投资举措分析一下，为你走上家庭投资总监岗位做好知识上的准备。

投资比你想象的难，你需要比高考、考研更加努力地学习，需要像球类比赛一样在实战中不断磨练、不断反思。

在学校里，分数就是你的命根，考试得分是你在学校里的基本生存能力。在社会上，钱就是你的得分，就是你的命根，而努力工作，适度消费，持续攒钱，再投资赚钱，就是你在社会上必备的基本生存能力。

好好学、好好练吧。和在学校一样，关键是多练习，在错误和反思中进步最快。

在学校里，光会读书不行，你得会解题，活学活用，找出正确答案才能得高分。在投资理财上，光会读书更不行，你得学会解决实际问题，活学活用，逐步摸索调整，才能赚更多的钱。你只能在实践中不断检验所学的知识，不断磨练自己的投资判断和持续坚持投资组合不动摇的能力。

在学校里不要耻于谈分，在社会上不要耻于谈钱。

在市场经济企业之间的业绩比赛中，一切以赚钱多少来衡量比较。

在投资市场投资者之间的业绩比赛中，一切以赚钱多少来衡量比较。

在市场经济和投资市场中，每天企业的经营管理者和投资者都在和竞争对手进行业绩比赛，这是比高考激烈一万倍的比赛，而金钱就是公认的计分标准。

好好练习，上场比赛吧，这是你一生都必须要持续参加的金钱比赛。

祝你好运！

推荐序二

投资的奥派智慧

毛寿龙
中国人民大学教授、博导

每个人多多少少都会有一些辛苦积攒的财富。如何让其保值增值？如何睡着了还能够有收入？如何实现自己的财富自由？如何才能让现在积攒的财富在三四十年后还能够给自己养老？

这是有点储蓄的人都经常会问的问题。这意味着他准备从财富的劳动创造者向财富的投资者转变。当然，很多专业投资者都是日夜工作的，因为资本市场是全球的，白天要关注本地市场的信息和生意，晚上要关心国际市场的信息和生意，不是在简单的睡梦中一定会有收入。

从资本市场获得收入，或者获得养老金，甚至获得财富自由，这可能不需要传统意义上的体力劳动，却需要充沛的精力和丰富的财商，尤其是需要正确知识的指导。

按理说，经济学就是这样的知识，尤其是金融学。但是奥地利学派经济学家却发现，现在的主流经济学，包括金融学，并不能给投资提供正确的指导，因为现在的主流经济学包括金融学都醉心于现有的宏观数据分析，却忽略了微观数据的异质性；投资领域的大多数人都醉心于宏观数据，结果却是随波逐流，在动物精神的驱使下，当了理性的“白痴”。股市里别人都疯狂时，你即使理性，也不得不疯狂一下，否则就会“赚不到这一波钱”。结果是，投资市场成为一个击鼓传花的游戏场。一些投资者的确挣到了快钱，但更多的投资者不仅没有挣到钱，还亏了血汗钱，个别投资者甚至因此债台高筑，绝望之下只能纵身一跃，了结此生。

不仅如此，奥地利学派经济学家还发现，在现代主流经济学包括金融学的鼓动下，政府都禁不住信贷扩张的诱惑，都想通过信贷扩张来缓解财政压力，也想通过信贷扩张来避免萧条，从而维持经济的持续繁荣，而且心安理得，但结果却是进一步造成了经济的波动：繁荣期的波峰越高，时间越长，萧条期的波谷也随之越深，时间也越长。

在经济波动因系统性政策而加大的情况下，“系统白痴”的现象越发严重。一些有奥地利学派经济学智慧的投资者发现，如果普通人都知道某只股票让大家都挣到了大钱，就是出清该股票的最后时刻。因为普通人一般缺乏金融知识，也缺乏金融信息，他们买了这只股票并感觉挣到快钱的时候，经济的波峰就已经到顶点了，因为他们不可能再找到能接手的下家，如果出不了手，投资就会失去流动性，他们就只能顺波而下，就像弄潮儿，失去大浪的推动，在浪峰被高高抛起，然后迅速沉没在大海之中。冲浪者都知道，弄潮儿必须抓到一道浪，然后让浪壁推动冲浪板才能持续前进，弄潮儿必须通过各种专业动作让自己保持在浪壁上，一旦上了浪峰，或者下了浪谷，就会失去浪壁的动力。而且海上冲浪是一种极限运动，冲浪者搞不好就会溺水、被水母蜇伤中毒，有时还会遇到鲨鱼，偶然遇到10米以上的大浪，如果是大浪连续袭来，再加上悄然而至的离岸流，此时再突然与冲浪板失去连接，或者冲浪板断裂，就会面临受伤乃至丧命的危险。

从理论上来讲，只要保持在浪壁上，不赚浪峰的最后一块钱，不在浪谷失速下沉，就可以在投资领域立于不败之地。很多人想的是，根据既有的数据和数学模型，推算盈利和亏损的机会，然后快速赚钱，并避免亏损。想法是美好的，但现实是残酷的，现有的数据和数学模型并不能保证大家的盈利机会。对此，奥地利学派经济学的观点是，主流经济学包括金融学的方法论有重大缺陷，因而理论和模型也有重大缺陷，当然也就难以导出正确的投资建议，即便得到的投资建议在实践中是正确的，在很大程度上也是运气使然。

《奥派投资》一书，从投资的角度，重新叙述和阐释了奥地利学派经济学与主流经济学不同的基本理论和方法，如关注相对价格的主观价值理论、关注可能有异质性的边际分析等，在此基础上区分了以创造财富为基础的真实繁荣和以信贷过度扩张为基础的虚假繁荣，说明后者是虚幻的繁荣。

奥地利学派经济学家不认为自己是好的投机家。投机可能是投资行为的特点，但靠投机发财并不是奥地利学派经济学家所追求的。在权力决定经济的地方，投机者更多的是投权力所好，通过权力的腐败赚钱。在这种情形之下，再好的投资理论都不可能是投资行为好的指针。虚幻繁荣的时代，也是充满各种投机行为的时代。投机行为者的确会有一些赢家，人们可能会把注意力投向这些赢家的“智慧”，但他们其实只是凑巧投机成功而已。理性的奥地利学派经济学家有投资智慧，但更大的优势是发现危机。有的投机者也会发现危机，然后卖空那些预期会猛跌的股票，但卖空后价格不一定会立刻下跌，如果价格不仅没跌反而走高，就会导致投机者被强制平仓。之后即使价格果然下跌，证明他的卖空预判非常正确，但为时已晚，投机者此时可能已经破产了。这样的人并不真正拥有智慧。实际上，对于卖空预判成功却遭遇破产的投机者来说，奥地利学派经济学家会建议他，他的卖空行为本身不是审慎的。在奥地利学派经济学家的投资方案中，不包含让自己轻易破产的方案。

奥地利学派经济学的理论相对于主流经济学来说，无疑是审慎的，也是正确的。对于偏好风险、想要暴富的投机家来说，他们喜欢充满大风大浪、充满各种所谓机会但背后隐藏着巨大危险的市场。对于这些人，赚大钱然后站到聚光灯下是可能的，但概率是很低的，而破产是大概率事件，只不过这种破产基本是不为人所知的。《奥派投资》一书，不是为这些人写的，而是为辛苦工作创造价值，节衣缩食储蓄，再力图利用资本市场投资来赚钱的普通人写的。对于普通人来说，把辛辛苦苦积攒下来的血汗钱用于投资，重要的是资产的安全和合理的保值增值。对于他们来说，不去眼红投机家的一夜暴富，而是关注大家看不到的风险，可能更重要。

对于普通人，奥地利学派经济学家的投资建议是稳健的：如果有债务就不要投资，一旦投资失败就会让债务越来越重；如果有储蓄，需要留点现金，当然也需要买一些大家都认为是信用基础的黄金之类的贵金属和稳健的资产。投资高风险的股票市场，尤其是做风险更高的金融衍生品生意，《奥派投资》建议仅使用部分资金，而且对投资组合也需要做好风险的对冲准备。

总之，投资是现代人的必修课。在笔者看来，繁荣时代的现代人几乎不可能因吃喝而用完所有的财富，却会因赌博或者投机随时失去所有财富。究其原因是，财富需要秩序，包括知识的秩序，而以获取暴利为目的的赌博或者投机却是最大限度地做薄市场来放大风险，靠摧毁知识的秩序、靠动物精神来获取暴利。奥地利学派经济学是最重视秩序和知识的经济学，因而也是最擅长控制投资风险的经济学。想要实现财富自由、避免让自己的财富陷于危险中的专业投资者和普通人，都需要阅读《奥派投资》这本书，从而在充满风险的世界里掌握稳健投资和实现财富自由的诀窍。

推荐序三

不确定性加剧，奥派理念弥足珍贵

冯兴元
中国社会科学院研究员

诚如《奥派投资》的作者所言，奥地利学派经济学为世界带来了一种对我们来说已变得陌生的视角，并为洞察世界提供了梦幻般的可能性。

本书是我个人读到的第一本从头到尾系统阐述奥地利学派经济学理论，并从中提炼出相应投资理念、操作方法的著作。四位作者中有研究奥派理论的顶级专家，有从事投资和资产管理的专业金融集团高管，有投资经验丰富、投资业绩一流的基金经理，共同组成了强大的写作团队。

奥派投资理念的核心是价值导向的投资，强调清醒面对市场，洞察市场扭曲，把握经济周期与各种投资品和投资标的的特点，基于价值做出各种投资选择。全书对奥派理论、奥派投资理念和投资操作娓娓道来，深入浅出。阅读此书，既可感受到持续的愉悦，又可掌握丰富的奥派思想和面向价值的投资理念。

书中指出：未来是不确定的，货币不再具有真正的基础；政府注入廉价货币带来通货膨胀和资产价值损失，也导致经济周期大起大落，甚至导致金融危机。

在全球经济不确定性加剧的背景下，奥派投资理念和投资方案弥足珍贵。无论你是准备投资还是正进行投资，本书都开卷有益。

推荐序四

区分虚幻与现实的思维

约翰·哈撒韦
托克维尔黄金基金高级投资经理

路德维希·冯·米塞斯（Ludwig von Mises）如何看待量化宽松（QE）和零利率政策（ZIRP）？弗里德里希·冯·哈耶克（Friedrich von Hayek）能够理解美国联邦公开市场委员会或欧洲央行的政策声明吗？这些奥地利学派的大师和他们的拥护者会怎么看待对冲基金、ETF、共同基金和其他各种投资工具？将它们移用到当今投资界，贵金属是否符合奥地利学派的模式？如何从根本上解决政府的有形之手向私营部门的各个方面扩散的问题？答案在某些情况下是显而易见的，而在其他情况下是复杂的。要想获得这些问题的答案，需要了解奥地利学派的经济思想，而这一思想在现代的投资分析或媒体评论中是非常缺乏的。

在类如赌场的 21 世纪的金融市场中，假冒经济智慧的是凯恩斯主义式的分析，其特点是对无意义的、数量化的历史总量数据进行重构，并将其推演到未来的结果上。所谓的“博学的”博士被持续不断地制造出来，而这些人中普遍存在着经济文盲，这影响了公共政策，也影响了投资思维。这些根深蒂固的问题扭曲了估值和投资流，并表明对现状的自鸣得意具有内在的不可持续性。

运用奥地利学派的思维，在分析时可以非常准确地区分虚幻和现实。这种思维为已经存在的情况以及可能发生的情况提供了一个合理的、非常容易理解的整体视野。这是因为它将经济活动和可能的发展描绘为个体行为、常识和具有现实可行性的框架的产物。它不使用抽象的分类加总（groups）与“各种力量”（forces），不运用让人难以理解的公式，使这些力量以某种方式被量化并建立相关关系，因为这种方法只能成功地解释它所创造的人为现实。

现代读者面临的首要挑战是熟悉奥地利学派经济学的基本准则，下面会对此进行详细的解释。对许多人来说，这项工作将类似于学习一门新的语言，这种学习将会证明主流的金融媒体和教育系统中明显存在着思想和观念的陈腐。经过学习，思维将变得清晰。

奥地利学派的分析框架不是短期内实现成功投资的秘诀，甚至也不是积累财富的途径。这里没有这样的魔法。然而，它确实为人们从大量的幻想与错觉中恢复理智提供了基础。它建立在有道德的行为、常识和清醒的反思之上。奥地利学派的投资方法避免了杠杆、各种营销和狂热。通过一种平衡的财富保值方法，它能够引导人们远离灾难性的投资结果。简言之，奥地利学派的投资方法是建立在现实而非虚幻的基础之上的。在日常的实践中应用这些方法，投资者将有机会改善财务状况。

本书是广泛研究的结果，汇集了许多用奥地利学派的思想过滤而成的智慧。对于不能用简单的术语来理解的复杂世界，这是一种有高度现实意义的贡献。它涵盖了广泛的主题，从宏观经济学到微观经济学，从历史到当前事件，从理论到实践，从一般到轶事。

当今的金融市场被高度活跃的高频交易所主导，而这些交易又是由跟踪趋势的量化算法所引导的。人的思考被人工智能取代。市场价格被机构和政治利益操纵，成为它们的游戏。估值被央行的零利率政策夸大了。对这些央行来说，推高金融资产价格以影响个人和企业的行为，从而实现其宣称的充分就业、适度通胀和金融市场稳定目标，已经成为其信条。金融财富已成为一种幻觉，与真实财富几乎没有相似之处。金融财富依赖于一个虚幻现实（matrix）的功能，这个虚幻现实必须根据其独特的规则来导航，而这些规则往往与常识相悖。对那些担心这种虚幻现实的功能不可持续的人来说，奥地利学派经济学为投资者提供了一条通往批判性思维的路径，这种批判性思维将在推高纸面财富的技巧消亡后的很长一段时间内为相关从业者提供可持续性。

推荐序五

奥派从未如此重要

列支敦士登菲利普王子
列支敦士登全球信托基金（LGT Group）* 董事局主席

奥地利学派从未像现在这样重要。本书观察和描述了当今的泡沫经济，分析了央行的基本货币政策，并提出了可能的投资理念。

本书也是有关历史回忆的。未来是不确定的，无法提供明确的预测。奥地利学派的观点帮助我们看到了一种长远模式和今天常常被人忽视的机会。

我希望本书的所有读者都有一个令人兴奋的发现之旅，特别是那些需要进行可持续且基于价值的投资的人士。希望无论是作者还是他们的这本书，都能够拥有广泛的读者，获得当之无愧的成功。

---

* LGT 是全球最大的完全由家族拥有并管理的私人银行和资产管理集团，是欧洲最大的私人银行和资产管理集团。截至 2022 年底，其集团资产管理规模达 3 103 亿美元，约 2.1 万亿人民币。

译者序

从奥派理解经济周期

朱海就
浙江工商大学教授

投资已经成为现代社会中普通人必须具备的一项重要技能，因为每个人都面临着如何保护辛辛苦苦积累下来的财富的问题。在通货膨胀时代，面临通胀的侵蚀，储蓄已经无法保护财富，如果能够避免财富受通货膨胀的“掠夺”，就已经很不容易了。在之前信用急剧扩张的时代，很多人会选择买房来保值，基本上随便买套房财富就会增值，但这样的时代已经过去，财富的保值与增值已经变成一件非常困难的事情。在这种情况下，普通人要保护自己的财富，唯一能够依靠的就是专业知识。本书提供的正是这种专业知识，包括经济理论与投资实践。

市场上有关投资的书很多。本书的独特之处在于它把投资和经济周期联系起来，这正是本书的副标题所强调的。正如很多从事投资的朋友所认识到的，投资的关键是抓住经济周期的变化，大钱是通过抓住周期赚来的，靠劳动只能赚小钱。因此，能否把握周期成为决定投资成败的关键。掌握有关经济周期的知识，理解经济的周期变化，是做出“正确”投资的前提。

本书旨在帮助读者理解经济现象，特别是理解经济周期，从而更好地做出投资决策。经济周期是一个经济现象或金融现象，也是重要的经济学理论问题。在经济周期问题上，奥地利学派有非常大的理论优势。如经济学家黄春兴教授所指出的那样，奥地利学派是从金融起家的，米塞斯最早的作品是《货币与信用理论》。奥地利学派把经济周期问题追溯到货币，又把货币追溯到边际效用理论，这样就把经济周期与最基本的经济学理论联系了起来，使得对这个问题的考察有了坚实的理论基础，这与其他经济学派，如凯恩斯主义经济学或货币学派主要是在经验层面考察这一问题是不一样的。理论知识与经验知识的不同在于，理论提供的是确切性的或一般性的知识，是原理性的，而经验知识则不具有一般性，这也是奥地利学派的周期理论相对来说更为重要的原因。

奥地利学派强调“因果一现实”主义方法。这一方法论意味着它追求的是确切性的知识，而非不现实的或虚幻的知识，这种确切性的知识也正是投资者所需要的。“投资”是人的行动，人的行动需要利用有关因果关系的知识，因为这样的知识决定了人对世界的认知与理解。有正确的理解，才能有成功的投资，而实现正确的理解需要运用正确的知识。如果缺乏这样的知识，投资就变成盲目的行为，就变成碰运气，或像有的人一样，试图把投资行为建立在揣摩政府（也包括美联储等央行）的政策意图上，这样做会给投资带来极大的风险。确切的经济学理论所提供的确切知识，让行动更加可靠，从而增加成功投资的机会。由此可以看到，作者把“投资”放到一个重要的知识传统，即奥地利学派经济学这样一个更为坚实的知识背景下来考察，这将使投资具有科学性，使投资变成一门真正的学问。

在本书中，这样的知识包括顺次相关的三个方面，即奥地利学派的经济学理论、投资理念和投资实践。作者给出了奥地利学派经济学的基本原理，以及基于这些原理的投资原则。这样就把投资上升到更高的思想与理念层面，而不只是把投资视为一个纯技巧性问题。

从奥地利学派的经济学理论开始论述投资，这是比较“迂回”的阐述方法。类似于生产过程，迂回能够提高生产效率，对论述一个主题来说，也是这样。在本书中，有关奥地利学派经济学理论的内容，强调了经济周期，同时又论述了和货币相关的内容。作者在书中阐述了“货币革命”，简单地说，就是通货取代真正的货币的“革命”，构成了资本主义的一个重要特征（负面意义上的），这场“货币革命”产生的影响可以和工业革命相比。它扭曲了生产结构，制造了经济周期，导致通货膨胀，使得滞胀与衰退等交替出现。现代宏观经济主要就是繁荣、滞胀和衰退这三种模式的更新迭代。

投资要与货币打交道，可以说，理解货币是投资的起点，也是认识当今社会的前提，因为重要的经济与政治问题都可以追溯到货币。今天，人们使用的货币是由不兑现的纸币构成的，它也被称为法币，属于“货币”（可兑现）的替代品，而不是真正的“货币”。投资是在普遍使用这种货币的背景下进行的。这种货币以强制的方式注入经济，对经济造成很大的扰动，也给投资带来机会和风险，经济周期波动的源头就是在法币这里。作者在书中对货币问题进行了深入的阐述，即使是不打算投资的读者，也是有必要了解的。有关货币问题，书中的一个独特的知识点被传统货币理论所忽视，但对投资来说很重要，那就是货币的累积效应。它指的是当货币的累积达到某个阈值，通货膨胀或通货紧缩的趋势就会加速，累积的能量将以类似火山爆发或地震的形式释放出来，就像“地壳运动”一样。当然，投资者无法预测累积效应什么时候会爆发，但要为这种爆发做好准备。

不兑现的纸币导致通货膨胀，通货膨胀又扭曲了生产结构，扭曲的生产结构则导致经济周期，这是奥地利学派周期理论的基本逻辑。强调生产结构，用生产结构来解释经济周期，是奥地利学派周期理论不同于其他周期理论的独特之处。奥地利学派的生产结构思想，体现在门格尔的高级财货与低级财货理论中，也体现在庞巴维克的迂回生产概念中，更体现在“哈耶克三角”中。本书就是运用哈耶克三角来说明通货膨胀如何影响生产结构的。生产结构思想不仅有力地解释了经济周期，对投资来说，也是非常重要的。因为投资的一个关键是把握周期中不同商品价格变化的结构，根据这种变化做出调整。

比如，有关如何根据经济周期来选择股票就是一个“生产结构”问题，作者对此甚至给出了一些具体的建议。如作者建议投资者在股市繁荣结束时，将自己的资金重新分配到消费品行业内的公司，因为这些公司受到资本市场调整的影响往往比较小。此外，通常而言，在熊市结束之前，尽量减少股票投资方面的资金配置，而将资金转变为现金或者债券投资。[①] 还比如，根据奥地利学派的周期理论，在通货膨胀过程中，资本品价格上涨往往先

---

① 见第九章。

于消费品价格上涨。类似这样的观点对投资者来说都是很有参考价值的。

从货币与生产结构等角度来解释经济周期，这样就把经济周期背后的逻辑揭示了出来。相比之下，凯恩斯主义经济学或货币学派，则更多地把经济周期视为一个经验问题，如美联储货币政策的结果。这两种不同的认识，对投资来说也有着不同的意义。根据凯恩斯主义经济学或货币学派，投资主要是盯着政策，特别是美联储的决定，然后做出经验判断。而奥地利学派的周期理论，由于不停留在经验层面，而是揭示了现象背后的本质或原理，所以可以帮助投资者提前判断经济的周期变化，甚至可以判断政府将会采取的应对措施，这样就可以使投资者先人一步。当然，这不意味着不需要关注政策，而是说，这样的理论可以使投资者在很大程度上摆脱对政策信号的依赖。

本书不仅给出了投资所需的经济学理论，还给出了投资的理念与实践，堪称理论与实践相结合的典范之作。介绍投资理念与实践的内容虽然只有第八章和第九章两章，但却占据了全书近一半的篇幅。作者对囤积、投资、消费、捐赠基金以及投机等五种资产用途进行了区分和审视，给出了他们所认为的合适的投资组合。30%的资金用于囤积流动性；30%的资金用于资本投资（机器、工具、企业股份、房地产出租等）；30%的资金用于购买耐用消费品（自有房产、艺术品、价值高的家庭用品等）；最后10%用于捐赠基金（购买涉及慈善、科学、和平促进、文化和环境项目的企业的股份）。[1] 这个组合对投资者来说，是非常有价

---

① 见第八章。

值的。作者还给出了如何分配资金的建议：把投资资金分为三份，当周围的一切都平和稳定时，使用第一份资金；第二份资金的使用必须足够谨慎和保守；第三份资金只能在拉响“红色警报”的时候使用。①

作者还给出了普遍适用的投资建议。作者认为，任何背负债务的人都不应该采取进一步的投资活动，对这类人的行动建议只有一个：尽快偿还债务！作者认为，使投资尽可能地独立于某个具体事件，才能分散风险、获得稳定收益。在这方面，作者给了投资者一个非常有参考价值的“永久投资组合”：由黄金、现金、股票和债券组成，每个部分的比重均为25%。② 这些建议几乎是投资者可以直接拿来用的。

在投资实践方面，作者非常详细地告诉投资者在不同的外部环境下如何选择资产及不同资产的特征等。在本书中，作者详细介绍了每一种投资工具的特征、投资原则与适用的场合。这些投资工具包括投资组合、股票、债券、贵金属、共同基金、期权、对冲基金、数字货币、区域性投资和小额信贷等。

目前，“价值投资”是一个流行概念。作者也给出了自己的独特见解，认为价值投资的范式与奥地利学派的研究方法在很大程度上是一致的。③价值投资的核心是确定公司基本的或“内在的”价值，发现公司内在价值与市场价格的差异。④价值投资很重要的方面是系统性地投资被低估的资产。那怎么才能找到被低估的资产呢？作者给出了具有投资价值的股票的10个选择标准。⑤作者还认为价值投资需要时刻关注两个特征，即：稳健的

① 见第八章。

②③④⑤ 见第九章。

债务指标和强大的价值导向性。[①] 本书给出的类似投资建议可谓不胜枚举，对投资者来说，这些建议有很大的实用价值。

本书无论是对爱好经济思想的读者，还是对从事投资的专业人士来说，都是不可多得的作品。正如作者在导言中所说的："本书是迄今为止在这方面所做的最全面的尝试。为此，我们经常在理论和当前实践之间来回穿梭。"[②] 本书也有力地说明了，要想有成功的实践——无论是个人投资还是一个社会的经济发展——都需要有强大的理论来支持。投资抑或经济发展，作为一种行动，首先是"理论"的，因为行动受理论的指导，而奥地利学派的理论正是恰当选择，如列支敦士登菲利普亲王所言，它帮助我们看到一种"长远模式"。这种"长远模式"可以视为一种"基准"，从而构成一种纠偏的方法。[③] 无论是个体还是社会，在发展过程中都有可能出现偏离，因此具备纠偏的能力是非常重要的，这就需要理解"长远模式"。奥地利学派的这一巨大价值，也批驳了这样一种观念，即一直以来都有不少人认为奥地利学派只是"观念的"，对指导实践没什么用处。

但要说明的是，投资没有"宝典"，本书也不是这样的"宝典"。作者提醒读者，要时刻保持谦卑的态度。如作者所言，学习奥地利学派经济学并不能保证你必然成为一名出色的企业家或投资者，也不能让你必然具备投资的敏锐性。[④] 因为企业家精神或投资敏锐性是一种天赋和直觉，理论是第三位的。作者承认，奥地利学派经济学对增进人们对当前经济事件的理解、做出更好

---

① 见第九章。

② 见"导言"。

③④ 见"结论"。

的投资决策，只能有“比较少”的贡献。作者这种承认无知、保持谦卑的态度是值得每一个读者学习的。

本书由一位理论家与三位投资者合作完成，是跨学科、多专业（经济学、金融学、心理学与历史学等）相结合的典范，它会极大地增进我们对真实世界的了解，并且给我们现实可行的帮助。这种帮助的具体方面，用作者的话说，就是如何依靠自己的力量把事情做好，积累、保护自己的财富，成为一名把理论与实践结合在一起的行动者、一个有远见的企业家。①

本书的翻译由屠禹潇、童娟和我三人合作完成。我翻译了序言、导言和前四章，童娟翻译了第五章、第六章和第七章，屠禹潇翻译了第八章、第九章和结论部分。我做了统稿和校对。翻译中存在的不足之处，敬请读者批评指正。

① 见“结论”。

导　言

投资方面的困惑和不确定性很少像今天这样明显。一方面，我们生活在一个财富似乎可以增长到令人难以置信的高度的时代。另一方面，总是有关于危机的谣言——一种阴暗的预感，即证券价格随时可能崩溃，人们一生的储蓄可能在一夜之间大打折扣。尽管官方数据显示通货膨胀温和，在某些情况下甚至出现通货紧缩，但许多人感到他们手中的货币不断贬值。他们中的大多数人怀疑，他们应该多考虑一下如何保护储蓄的价值，但却面临着矛盾的建议。对“专家”的信任正在下降，无论他们是经济学家、银行家还是政治家。如果有人提供投资建议，他就被认为是想从中赚钱——就像每个人似乎都渴望从散户投资者那里赚钱一样。

投资者很难做正确的事情，很容易犯错。当前的经济环境似乎是一场舞弊的纸牌游戏，与众多小玩家相比，舞弊者获胜的概率系统地叠加。给人的印象是，这一切是一个巨大的骗局。

本书并没有介绍一种新的投资时尚，它既不是一种新投资产品的广告，也不是一个意识形态的纲领。它的目的是让普通投资者能够获得一种在解决我们这个时代的问题时非常有用却被不公正地遗忘的知识。这种知识是基于一个经济思想学派的研究，这一学派直到最近几年才慢慢被更广泛的公众重新发现，因为它再次被证明是有预见性的。在思想史上，这一学派被称为“奥地利学派”或“维也纳经济学派”。与当年的奥地利学派经济学家接触，就等于接种了各种对付幻象的疫苗。奥地利学派清楚地解释了为什么有关经济、储蓄和投资的所谓“正统”方法是近乎不负责任的。虽然奥地利学派确实提供了一种疗法，但它不是现成的灵丹妙药，而是一种彻底的去除幻象的方案，帮助人们激活自己的头脑。

为什么今天的投资者要研究一种“陈旧”且可能已经“过时”的经济学理论？这不是浪费时间，甚至是误导吗？它是提供一个水晶球，还是提供实现更高回报的秘方？确实，两者都有一些证据，而且证据令人惊讶且看似自相矛盾。这是因为奥地利学派与其他经济思想学派不同，断然排除了可以根据过去的数据进行理论预测的可能性。奥地利学派的大多数追随者将那些声称代表专家预测的现代经济学模型视为庸医的作品，除非这些模型仅用作说明或心智工具。此外，大多数理论家都不是好的投资者，有时这样的描述甚至在更大的程度上适用于奥地利学派的代表（如果有充分的理由）。然而——这实际上可能相当令人惊讶——他们那个时代最伟大的几位预言家都是奥地利学派的追随者，他们的远见常常让人惊叹。

在实际应用方面，奥地利学派的理论也留下了印记。今天最著名的两位投资者证明了这一点：沃伦·巴菲特（Warren Buffett）的父亲深受奥地利学派的影响，并将重要的洞见传给了他的儿子。乔治·索罗斯（George Soros）的长期合作伙伴和最重要的分析师吉姆·罗杰斯（Jim Rogers）也是奥地利学派的信徒。巴菲特的老师和导师本杰明·格雷厄姆（Benjamin Graham）开发了一种方法，该方法与奥地利学派的理念惊人地相似，尽管格雷厄姆实际上并不知道这一点。最后，奥地利学派的创始人卡尔·门格尔（Carl Menger）是一名经济记者，他通过详细观察证券交易所的活动，认识到古典经济学无法解释现实世界。

如果不承担相应的高风险，就永远无法获得高回报——至少从长期来看是这样。获得高回报的唯一长期途径是通过企业家精神实现可持续的资本积累。资本理论和企业家精神是奥地利学派方法的最大优势。然而，如果不先踏上通往幻灭的艰难道路，就无法采用它的方法。奥地利学派的思想对“系统白痴”（system dorks）——那些盲目地遵循多数意见，并受制于当前紧急情况的人——完全没用。这也是该学派知名度不高的原因；它的见解通常被认为是令人不舒服的。

首先，奥地利学派的投资实践需要理论支撑。理论是古希腊人所用的术语，他们认为理论，即批判性的反思，是实践的最高形式。“危机”（crisis）和“批评”（criticism）这两个词具有相同的词源，这并非巧合。危机通常会对反思能力产生积极影响。奥地利学派在19世纪和20世纪最严重的危机中建立并成熟。奥地利学派的经济学家是世界领先的危机问题专家：他们对股市泡沫、衰退和严重萧条、恶性通胀、经济和政治衰退、戏剧性的地缘政治动荡和两次世界大战都有着近距离的观察。

正如哈耶克所言，货币体系受损的时期总是货币理论取得巨大进步的时期。① 在危机时期，奥地利学派思想的持久价值脱颖而出。在繁荣时期赚钱并不是什么了不起的壮举——它实际上是

① Friedrich von Hayek. Prices and Production. 2nd ed. New York：Augustus M. Kelley，1967（1935）：2.

自我倍增的。在危机时期，好的投资者与坏的投资者就区别开来了。最近在危机时期取得成功的投资者中，最著名的例子可能是纳西姆·塔勒布（Nassim Taleb），他显然受到奥地利学派的影响。他的长期合作伙伴，也是成功投资者的马克·斯皮茨纳格尔（Mark Spitznagel）也写了一本关于奥地利学派投资方法的书（中文版书名为《资本的秩序》）。[①] 该书虽然是由一位实践者写的，但主题的理论性和哲学性远远超过了本书。

投资是一个必要的反思过程，这个过程要求彻底拒绝传统投资方法。任何决定阅读本书以希望能够赶上新潮流或获得一些快速赚钱的技巧和窍门的人都会感到失望。尽管典型的投机者肯定不会完全空手而归，但本书将拆穿当今主流的幻象，这可能会令人很痛苦。本书诞生于维也纳的学术研究机构“学邦”（scholarium. at），作者们在那里碰面。拉希姆·塔吉扎德甘（Rahim Taghizadegan）是奥地利学派经济学在维也纳最后的代表之一，也是一位跨学科理论家；罗纳德·圣弗尔（Ronald Stöferle）和马克·瓦莱克（Mark Valek）是两位专业投资者，他们在列支敦士登创立了一个投资基金，将奥地利学派的见解融入其投资策略。这种理论与实践的结合在“学邦”引发了许多富有成果的辩论，随后是联合的课程，最后是本书。该机构的许多研究人员为本书的创作提供了帮助，尤其是拉斐尔·沙德（Raphael Schaad）、约翰尼斯·莱特纳（Johannes Leitner）和安德烈亚斯·克莱默（Andreas Kramer）。迈克尔·施密特（Michael Schmidt）在处理“价值投资”这个主题上给予了帮助，哈拉尔·斯坦比克勒（Harald

---

① Mark Spitznagel：The Dao of Capital：Austrian Investing in A Distorted World. Hoboken，NJ：John Wiley & Sons，2013.

Steinbichler）协助我们处理“不良债券”的资产类别这个问题。我们要向他们所有人表示诚挚的感谢。

本书从奥地利学派的视角对当今的投资领域进行批判性检验，并从中得出供投资者参考的结论。本书是迄今为止在这方面所做的最全面的尝试。为此，我们经常在理论和当前实践之间来回穿梭。随着本书的推进，读者将清楚地认识到连接起这两个世界的困难：花时间进行缓慢而深沉的反思与在扭曲和动荡的环境下投资金融市场所特有的压力及紧迫之间的关系。

第一章
奥地利学派

“我们这个时代的主导潮流是由反资本主义和对金融的狂热两极心态构成的，在这两者之间，奥地利学派的清醒观点具有持久的重要性和宝贵价值。”

自几年前有关危机的新闻开始占据金融媒体的头条以来，经济学家的声誉受到了严重损害。毕竟，自那以来主导事件的各种动态变化对大多数经济学家和记者来说是完全出乎意料的。伦敦经济学院教授、欧洲复兴开发银行前首席经济学家威廉·布伊特（Willem Buiter）在危机后得出结论：主流经济学家的研究方法只能被视为一种“自娱自乐”（self-referential，inward-looking distractions）。

研究往往受到既有研究项目的内部逻辑、智力沉没资本和审美难题的推动，而不是出于了解经济如何运作的强烈愿望——更不用说经济在压力和金融不稳定时期是如何运作的了。因此，当危机袭来时，经济学专业人士措手不及。①

① Willem Buiter：“The unfortunate uselessness of most ‘state of the art’ academic monetary economics”. Financial Times，03/03/2009.

由此造成的声誉损失是必然的，但不幸的是，这还不够：大多数经济学家继续误导人们，试图捍卫他们所认为的科学仅存的微薄声望。尽管大多数人怀疑经济学家的预测和模型在很大程度上是不切实际的伪科学，但他们尚未得出正确的结论。

作为一名经济学家，我为声誉的丧失感到悲痛，因为有一小部分经济学家的观点实际上是相当准确的。尤其是在今天，我们迫切需要一门现实的经济学科学。有为数不多的几个经济学派，其追随者并没有被视为无能之辈，其中之一就是奥地利学派。按照其创始人的话，该学派正在传授“因果一现实”的经济科学。它不是以今天的奥地利共和国命名的，它的命名是因为许多欧洲领先的经济学家曾常驻维也纳，并凭借他们的成就而享誉国际。当时，经济学是几个年轻的科学学科之一，并取得了重大进展。不幸的是，相对于当时发现的见解，今天的主流经济学在许多方面实际上已经退步了。

是什么让奥地利学派与众不同？它产生的环境，对我们来说似乎很遥远，但又很近。昔日的维也纳代表了旧秩序与现代性之间最显著的鸿沟。结果，出现了一种特别集中和批判性的现代性观点。几乎所有现代科学领域都在维也纳受到强烈的影响，这绝非巧合。在短暂的历史时期，维也纳是全球科学和文化中心。奥地利学派经济学诞生于这一时期，并在许多其他的维也纳思想流派中占据一席之地，其中有三个不同的心理学学派、一个逻辑学派和认识论学派（维也纳学派），此外还有音乐、伦理学、行为学（ethology）、医学和量子物理学等学派。

当时的时代是意识形态的时代。社会科学，尤其是经济科学并非不受此影响。而奥地利学派的追随者试图以一种价值中立的方式研究经济现象。当然，他们并不总是成功地完全无视自己的价值观。奥地利学派最重要的支持者都是“古典自由主义者”。当时，这意味着他们支持个人自由，并对极权主义的趋势保持警惕。古典自由主义在当时基本上已经消亡——可以说路德维希·冯·米塞斯是欧洲古典自由主义最后一位伟大的代表。

这种基本的自由主义态度阻止了当时的极权主义倾向对学派的篡夺。然而，这也导致了奥地利学派的边缘化，并最终迫使其大多数信徒移居国外。这对相关的学者来说是一场灾难，但对学科来说却是一个福音：作为其结果，奥地利学派经济学的发展是一场远离权力和批判权力的运动。

经济学是现代政府的超级科学“门徒”。因此，它也是所有科学学科中最腐败的。只要试图进行计划和控制，经济学家的有偿工作就存在。曾几何时，雇用经济学家数量最多的是苏联。今天，首当其冲的是中央银行，其中以美联储为最：目前，200～300名宏观经济学家专门为美联储理事会工作，这还不包括众多的助理职位。每年，美联储理事会都会向经济学家发放数亿美元的补贴，估计在美联储之外，另外还有500名经济学家在为美联储的“议程”全职工作。关于这个话题，有这么一则新闻报道：

> 美联储对学术型经济学家施加控制的一种关键方式，是通过与该领域的“把关者”建立关系。例如，要成为一名崭露头角的经济学家，必须把文章发表在《货币经济学杂志》上，而该期刊的编辑委员会超过一半的成员目前受雇于美联储——其余的也都曾为其工作过。简言之：职业经济学家整

体上都被美联储收买了。①

奥地利学派在很大程度上没有为了获得影响力和收入而“屈从他人”，尽管这种现象在现代经济学家中是很典型的。如果奥地利学派的传统能在维也纳流传下来，延续至今而不中断，它早就会因为这些“激励”的存在而完全被纳入主流中去了。

今天，奥地利学派经常被指责为教条主义和意识形态。在某种程度上，这一指控也许并非完全没有道理，但也未必需要对此感到十分可惜。在美国，奥地利学派被视为意识形态色彩浓厚，被贴上“以故纸堆和已故的思想家为主”这样的标签，虽然种子已经保存了下来，但这很可能会使一门相关学科（指奥地利学派经济学）的复兴变得更加困难。但正是因为教条可以防止错误，意识形态可以防止其他思想的错误侵占，奥地利学派才得以保留下来。在一个以夸张的短期主义为特征、盲目地追随日常事件的世界中，与奥地利学派的接触类似于穿越时空的旅行：它为我们的世界带来了一种对我们来说已变得陌生的视角，并为洞察世界提供了梦幻般的可能性。

不能孤立地理解当下。奥地利学派为更好地理解我们的时代提供了必要的背景，它一点也不过时：它的大部分见解是永恒的，其中一些在一个世纪前是如此具有革命性，以至于直到今天仍然让人感觉新鲜，其余的则随着新知识的积累而不断成长和成熟。今天，几乎没有哪个经济学流派比奥地利学派更适合告别

---

① Ryan Grim："Priceless：How the Federal Reserve Bought Off the Economics Profession". The Huffington Post. 10/23/2009. http：//www. huffingtonpost. com/2009/09/07/priceless-how-the-feder-al_n_278805. html.

“时代精神”（zeitgeist）的幻象。

正是由于这个原因，奥地利学派对投资者特别有价值，尽管其价值可能不会立即显现。这个解决所谓“价值悖论”的学派，在一开始的时候会用另一个悖论挑战投资者：利用奥地利学派见解的投资者“通常”会获得较低的回报。这一方面是由于某种程度的自我约束，即它将短期的物质方面与长期的道德方面进行权衡，另一方面是因为被视为“正常”的东西并不是正常的。

奥地利学派的追随者清醒地观察着这种疯狂。这种观点在维也纳是很典型的。在早已消亡的旧世界中的维也纳，人们常说“欢乐的末日”。第一次世界大战中奥普联合战斗的轶事很好地说明了这一观点。一名普鲁士军官报告说：“情况很严重，但并非没有希望。”一名奥地利指挥官反驳道：“情况无望，但并不严重。”这种自相矛盾的基本态度影响了奥地利学派，并将其与其他经济学流派明显区分开来。

改变世界的不仅有世界大战，还有在过去几个世纪里所发生的历史上独一无二的经济变革，这种变革远远超过了工业革命。这是一场货币革命，最初促进了快速和大规模的工业化，但后来产生了“去工业化”效应。每个想要了解现在和未来的投资者都需要了解这场货币革命，我们将在第二章进一步解释。

世界的转型，特别是西方社会和经济的转型，从一开始就导致了两极分化。只有极少数清醒的观察者留了下来；大多数人要么被吸引，要么被排斥。甚至那些最初被排斥的人在别人的帮助下，也很快地融入了这一潮流。在时代的潮流中，他们一度认为自己只是往后游了一段时间，但那是退潮。奥地利学派的船很快搁浅，破碎成小块散去，随着时间的推移，被人们认为已经沉没，不再受到关注。那些随波逐流、对抗现代性的经济学家分道扬镳：有些人认为这股洪流是快速的进步，只需要一点引导。这些主流经济学家认为，只有当他们所尝试的引导行为作为一种幻觉被周期性地揭发出来时，情况才是严重的，但他们并不认为那是毫无希望的。另一些所谓的“非正统的”（heterodox）经济学家怀疑整个经济是由意识形态驱动的，并认为所有的经济活动都是无望的，除非它服从他们的监督和规则。他们在这一点上过于高看自己了，因为他们可能甚至连维也纳的香肠摊都经营不了，只能依赖现代货币洪流中的资金流来维持生计。

相比之下，剩下的和“搁浅”的奥地利学派的拥护者仍然保持着对现实的把握：他们看到试图引导经济是无望的，但是，他们并没有过分看重现代形势，既没有把它视为实现乌托邦梦想的方法，也没有把它视为意识形态上的敌人制造的阴谋。历史还没有结束，我们也没有生活在最好的世界里。货币革命滋养了企业家精神，人类的发展，至少从人类的营养状况来看情况很不错。许多人从中获利，有些人甚至清楚这一切，偶尔也会取得不同程度的成功；更重要的是，民众有站在胜利一方的印象。在财务上，过去是这样，现在肯定仍然如此，但在货币倍增的时代，财务前景远不是那么乐观。货币供应过度增长的腐朽柱子上竖立着惊人的塔楼，其高度与巴别塔不相上下。我们在西方，在楼上欣赏景色；然而，我们也容易被釜底抽薪。

因此，对当前的世界，奥地利学派的观点提供了一种看似矛盾的视角：对经济和人类发展，对财富创造和持续变化，对公民和经济的行动主体，奥地利学派没有意识形态上的怨恨，但对如今人们希望事情像过去一样继续下去，奥地利学派是清醒的，也是幻灭的。现代经济学似乎发展出了一种新的炼金术，但发出如此诱人光芒的并非黄金。我们这个时代的主导潮流是由反资本主义和对金融的狂热两极心态构成的，在这两者之间，奥地利学派的清醒观点具有持久的重要性和宝贵价值。它是一种中庸的经济学，不同于极端。

那么奥地利学派是由什么组成的呢？我们会从它就经济所采取的几个方法论开始。奥地利学派的研究基本上有四大支柱——也是奥地利学派投资方法的核心——可以追溯到该学派创始人卡尔·门格尔。门格尔于 1840 年出生在加利西亚的新桑德斯（Neu-Sandez，今波兰的新松奇）。在维也纳，他创办了《维也纳日报》，并最终为《维也纳报》工作，这是一份至今仍存在的国有报纸。1871 年，他的著作《国民经济学原理》首次出版，它是奥地利学派的开创之作，引发了一场经济学革命。

主观主义

奥地利学派与当时的经济学流派的区别，尤其体现在“主观价值理论”这个重要的洞见上，因此这一洞见也是它的起源。这个洞见并不是指道德价值观方面的主观主义，而是指人类是有能力学习和自由选择的主体。**经济价值和价格既不是由过去决定的，也不是由不变的物理属性决定的，而是对不确定的未来的主观评价的结果。**这就是为什么查看无处不在的价格趋势图可能会产生误导。它们仅仅是对过去决策的图形说明，而关于未来，告诉我们的则极少。充其量，它们有助于更好地理解当下，这就是为什么在本书也可以找到大量插图的原因。

经济学与自然科学有着本质上的不同，正是因为它的研究对象同时也是一个行动主体。虽然经济学关注的是物质上的效应，但它的基础是思想。这就是这个领域既令人兴奋，又充满困难的原因。作为主体的行动人是奥地利学派教义的中心，其行为是主要的观察对象。通过这种主观主义方法，奥地利学派避免了糟糕经济学的一个重大错误：以“客观化”和平等化误导人类行为——这是对人类多样性不尊重的表现，并很容易退化为对控制的疯狂渴望。

主观主义有助于避免“将过去的事件推演到未来”这样一个投资错误，该错误位列潜在错误列表之首。由于未来存在着令人警醒的不确定性，我们很容易成为这种诱惑的牺牲品。然而，现值不是昨天成本的结果，而是今天对明天的需求和可能性的预期的结果。第二个投资错误“价格和价值之间的混淆”与此密切相关。经济学意义上的价值是人类决策，即对实现我们目标的可用手段的有效性的主观评估的基础。同时价格是特定的，过去已经完成的交换比率，反映了在与其他人的选择互动时，我们所做出的选择。价格确实会影响我们有关价值的未来预期，但是，价格总是低于或高于预期。价格表达的是我们交换时必须放弃的东西，而不是我们得到的东西。价值和价格之间的差异是我们的主观心理利润。如果我们没有期望能够获得这样的利润，我们就不会与陌生人进行交换。

今天，大多数人过于关注价格。这也是货币革命的结果，我们将在稍后进行更仔细的考察。然而，这也是大多数人是价格接受者而不是价格制定者这一事实的结果，因为他们在大多数情况下是大型结构中的小齿轮。对于典型的消费者来说，价格似乎是经济的硬数据，他必须根据价格来调整其行为。事实上，价格是过去交易的记录，也是未来交易的报价。今天，典型的消费者完全依赖于这些报价，因为除了工资（其高度代表当前合作的报价），他没有其他生存基础。奥地利学派的观点是激励人们从价格的支配中解放出来，并将自己的经济行为导向价值。价值是主观的，源于我们对目标的个人反思和对什么是适当手段的认可。价格有助于将我们所认为的价值与其他人的需求联系起来，并帮助我们估计我们的目标是否真的值得付出代价。如果答案是否定的，那么我们要么改变目标，要么寻求不同的方法。

对于投资者而言，这种价值取向意味着摆脱对价格的典型迷恋，不再每天关注证券价格。**以价值为导向的投资者创造价格，而不是被价格左右。**每日价格是出售或购买投资资产的要约。这两个价格（出价和要价）之间的价差是市场流动性的一个指标，因此比价格本身的高度更重要。当前的价格之所以重要，是因为它允许人们公开地利用它来对价值进行反思。通常，投资资产的价值反映了人们预期的回报，因为这就是人们投资的原因：将收入转化为财富，以便能够将财富再次转化为收入。

在资本投资方面，奥地利学派因此引出了所谓“价值投资”的基本原则。虽然这个词是后来在美国才创造出来的，但“价值导向的投资”是奥地利学派视角的重要组成部分。然而，这只是一部分；与现代价值投资相反，它辅以清醒地对市场，尤其是对市场的扭曲做进一步的分析。

边际主义

奥地利学派用另一个重要的洞见——边际效用理论——对主观主义方法进行了补充，从而解释了商品的不同估值现象。“边际效用理论”给出了这样一个洞见，即经济变化总是发生在“边际”：实际行动发生的时点总是基于对相关商品单位的具体选择。这种方法导致更加动态地思考经济。然而，在新古典经济学中，这一方法披上了数学形式主义的外衣，这导致忽视了边际主义的本质：边际行动——人类行动充满悬念的领域，变化在此发生。这是激励效应正在展现力量的地方，它解释了很多事情，甚至允许适度的预测。

与边际主义类似，激励也进入了新古典经济学，但行动者被简化为主要受物质利益驱动。奥地利学派不需要这种限制：**激励之所以起作用，是因为没有人是相同的，其中一些人“处于边际”，他们即将改变他们的具体行为。**

与商品的价值相关的不是该商品的一般效用，而是该商品一定具体单位的边际效用，这一具体单位是我们可以放弃或获得的。除了门格尔，海因里希·戈森（Heinrich Gossen）也有类似的描述（戈森饱和定律）：“当我们持续不断地沉迷于享受时，同一享受的强度会下降，直至达到饱和”（戈森第一定律）。因此，商品消费的增加，导致边际效用不断下降。有一个来自农业的类比：在肥料的帮助下，人们可以提高土壤的生产力。然而，如果滥用肥料、过度施肥，则每增加一个单位的肥料都不再有正向作用，土壤会遭到破坏。

然而，最好只将戈森饱和定律视为理解边际效用概念的心理垫脚石。边际效用的本质在于，一额外单位商品被添加到同种商品一定量的同质供应中所能提供的服务。决定性因素不是商品本身，而是使用它所能达到的目标。因此，一个人可能会将最初10加仑的水用于饮用，他认为这是最有价值、最紧迫的用途。

接下来的10加仑可能被用于洗涤，接下来的10加仑可能被用于浇灌花园中的植物，依此类推，每一次额外使用的一定数量单位，在当事人的价值尺度上，都比之前的一定数量单位更加靠后。边际效用定律代表了普遍且不随时间变化的经济规律；此外，它不需要“经验证明”——它的有效性仅通过反思和推理就可以证明。边际效用定律没有例外。在撰写本章时，维基百科中关于“边际效用”的条目仍然存在一个非常常见的错误。这一条目断言，实际上存在例外情况，即在某些情况下，同一商品的额外单位的边际效用实际上可以增加。维基百科给出了一个说明这种所谓的“例外”的例子：

> 一定数量的床单提供的温暖是有限的，但在这一点之外，把床单绑成绳子可能有助于实现逃生。①

这实际上是不正确的，而且应该很清楚为什么会这样。一张提供温暖的床单和十张可以绑在一起形成绳子的床单之间的区别在于，十张被绑在一起的床单实际上是不同的物品。它们不再是床单：它们是一根绳子。因此，在这种情况下，一方面可以将边际效用定律应用于物品“床单”及其提供的服务（如提供温暖），另一方面，也可以应用于物品“构成绳子的床单”及其提供的服务。断言额外单位的床单的边际效用以某种方式增加是不合理的。穆瑞·罗斯巴德（Murray Rothbard）对这一定律的解释如下：

---

① https：//en. wikipedia. org/wiki/Marginal_utility.

> 例如，以下说法是错误的：鸡蛋是所讨论的物品。一个人烤蛋糕可能需要四个鸡蛋。在这种情况下，第二个鸡蛋可用于比第一个鸡蛋不那么紧急的用途，而第三个鸡蛋可用于比第二个更不紧急的用途。然而，由于第四个鸡蛋可以生产出原本无法获得的蛋糕，因此第四个鸡蛋的边际效用大于第三个鸡蛋的边际效用。这一论点忽略了这样一个事实，即"物品"不是仅指物质材料，而是指任何材料，只要这些材料单元构成了同等用途的供应。由于第四个鸡蛋与第一个鸡蛋不具有同等的用途并且不具有互换性，这两个鸡蛋不是同一供应单位，因此边际效用定律根本不适用于这种情况。在这种情况下，为了将鸡蛋视为一种物品的同质单位，有必要将四个鸡蛋作为一组，构成一个单位。[1]

顺便说一句，以上是一个很好的例子，展示了奥地利学派的另一个重要的洞见。但不幸的是，随着经济学家在经济科学中越来越多地推广经验主义，以及使经济学更接近物理学的失败尝试，这一洞见在现代已产生争议。也就是说，经济学定律被认为是通过演绎推理得出的，经济学定律的有效性只能通过运用逻辑思维来证明或反驳。在这种情况下，我们用演绎推理可以证明，维基百科对边际效用定律的解释是错误的。

因此，边际效用下降取决于我们已经拥有多少商品。投资者的第一个结论是从投资组合的角度思考：投资决策不应该根据

① Murray Rothbard：Man，Economy，and State with Power and Market. 2nd ed. Auburn，AL：Ludwig von Mises Institute，2009（1962/1970），pp. 73—74.

“全有或全无”的计划做出，而应该代表使用可用手段对个人目标进行优化的尝试。投资是一个循序渐进的过程，而不是一次性决定。一次性的决定往往被证明是致命的。边际主义的方法包括试图找到增量的、具体的改进。投资头寸的变化很小，但很稳定。当然，边际主义与利用信用杠杆来进行保证金投机无关。奥地利学派的观点非常类似于持续的保证金催缴，对一个人的信息覆盖（coverage）范围进行持续的检查。

从主观主义的角度来看，如果投资资产的边际效用仍然高于价格，也可以说是一种“覆盖”。“未覆盖”是指价格高于价值的投资。在价格膨胀时期，奥地利学派投资者因此避开最受欢迎的投资资产——从而错过了投机性收益，同时免受投机性损失。在反弹阶段，奥地利学派投资者经常被嘲笑，在衰退中他们经常被指责为危机牟利者。然而，边际主义的方法倾向于抑制强烈的波动，因此奥地利学派投资者更容易被忽视。这实际上是一个优势：好的投资者不应该寻求宣传自己。

边际效用定律适用于金融的许多领域，特别是债务。表 1.1 显示了每增加一美元的美国国内生产总值，需要额外增加的债务。它给人一种深刻的印象，即表明美国正处于所谓的“凯恩斯主义终局”——这意味着凯恩斯主义的经济“刺激”政策不再有效。从表中可以清楚地看到，越来越多的债务购买与越来越少的经济增长。简言之，每单位额外债务的边际效用在不断下降。20 世纪 60 年代，债务增加仍然会对产出产生巨大影响，但如今几乎不可能通过增加债务来提高经济产出。额外的刺激计划只能实现疲软的经济增长。如果不进一步加大债务的“剂量”，或者债务增长放缓甚至完全停止，那么脱瘾症状可能会令人非常痛苦。

表 1.1 债务的边际效用显著下降

1950—2014 年债务融资回报率递减(每十年)			
时期	债务变动额（十亿美元）	GDP 变动额（十亿美元）	债务变动额/GDP 变动额
1950—1960	33.6	243.1	0.14
1960—1970	90.4	497.4	0.18
1970—1980	528.1	1 612.3	0.33
1980—1990	2 297.3	3 025.5	0.76
1990—2000	2 422.4	4 002.9	0.51*
2000—2010	7 900.1	4 758.1	1.66
2010—2014	4 265.7	2 454.5	1.74

* 该数字据前面两栏计算应为 0.61，此栏数字疑有误。——译注

资料来源：Federal Reserve St. Louis，Incrementum AG.

许多研究证实，额外单位债务的边际效用在下降。根据保罗·弗雷曼斯（Paul Vreymans）的说法，GDP 增长与货币供应扩张之间的相关性目前为 0.110 2。[①] 事实上，这在统计上不再显著。弗雷曼斯指出，这种影响仅限于实施刺激措施后的第一季度。然而，这种积极的短期刺激效应很快就消失了，在随后的几个月里，它甚至似乎产生了反作用。哈佛经济学教授罗伯特·巴罗（Robert Barro）的大量实证研究表明，政府支出的所谓“财政乘数”在大多数情况下实际上是负的——它最终挤出了大量私人投资，对经济产出的净影响是负的。奥地利学派经济学家完全

① Paul Vreymans：“The Monetary Stimulus Myth-An Evidence-based Analysis. Can our Monetary System survive another Shock?” Workforall. net，2012.

拒绝“乘数”概念，但令人耳目一新的是，至少一些主流经济学家开始意识到凯恩斯主义关于这一主题的陈词滥调是有缺陷的。

边际主义的视角也会使我们更好地理解成本：在经济学意义上，成本不仅指实际需要的费用，还指选择不可避免会出现的反面。每一次选择都意味着放弃其他选择。因此，我们的行动会留下一系列被放弃的选择，并受到它们的限制。完美的决定是不可能的，因为未来是不确定的。面对不确定的未来，我们都在盲目地摸索，也许“专家们”尤为如此，这就是我们应该一步一步地行动，将错误视为学习机会的原因，因为错误是无法避免的。每一种投资策略都会充斥着错误、错失的机会、过于昂贵的买入和过于廉价的卖出、低估的风险和高估的回报。好的投资策略反映了对这些错误的认识，并努力将其影响降至最低，而坏的投资策略的特点是高估自己的能力，并将完全暴露于错误的影响之下。

避免不确定性的愿望实际上会导致最严重的投资错误。人们常常固守过去，难以放弃沉没成本。投资者死抱着价值迅速下跌的资产，以免不得不承认自己的错误。而奥地利学派投资者则会预计错误的出现并保持冷静。心理学家埃里希·弗洛姆（Erich Fromm）直指问题的核心：

> 不前进，停留在原地或倒退，换句话说，依靠我们所拥有的，是非常诱人的，因为我们知道我们所拥有的；我们可以抓住它，在其中感到安全。我们害怕，因此避免踏入未知的和存在不确定性的领域；因为，虽然在我们迈出这一步之后，这一步事实上对我们来说可能没有风险，但在我们迈出那一步之前，还未出现的新事物似乎是非常危险的，因此令

人恐惧。只有旧的、经过考验的，才是安全的，或者看起来是这样。每一步都有失败的危险，这也是人们如此害怕自由的原因之一。[①]

由于不确定性以及财富的积累通常是一个渐进的过程，因此囤积资产是不可避免的。不确定性越高，我们的流动性手段就必须越强大。不可能在所有环境和每个可以想象的规模上进行有利可图的投资，因此我们必须弥合时间差与具体水平间的鸿沟。

除了奥地利学派外，其他的经济学流派不屑于关注囤积，认为它是无益且具有破坏性的。只有奥地利学派将其视为现实的必然结果。在不确定的世界中，流动性是不可避免的要求，没有人知道未来，信任并不总是合理的。

流动性本质上是商品适销性的函数。这个概念是由卡尔·门格尔提出的，他认识到不同商品的边际效用往往以不同的速度下降。边际效用大幅下降，因此适销性非常低的情况出现在商品仅对一小部分顾客有用时。边际效用大幅下降意味着商品的第二、第三、第四和后续单位的价值大大低于第一单位。其边际效用的下降幅度越小，商品的适销性就越高。正如安塔尔·费克特（Antal Fekete）所表明的，高适销性表现为在商品供应增加的情况下，其价差扩大的幅度较小。[②] 货币在所有商品中具有最高的适销性。

然而，“钱”不是一个固定的量度（magnitude），它不是可以

① Erich Fromm：To Have or to Be? New York：Continuum，2005（1976），p. 8.

② Antal Fekete：Monetary Economics 102：Gold and Interest. 2003.

通过法令一劳永逸地固定的东西。弗里德里希·冯·哈耶克很好地描述了奥地利学派的货币方法，他指出“奥地利学派”实际上应该是一个形容词，而不是名词。[①]“货币性”（moneyness）是不同商品在不同程度上具有的一个特征。纵观历史，存在着比政府法令强加的货币更“像货币”（money-like）的各种替代品，这已经得到证明。当然，由于法定货币法和强制性税收，政府法令人为地提高了政府法令强加的货币的适销性。

个体主义

奥地利学派的方法论，即个人主义观点与边际主义观点齐头并进。这不是崇尚孤立的规范的个人主义；相反，经济被视为一个社会过程。“方法论”指的是必须有可能最终用个体的、真实的人类的行为来解释每一个经济现象。像“人民”或“种族”这样的集合名词代表的主体是不能做出具体行动的，因此在用作终极解释时是不充分或错误的。当不同的人有相似的目标或使用相似的手段时，这不会因碰巧位于他们之间的国界而改变。

这并不意味着社会、种族或强制创造的忠诚（attachments）对人类的愿望和目标没有影响，但这些愿望和目标才是行动的最终原因。**社会结构可以产生自己的动力，但如果不观察其中的人，我们就无法理解这些动力。**尤其是历史叙述往往会使经济学家误入歧途：人们和国家经常被描绘成好像有自己的意志一样。这在诗意或隐喻意义上可能是可接受的，但从分析上讲，它是不

① Friedrich von Hayek：Denationalisation of Money-The Argument Refined. 3rd ed. London：The Institute of Economic Affairs，1990（1976），p. 56.

够的。因此，奥地利学派经济学家对“大词”（big words）不以为然，因为类似“国家”、“需求”与“经济”等这样的大词经常被用来代替更深层次的理解。

奥地利学派的个人主义导致大众（mass）现象受到极大的怀疑。即使是一个体面的人，他在群体中常常也表现得非常可怕。即使是小团体也存在同侪压力和群体思维。

在通过大众媒体联系起来的大规模匿名人群中，人最终往往表现得像一个“系统白痴”（在前文我们已经提及）：他只是朝着与其他人相同的方向奔跑。这会导致快速的自我强化。由于现代货币革命之后人人都成为潜在的金融投机者，群体现象也就成为资本市场的一个特征。虽然投机通常具有保持金融市场流动性和抑制波动的平衡作用，但大规模投机放大了波动性。通常情况下，市场会倾向于自我纠正，而盲目的从众和傻瓜资金会被释放出来，这些资金会流向那些头脑更冷静、更清醒的人。然而，今天的货币流动往往会在繁荣时期人为地助长大众投机。

当然，所有的行动都是投机的——因此，奥地利学派也喜欢投机。然而，个人主义的观点表明，只有特定的个人在看到其他人忽视的东西时，投机才能带来利润。他们的利润是更好地评估未来的回报。每当一个人低买高卖时，一定有另一个人卖得太便宜，也一定有另一个人买得太高。系统性和一般性的投机收益只有在人为的繁荣中才有可能，这种人为的繁荣将金融市场变成了庞氏骗局。在这种情况下，少数能够在早期获得新创造资金的人的后面是辛苦的追随者，他们中更多的人被不断地新创造出来的信用媒介（fiduciary media）所吸引。

奥地利学派投资者始终是相当边缘的，因此注定要进行逆周期投资。人群的追捧推动了价格上涨，结果价格很快超过了资产的潜在价值。货币革命之后，世界进入了大众时代。社会学意义上的大众不仅仅是大量的人。它们本身就是一种现象：人类处于依赖关系中，彼此紧密相连。奥地利学派著名的经济社会学家威廉·罗普克（Wilhelm Roepke）是德国前总理路德维希·艾哈德（Ludwig Erhard）最重要的灵感来源，他对现代大众的描述如下：

> 大公寓的居民彼此完全陌生，也许在防空洞里第一次见面，但他们与全体同胞有着最密切的匿名关系，一种外部的与机械的关系：作为买家和卖家；作为相互竞争的人群；作为选民；作为广播听众和电影观众，与数以百万计的其他人分享相同的听觉或视觉印象；作为纳税人；作为养老金领取者和公共援助的接受者；作为健康保险协会和这个或那个中央组织的协会的成员。①

如果要避免现代泡沫经济的破坏性洪流，就必须将人群视为反向指标：一个关于应该避免什么或应该购买什么的指南。不幸的是，市场化需要大众的参与，因此任何投资者都不能忽视大众。经济是一个社会过程，如果被误导的人所产生的危险变得太大的话，那么选择隐士生活不可能是一个经济的决定，充其量是一个反经济的决定，然而，在大众社会中，避免走老路是至关重要的。这就是让奥地利学派经济学如此充满困难的原因：当每个人都在谈论某件事，而这件事获得普遍赞誉时，它已经有很大的

① Wilhelm Roepke：The Social Crisis of Our Time. Chicago：University of Chicago Press，1950（1942），p. 10.

问题了。被大众认为是正确的决定通常来得晚，单这个原因就能说明，这样的决定对个体来说就是错误的。毕竟，在金融泡沫表现出高波动性的环境中，时机的选择至关重要。任何时候都正确的决定是不存在的。

究竟会在哪些市场领域形成泡沫尚无法预测，只能根据逆周期指标来推测。当一个泡沫最终破灭时，我们总能通过仔细观察发现许多问题：此时即使是“按下葫芦”也会“浮起瓢”。在所有资产类别中都可以观察到泡沫，其结构类似于庞氏骗局。在庞氏骗局中，没有形成真正的资本，新进入者会生产“回报”。这个系统很简单：每个参与庞氏骗局的人都需要找到比他更傻的人。虽然这种愚蠢的程度经常被低估，但它仍然是有限的。在庞氏骗局金字塔的底部，事态变得紧张。找出十个比你更傻的人！这对每个人来说都不是一件容易的事。那十个人都能各自找到另外十个人吗？游戏什么时候能停？

这种机制得到了美国前总统约翰·肯尼迪（John Kennedy）的父亲的认可。从他的观察中可以得出一个对投资者来说很重要的指标，它可以称为“擦鞋童现象”：约瑟夫·肯尼迪（Joseph Kennedy）正在擦鞋，擦鞋童竟然给了他一个“万无一失”的投资建议，这让他大吃一惊。第二天，他及时卖掉了所有股票。他的想法是：擦鞋童处于金字塔的最底层，他们几乎找不到人来售出他们的股票。

我们必须避免误解这一观点：与其说是购买股票，不如说是社会充斥着快速赚钱的幻觉。由于这种幻觉没有真正的基础，它呈现出庞氏结构。银行家相信央行行长，经理相信他的银行家，雇员相信他的经理，失业者相信雇员。谁相信失业者？一旦投资建议登上大众媒体的头版，就需要避免投资。一旦趋势出现在脸书上的信息流中，它们就已接近尾声。对于奥地利学派投资者而言，大众媒体作为显示当前情绪状态的反向指标时才有用。如果大众对某资产类别的前景持悲观态度，则表明人们将能够在其中找到价格低于其价值的物品，而大众的乐观则表明价格过高。

当然，任务不仅仅总是做与人群相反的事情。至关重要的是个人价值尺度有时可能会巧合地与被炒作的东西一致。偶尔，牛群会朝正确的方向踩踏。如果一个人没能走在人群的前面，他就需要坚忍地捡起剩下的面包屑。在实践中，奥地利学派指示其追随者要看得更远。不幸的是，奥地利学派投资者没有水晶球。正是因为个人主义，而且因为大众现象也是个人行为的结果，所以在经济学中不可能进行定量预测。“专家”预测的数字，除了小数点外都可以安全地忽略——用作相反的指标甚至是更好的。

我们可能很难相信大众社会中的人类自由。市场只是人类“动物精神”的一种表现形式。然而，人们倾向于在人群中表现出类似动物的特征，这一事实并没有告诉我们这些本能占上风的程度和时间长度。把市场过程心理化对投资者没有帮助。一种最坏的情况是一个人认为自己比大众优越，相信一些专家的建议，并进入另一种大众趋势。

奥地利学派很清醒，而不仅仅是将人群视为“他者”。不管我们愿不愿意，我们在某种程度上都是“系统白痴”；我们充其量只能逐渐地、偶尔地减少我们的白痴状态。无论是谁，当他把他的人类同胞简化为仅代表“大众”时，他就是在创造“大众”的现实。即使当愤怒的人群为他们的生命呐喊时，像路德维希·冯·米塞斯这样的奥地利学派的犹太代表也从未停止将个人自由作为一种理想来维护。只有自由的人才能承担责任。

当代的“系统白痴”逃避责任，从而损害了自己的自由。大部分的投资文献都满足了这一需求：将做出困难的决策的责任委托给专家，如果出现任何问题，这可以作为借口。与无风险回报的幻觉相反，现在是历史上最难投资的时期之一。对于绝大多数人来说，价值损失是不可避免的。不管他们读了多少关于奥地利学派的文献，即使是最聪明的人也无法弥补过去的错误。如果能够意识到这种价值的丧失，并正视这一现实，那么我们就已经收获了很多。这是减少损失的唯一方法。人们总是被其他地方做出的更宏大的承诺所诱惑，因此，奥地利学派经济学仍然只是少数人的行动纲领。在宏观经济层面，这当然是令人痛苦和遗憾的，但在微观经济层面——就个人投资者而言——它提供了一线希望，使人们避免重蹈覆辙。

现实主义

卡尔·门格尔将他自己的方法称为“因果—现实”。奥地利学派想要描述现实，这是它唯一的尺度。它反对为了便利简化的或形式化的描述，而使用不切实际的假设与模型。因此，奥地利学派承袭了亚里士多德的传统，虽然这一传统尊重非物质的事物，但并没有陷入幻想的唯心主义而丧失其基础。即使现实令人不安，如果公开谈论它被认为是政治不正确的，如果预言家因向他们的目标受众提供更简单或更复杂的解释而广受欢迎，那么良好经济学的唯一目标仍然是更好地理解人类行为和经济活动的真实性。

然而，要充分把握这一现实，仅仅成为一名经济学家是远远不够的。如果仔细观察奥地利学派经济学家的兴趣、著作和研讨会，你会发现最引人注目的是它的跨学科方法，这种方法给人留下深刻的印象。在当今高度专业化的学术世界中已经很难再找到这种方法了。尽管它曾经与历史学派发生冲突，但奥地利学派也非常关注历史：真实的人类行为比任何理论假设都更重要。奥地利学派开创的理论体系始终以增进历史的可理解性为目标。结果，该理论不断发展：理论必须对照现实，并用现实来衡量，不过收集的统计数据不足以作为理论的来源。

奥地利学派的一个主要观点是考虑相对价格而不是绝对价格。我们都太容易被高名义价格误导，并系统地低估货币贬值。对纸币价格的关注导致了一种错误的观点，将股价上涨视为经济发展良好的指标和买入信号。按照这个逻辑，津巴布韦的股市是过去十年世界上最强劲的股市。实际上，股价上涨仅仅意味着货币购买力的下降，这体现在上市公司的股价上。在此情况下，平均收入者被迫更多地工作，以便能够在生产资料中多分一杯羹。如果我们都在投机马铃薯，我们会欣喜若狂地注视着马铃薯价格的上涨——然而，它们的价格上涨只表示实际福利的下降而不是总体福利的增加。

股价上涨有两个原因。首先，如果大多数市场参与者改变了对未来企业回报的预期，并预期收益会增加，此时如果一个人比其他人更早地认识到这种积极的企业趋势，那么他自己的投资就会获得价值——至少纸面上是这样。这些更高的价格反映了其他人的购买报价，他们已经认识到了他们之前的错误。然而，如今大部分价格上涨是由于投资者试图逃离货币贬值。

现实主义意味着将对经济价值的关注回归到真实人的真实利

益上。建立在寻找更多愿意支付更高价格的傻瓜基础上的估值，是缺乏现实的长期基础的。会计方法的滥用导致账面价值成为幻象。**只有在能够长期创造价值的资本的支持下，债务才能代表真正的资产。**在如今的信用债权背后，大部分都找不到这样的资本，它们需要更多的债务发行或新的税收来偿还。债务证券的泡沫将伴随着货币长期的大幅贬值。人们的钱逐渐被那些只有债务“支持”的货币所取代。

人们对这种螺旋式贬值的低估程度是相当惊人的。这是经济史上最大的公开秘密。公开，是因为所有的历史学家都知道它，因为它有大量的文献记载与惊人的普遍性。在几乎每一种文化中，货币的守护者都滥用了他们的地位。然而，自现代货币革命以来，这种滥用就变得不那么显而易见了，因为货币不再具有真正的基础，并且变得具有任意的弹性。因此，债务货币的稀释和贬值（经济学家称之为“通货膨胀”）对大多数人来说是一个秘密：他们会因贬值而感到持续的压力，但他们不知道原因并在错误的方向上寻找。

这种人为的通货膨胀必然对应着通货紧缩。经济现实主义试图在资产价格泡沫及其破灭构成的波浪式运动面前保持脚踏实地。从这个意义上说，目标是了解价格趋势的真正基础。现实主义也意味着清醒，以免自己被泡沫经济冲昏了头脑。通货膨胀时代总是充满了浮夸的承诺、乌托邦式的情景、不耐烦的贪婪、过分自信的一厢情愿和固执的狂妄自大。在这样的时代，现实主义者被视为不合时宜（spoil），因为他们是提出批判性问题并敢于忍受嘲笑的人。

奥地利学派的现实主义不只是基于历史的洞见，即大多数投资者往往忽略对其财富的最大威胁。导致最大财富损失的并不是价格下跌、时机不佳、投资组合错误或风险过大。我们之前的几代人，与他们之前的几代人一样，并没有仅仅因为投资失误而失去了他们的积蓄。纵观历史，对私人财富的最大威胁一直都是制度化的暴力，我们只是在过去几个世纪里才把这种制度化的暴力称为“国家”。这种观察不是基于对国家持久的意识形态的敌意，而是基于对历史的透彻研究。即使是最好的投资建议，也无法帮助那些拒绝面对这一现实的人。特别是20世纪在这方面提供了惨痛的教训。“国家”作为统治者，通常通过实施金融抑制来应对贬值压力，这是基于债务的泡沫经济的必然结果。了解这一现象背后的激励因素以及伴随而来的动态变化，对每个投资者来说都是必不可少的。

第二章
繁荣的幻觉

“现代繁荣是建立在流沙上的金字塔。

……

它越来越成为这样的世界：没有营养价值的卡路里，没有安慰的故事，没有知识的信息，没有友谊的联系，没有社区的政治，没有美的创造，没有意义的活动。”

典型的欧洲投资者或美国投资者认为自己生活在一个历史上空前繁荣的时代。在这种特殊情况下，投资的主要目的是增加回报，从已经赚取的大量金钱中赚取更多的金钱。投资者希望价格上涨，以便积累大量财富，以实现自身的安全和独立。然而，这样的评估正确吗？我们真的生活在一个财富前所未有地丰富，因此只需要保障和增加财富的时代吗？

物质财富的水平显然很高。没有饥饿和大量婴儿死亡，这是一个相对年轻的时代的现象。直到 19 世纪，现代繁荣才开始迅速扩展到大众。世界大战的破坏导致了最严重的贫困，但人们在相对较短的时间内又再次克服了贫困。一代人从富到穷、从穷到富的快速转变，极大地影响了我们对繁荣的看法。这一观点忽视了繁荣的长期基础，而只关注短期征候。

繁荣的出现

19世纪，全球分工大规模发展。人们强烈渴望经济增长，因为在专制主义的背景下，实行中央集权的政府权力最初导致人民生活水平的毁灭性倒退。奥地利学派创建于此时，这就是它的支持者关注经济增长的先决条件和个人自由的原因。无论是19世纪以奥地利的快速工业化为表现形式的经济奇迹，还是二战后的德奥经济奇迹，都过分关注物质繁荣。在此过程中，它的知识基础被忽视了。即便是奥地利学派也可能过于关注物质财富，但正是这个思想流派认为经济学主要是一种心智活动。路德维希·冯·米塞斯写道：

> 生产不是什么物质的、自然的和外在的现象；它是一种精神和心智现象。它的基本要求不是人的劳动、外部自然力量和事物，而是人心把这些要素作为手段来达到目的的决定。生产出产品的，不是劳动和麻烦本身，而是劳动者受理性的指导这一事实。①

战后的经济奇迹不仅明显地为威廉·罗普克所塑造，而且他同时也是最严肃的警告者。罗普克在日内瓦与米塞斯一起工作，米塞斯将奥地利学派经济学介绍给他。后来，路德维希·艾哈德将罗普克的著作偷偷带到德国。罗普克就人类的无产阶级化和

---

① Ludwig von Mises：Human Action — A Treatise on Economics. Auburn，Alabama：Ludwig von Mises Institute，1998，p. 141.

“稳定喂养”（stable-feeding）发出警告：人类将依赖消费而不能掌控自己的生计。同样的错误在19世纪已经犯过，并导致了20世纪的灾难：由于急躁，经济“增长”被人为推动，社会和道德框架变得过度紧张。同样的不耐烦随后引发了反弹，形式是在意识形态上拒绝经济自由。增长中出现的问题都被归咎于企业家和“资本家”，然而，套用米塞斯的话来说，他们总是经济变革的推动者。

企业家精神、长途贸易、公司、证券交易所等，都不是在违背人民意愿的情况下，在19世纪发明出来的。然而，这些在当时似乎展现出如此不寻常而强大的势头，以至于“资本主义”成为一个贬义词。直到今天，这种势头的背景在很大程度上还没有被理解或还是被误解。奥地利学派经济学特别有助于人们更好地理解经济史中的这一插曲，同时也有助于理解当今时代。

这需要简要回顾一下18世纪。这是银行系统与国家合并的世纪。在那之前，政府的融资依赖于税收（盗窃）、掠夺（战争）、铸币税（铸造硬币的收益，通常与货币贬值一致）和信贷。然而，前三种融资方式往往会削弱信贷，因为向以暴力为基础的机构提供贷款的风险似乎总是过高——不仅对大多数人如此，对国家也是如此。私人从政府贷款中赚钱会激发盗窃的欲望，就像一个国家从向另一个国家提供贷款中获利会激发可能导致战争的贪婪一样。在专制主义时代（16—18世纪），中央政府实现癌症般的增长需要更多的资金。然而，战争、税收和货币贬值的成本在大部分时间都超过了它们的长期回报。所有这三种强制性收入都会导致可流动的财富消失：跨越国界、进到漏洞中和被消费掉。减少政府资金短缺的传统方法导致了经济中资金短缺的加剧，因此，从长期来看也导致了国家收入来源的枯竭。

1694年，英格兰展示了摆脱这种困境的可能出路：英格兰银行的成立是第一次系统性地尝试以“资本主义”手段满足政府的债务需求。整个18世纪的特点是将这一创新转变为持久的制度，并将整个经济过程导向这些制度。这种创新可以看作一种新的炼金术，它把以前所有的旧炼金术实验都给掩盖了。人们可以称之为“货币革命”，它对现代经济的重要性被广泛忽视或低估了。

炼金术公式有无数种变化，但其核心表现出以下模式：政府债务证券与私营部门证券混合，并作为构建信用媒介金字塔的基础。因此，国家通过掠夺私人建立的机构并将其用于自己的目的，解决了融资困境。

最初，私营部门的经济活动并没有因此而干涸，由于信用媒介的扩张，私营部门甚至得到了刺激——至少在短期内如此。根据路德维希·冯·米塞斯的说法，信用媒介是银行债权，是货币的替代品，但在到期日和流动性方面并未完全被货币覆盖。因此，信用媒介的扩张将迅速增加发行银行破产的风险。然而，现代炼金术的基础是给予银行特权，以换取它们帮助国家融资，使它们能够凌驾于以前规范商人行为的法律之上。

货币革命是一次天才之举，它是分阶段进行的。可以说，社会中最具创业精神的元素，基本上都被“虚幻的价值”（指信用媒介）收买了，如果不这样的话，这些元素就会对国家对权力的诉求构成威胁。苏格兰经济学家约翰·劳（John Law）在法国进行了第一次大规模实验，将私人的首创精神纳入基于大众投机的信用媒介的扩张中。此时，“百万富翁”一词被发明出来，直到今天，它都是在所谓的“资本主义”下每个人都有可能投资成功的流行符号——至少直到它被“亿万富翁”一词取代。新金融体制崇拜的是“许多的零”。

法国特别乐于接受货币革命。它与18世纪末震撼该国，并改变世界的政治革命密切相关，这绝非巧合。货币革命和政治革命都从英国蔓延到法国，并且在欧洲大陆上产生了巨大的影响。法国大革命之后，欧洲首次尝试纸币的伟大实验——受约翰·劳的投机泡沫的启发，发行了指券（assignat）。从教堂没收的财产被用作对这些金融债权的“支持”。虽然这不符合商业担保的要求，不过，信用媒介的供给取决于政府的心血来潮，因此迅速增加。虽然这有可能会解决政府的融资问题，但社会和经济遭受了严重的破坏，以至于拿破仑时代很快就到来了。信用媒介的扩张及与之相关的债务螺旋，通常以暴君的崛起而告终。在古代，暴政已被视为一种极端的、抵赖债务的手段。

货币革命的现代特征在法国非常明显。虽然约翰·劳的疯狂投机泡沫仍然局限于特定的社会阶层，但整个社会都被根本性的变化所笼罩，这将经济活动置于一个新的、极不稳定的基础上。安德鲁·D. 怀特（Andrew D. White）非常生动地描述了这场革命的后果：

> 在物价的膨胀中产生了一个投机阶层；而且，在未来完全不确定的情况下，所有的生意都变成了机会游戏，所有的商人都是赌徒。在城市中心，股票经纪人和投机者迅速增加。这些都在商界掀起了一股低俗的风潮，并蔓延到了国家最偏远的地区。它并不满足于对合法利润的追求，而是热情

> 地追逐过度收益。然后，随着价值变得越来越不确定，人们不再有任何关心（care）或节约的动机，而是被立即支出和当前享受的动机所支配。因此，全国人民都开始摒弃节俭。这种屈服于当前的享受，而不是为未来的舒适做准备的狂热，滋生了新的不幸种子：奢侈、漫无目的和挥霍成为一种时尚。为了满足这种欲望，整个国家都出现了欺骗行为，官员和信托持有人中也出现了腐败。男性在私务和公务中树立了这样的时尚，而女性则在着装和生活中形成了铺张奢侈的时尚，这增加了腐败的诱因。甚至是出于良好动机的道德信念，都屈服于普遍的不信任。①

法国具有革命性的货币实验存在的一个问题是，它直接刺激的经济部门只有房地产。为了完善货币革命，有必要将其扩大到经济的最大组成部分——生产和分配可移动的商品的工业和商业。革命的这一阶段也是在法国首次实现的。现代经济秩序的基础是建立所谓的动产信贷银行（credit-mobilier banks）。尽管这一秩序通常被称为“资本主义”——就这个词的“贬义”意义而言，它的流行是因为它对社会的负面影响变得明显——但这导致社会走上了一条新的道路。这些措施背后的人实际上是社会主义的知识先驱，他们梦想着在实业家和工程师的指导下建立一个中央集权经济。弗里德里希·冯·哈耶克从思想史的角度解释了这一背景：

---

① Andrew Dickson White：Fiat Money Inflation in France. New York：The Foundation For Economic Education，1959，pp. 108—109.

现代社会主义的缔造者们也赋予大陆资本主义独特的形式。通过银行业和工业的密切结合而成长起来的“垄断资本主义”或“金融资本主义”，股份制企业的快速发展和巨大的铁路联合体，大体上都是圣西门主义者的创造。这一历史的创造者，主要是“动产信贷”类型的银行，即把储蓄与投资结合在一起的制度。它最初由法国的佩雷尔（Pereire）兄弟所创立，后来在他们个人或另一些圣西门主义者的影响下，受到了整个欧洲大陆的效仿……不可否认，他们在把欧洲大陆国家的经济结构改造成与英国竞争式资本主义非常不同的类型上取得了成功。①

当然，最终无论是工业家还是工程师，都不是统治者，官僚才是统治者。在以暴力胁迫为基础的集权式（centralized）结构中，总是存在逆向选择。只有那些无法为同胞服务的人才渴望统治他的同胞。路德维希·冯·米塞斯非常清楚地表达了这一事实：

每个傻瓜都可以用鞭子强迫其他人服从。但为公众服务需要智慧和勤奋。只有少数人成功地生产出比竞争对手更好、更便宜的鞋子。效率低下的专家总是以官僚至上为目标。他深知自己无法在竞争激烈的体系中取得成功。对他来说，全面的官僚化是一个避难所。他拥有行政权力，将在警察的帮助下执行他的规定……不适合为同胞服务的人想要统

① Friedrich von Hayek: The Counter-Revolution of Science: Studies on the Abuse of Reason. London: The Free Press, 1955, p. 165.

治他们。[①]

圣西门（Saint - Simon）伯爵是社会主义最重要的思想先驱之一，尽管马克思后来否认了他。佩雷尔兄弟是银行家，也是圣西门伯爵的追随者，他们将圣西门伯爵的口号作为指导原则："各尽所能，各取所需。"佩雷尔兄弟的动产信贷银行成立于1852年，这一年拿破仑·波拿巴在他们的支持下加冕为法国皇帝，而他们成立银行的目的是资助拿破仑的权力主张和经济政策。拿破仑三世也受到空想社会主义的影响，并希望从根本上使法国实现工业化。由省长豪斯曼（Haussmann）重新设计的巴黎是在他的倡议下进行的，部分资金来自佩雷尔兄弟。这伴随着房地产泡沫。

几十年后，维也纳环城大道的建设中也出现了类似的繁荣，幸运的是这种繁荣的规模较小。关键是政府和私人的主动结合：政府指明方向，在所有反对者面前强制实施自己的计划，承担所需的一连串债务并刺激债务的不断增长，而银行和企业家赚取利润——离政府越近，所赚取的就越多。当然，对经济活动的这种推动，最终也会一点一点地渗透到整个人口中，但它会产生巨大的扭曲。

经济活动的增加反过来又养活了国家。佩雷尔兄弟的动产信贷银行也被用来资助战争，尤其是克里米亚战争（1853—1856年）。1867年，由于投机奥地利政府债券，这家银行倒闭了，但货币革命已经完成。从那时起，国家只对金融体系的细节方面进

---

① Ludwig von Mises：Bureaucracy. New Haven：Yale University Press，1944，pp. 91—92.

行进一步的微调。很明显，需要一个拥有绝对货币垄断权的中央银行，它拥有特权，能够充当最后的贷款人，向银行提供流动性。否则，只有极少数的银行能够在经济周期中幸存下来，而经济周期也正是在它们的助力下启动的。

现代经济体系建立在政府和私人债务、特权和货币垄断的基础之上。早期的金融体系仅限于使用过去保存并在现在可用的东西。与以前将贵金属用作货币相反，货币革命后债务几乎可以无限倍增，因为它可以利用未来的收入。尽管在货币革命之前，通过扩大贸易信贷也可以做到这一点，但它仅限于流动性投资和生产性投资。政府特权使越来越多具有“创造性”的会计实践成为可能。

货币革命的后果在维也纳尤为明显。它一开始有点滞后，但却更加有力。直到第一次世界大战导致旧秩序崩溃，这种破坏才变得明显。但在那之前，繁荣的可喜增长与泡沫经济的毁灭性动力齐头并进。“大时代”（gruenderzeit）的崩盘首次暗示经济增长将无法持续。然而，如果没有战争，仍有可能使经济建立在更现实的基础上，并减少积累债务的冲动。这方面的基本先决条件已经存在。斯蒂芬·茨威格（Stefan Zweig）在自传作品《昨天的世界：一个欧洲人的回忆录》中描述了一种使突然崩塌更加令人痛苦的表面的稳定性：

> 当我试图为我在第一次世界大战之前的成长时期找到一个简单的形容时，我想，“安全的黄金时代”这个说法可以给出完整的表达。在我们将近一千年历史的奥地利君主制中，一切似乎都建立在永久性的基础上，而国家本身是这种

> 稳定的主要保障……我们的货币“奥地利王冠”以明亮的金币流通，保证其稳定性。每个人都知道自己拥有多少、有权得到什么、什么是允许的，以及什么是禁止的。每件事都有它的标准、它的确定尺度和重量。有钱的人可以准确地计算他的年利息。例如，一名官员可以自信地在日历上查找他升职或领取退休金的年份。每个家庭都有固定的预算，知道可以花多少钱来支付房租、食物费用、度假花费和娱乐支出……无论谁拥有一所房子，他都将其视为子孙后代的安全住所；地产和企业代代相传。当婴儿还在摇篮里的时候，他的第一枚小硬币就被放在了它应该在的小银行里，或者存入了储蓄银行，作为未来的“储备”。在这个庞大的帝国里，一切都坚定不移地处在指定的位置上，最上面是年迈的皇帝；如果他死了，一个人知道……另一个人会来取代他的位置，这一点在这样一种一切井然的秩序下不会有任何变化。没有人想到战争、革命或叛乱。在这样一个理性的时代，一切的激进与暴力似乎都是不可能的。这种安全感是数百万人渴望拥有的共同生活理想。①

货币革命的后果是产生了意识形态上的反作用，在这个过程中，经济的各个方面和制度都受到普遍怀疑：货币、利息、信贷、银行、证券交易所、投机、企业家精神与资本等。奥地利学派试图打破这种意识形态化和错误的道德化。在假定做出任何判断之前，经济科学在一开始时应该被理解为价值中立的。奥地利

---

① Stefan Zweig：The World of Yesterday — An Autobiography. Lincoln/London：University of Nebraska Press，1964（1943），pp. 1—2.

学派不仅可以避免因无知而产生的经济敌意，而且可以避免一种盲目的乐观，即认为在当前的金融体系中可以看到“最好的世界”。只有奥地利学派的观点才表明，现代繁荣是建立在流沙上的金字塔。作为一项成就，这座金字塔是非凡的，毕竟它证明了人类的创造力和独创性。然而，与这个金字塔相关的建设活动离人类的实际需求越来越远，因此是对人类潜力的浪费。它越来越成为这样的世界：没有营养价值的卡路里，没有安慰的故事，没有知识的信息，没有友谊的联系，没有社区的政治，没有美的创造，没有意义的活动。在债务螺旋式增长的基础上，产出的只是数量繁荣，而不是质量繁荣。

因此，必须从奥地利学派的角度，从几个方面来质疑现代繁荣。这并不是因为繁荣在某种程度上被认为是不好的。奥地利学派经济学家当然不会把贫困浪漫化，因为他们中的许多人亲身经历过贫困。他们不是说教式的“增长批评者”，不是担心“经济伦理”的人，也不是意识形态主义者：想看到他们的计划从上到下得到实施，以取代人们自己的个人计划。他们既不允许以对现代性的承诺，也不允许以对现代性的谴责，来左右自己。在令人不安的时期，需要冷静的头脑。

质疑现代繁荣

清醒地看，当繁荣缺乏长期基础时，这种繁荣就是可疑的。消费也不是坏事，而是人类生活的一种表现。然而，最具破坏性的经济错误之一是资本回报和资本消费之间的混淆。给牛挤奶和在牛有机会产犊之前宰杀它是有很大区别的。如今，在西方发达地区，高消费水平部分是由大量资本所赐——唉，这只是部分原因。如果近几十年来我们的经济领域没有迅速向亚洲扩张，我们早就被迫大幅减少消费。这种扩张，一方面是由于苏联体系的崩溃，另一方面是由于该地区在货币革命和工业革命方面的滞后性。在信贷扩张政策下，消费的减少通常表现为价格上涨。

因此，经济奇迹的结束在某种程度上被延迟了。然而，这种延迟越来越要求人们别把事情看得太仔细。对于质量较低的廉价替代品，我们闭上一只眼睛，而我们在亚洲的贸易伙伴则闭上双眼，但仍然被我们的货币所创造的虚幻价值所蒙蔽。欧元区还有一些产业，而美元主要是靠军事力量“撑腰”的。这些产业是用战前欧洲的智力资本和战后欧洲的勤奋建立起来的。然而，它的继续存在面临以下威胁：经济资本结构的扭曲，以及随之而来的资本消耗效应。

经济资本结构的扭曲是货币革命的结果。它创造了典型的经济周期模式，特点是扭曲和纠正交替出现。只要增长与信贷扩张齐头并进，增长就不再直接遵循消费者的预期需求，而是由扭曲的价格和利率信号驱动。其后果是经济结构在某些领域过度扩张，而在其他领域则相对收缩。纠正期不可避免地会到来，并且会在人们毫无准备的情况下打击他们。纠正是如此令人痛苦，因为它揭示了人们在决策方向上的错误。不仅投资和创业的决策被揭示出是错误的，而且年轻人的教育和职业决策，年纪大的人的投资决策以及其他人的消费和储蓄决策也被揭示出是错误的。在这里，“错误”的意思是：就与主观需要和真实情况的相符而言，不具有可持续性。

一般来说，**繁荣的幻觉会产生这样的结果：人们高估自己的财富和整个经济的繁荣状态。**由于信贷扩张导致名义价格上涨，人们认为自己比实际更富有，企业家认为自己比实际更聪明，工人认为自己比实际更有生产力，投资者认为自己比实际更有技巧，当然，政治家认为自己比实际更精明。

这导致了持续的隐性资本消耗。根据奥地利学派的观点，资本不仅仅是由货币价值构成的。资本消耗体现在储备不足，利润支出过高，奖金和工资增加，流动性降低时过度冒险，储蓄倾向下降，浪费和福利（entitlement）心态，对同事和青年公民粗心对待，忙碌的短期主义、过度劳累、缺乏健康意识、奉行实用主义而不是坚持诚实正直，以及虚张声势而不是追求实质。货币革命具有深远的道德后果，同时也是经济衰退的征兆和背景。

奥地利学派并不质疑物质消费水平，尤其是经济活动和消费本身。它只是对我们已经习以为常的现代“繁荣”提出了一种被广泛忽视和遗忘的批评。问题在于这种繁荣是有代价的：它自己的长期基础的瓦解，对短期的日益关注（用一个流行的术语来说，就是缺乏“可持续性”）和质量意识的下降。

米塞斯和哈耶克等奥地利学派经济学家分析了金融体系、经济周期和经济扭曲之间的联系，并警告说资本结构的破坏有利于“幻影经济”（phantom economy），这种“经济”的生产过程已与人类的实际需求脱节。然后假设这种扭曲——正如约瑟夫·熊彼特（Joseph Schumpeter）轻蔑地写道——可以通过心理广告技术，也就是“操纵抛售压力和政治口号”来弥补。广告和政治越来越明目张胆地要求更多的消费。威廉·罗普克还警告社会虚幻繁荣的后果，这种繁荣混淆了被动的、建立在债务融资之上的消费主义和财富。财富的获得是一个积极的过程，它描述了我们作为自由人实现我们设定的目标的潜力。因此，米塞斯总是围绕经济活动所服务的人类目标，而不是渴望、“增长”或国内生产总值展开创作。

奥地利学派的另一位重要人物利奥波德·科尔（Leopold Kohr）警告说，不要仅仅把产品的丰富程度作为衡量繁荣的标准，问题总是：哪些商品？我们必须考虑到，在货币革命引发的人为增长中，一种丰富的产品增长被创造出来。由于这种增长伴随着扭曲，这些产品只在一定程度上成为必需品。例如，汽车对于实现个人出行这一人类目标而言，是一种巧妙的、有创意的解决方案。然而，它成为一种大众必需品，只是因为随着城市的扩张，工作场所和住宅就像一个充满空气的气球上的不同点，相互之间的距离越来越远。作为一种大众产品，它会引发交通拥堵，这需要道路网络的扩张，而这增加了交通量并导致更严重的交通拥堵。理论家看到了这些变化，开始讨厌道路和汽车。

生态主义是泡沫经济破坏自然的结果，但作为一种意识形态，它助长了新的泡沫。奥地利学派在赞美荒芜的自然景观的同时，并不鄙视人类。它只是清醒地指出这样一个事实，即自然被朝着一个有利于人为结构的方向上“推”，以致在某种程度上不再反映人类的偏好，这是货币革命的一个合乎逻辑的结果。

在这种背景下，“偏好”指的是由人的行动所揭示出来的目标，而不仅仅是意见的表达，后者波动过大，与现实联系不大。俗话说得好，“空谈是廉价的”，只有行动才包含实际成本。市场、价格和利率是用于协调无数不同人类个体行为的工具。如果这些分工制度被扭曲，协调就会受阻。这可能是货币革命最巧妙，但同时也是最具灾难性的方面：它使私营部门的经济活动受挫，并驱使越来越多的人投入国家的怀抱。然后，国家必须在其数量越来越庞大的下属和仆从之间分配财富，而这些财富是国家自己不能创造的。结果，国家和工商业之间的共生从长远来看是不可行的。从某个时点开始，实际财富开始下降，因为生产不再跟得上消费的步伐。

利奥波德·科尔警告说，不要依赖统计数据。毕竟，繁荣幻觉主要是数字幻觉。更一般的指标可以更好地洞察实际繁荣的下降。例如，在妇女解放之前，丈夫的工资通常足以养家。难道妇女解放仅仅是经济趋势——导致典型的净工资远不足以为有子女的家庭提供良好的生活——的必然结果吗？

这个冗长的介绍很重要，因为它代表了典型的投资者观点。自货币革命以来，对各资产类别而言，其价值的增加不再仅仅是企业家的独创性和卓越知识的结果，而主要是经济泡沫的结果。如果一个迄今为止被忽视的资产类别突然风起云涌，当然可能表明了一些投资者的预感，但更可能是群体症状——大多数其他投资者的想法。在泡沫中，有利可图的投资机会逐渐稀缺。臃肿的金融手段在全球范围内飞奔，甚至只是为了拾起最后一点面包屑。因此，奥地利学派投资者吉姆·罗杰斯解释了为什么在2007年新兴市场成为投资大师们的最爱时，他却清空了在新兴市场的投资。因为价格上涨的主要原因不再是对真实财富创造的预期，而是以下现象：

> 全球有两万名MBA飞来飞去，寻找新的热门市场。所以我在收获了18年的巨大收益之后，清空了在博茨瓦纳的投资。①

---

① Jim Rogers：Street Smarts：Adventures on the Road and in the Markets. New York：Crown Business，2013，p. 70.

过去几年，美联储的低利率和通胀政策（称为“量化宽松”）导致了信用媒介的大量膨胀。过去十年中，从土耳其到巴西，几乎每一个“经济奇迹”都是新市场向恐慌地寻求收益的资金洪流开放的结果，随之而来的是当地信用媒介的扩张。

繁荣幻觉的一个推论是投资者幻觉。正如管理层声称公司股价上涨是由于他们的努力，泡沫经济也催生了股市专家。在这两种情况下，所谓的“光环效应”都在起作用。这种效应是美国心理学家爱德华·桑戴克（Edward Thorndyke）发现的：军官们会把最高的智力和最佳的领导品质归于具有最佳身体姿势的士兵。某些特征——在经济中，尤其是最近的成功——形成了一种“光环”或气场，各种各样的东西都在这种光环下被解读。

这种错误最常发生在对公司的评估中：一旦一家公司因短期成功而吸引了人们的注意力，这种成功就会用其所谓的优越特征来解释。管理层突然发现自己登上了新闻杂志的头版，他们的癖好成了新的管理风格和时尚的基础，这为整个行业的顾问、作家和演讲家提供了素材。然而，有人对成功公司的任何长期观察都相当清醒：来得容易，去得容易。菲尔·罗森维（Phil Rosenzweig）在对光环效应的分析中，还分析了柯林斯（Collins）和波拉斯（Porras）提出的成功案例。正如在管理文献中经常能看到的那样，他们根据它们最近的成功选择了一组公司，以分析它们的最佳实践。然而，结果表明，这些都被证明是完全武断的。

> 从1991年到2000年的十年间，16家“高瞻远瞩”的公司中只有6家跑赢了标准普尔500指数；其余10家甚至没有跑赢市场平均水平。你最好随机投资，而不是把钱投在柯

> 林斯和波拉斯给出的有远见的公司上……研究结束后的五年内，只有5家公司的盈利能力提高，11家公司下降，1家保持不变（此处数据加总为17家公司，与段首的16家公司数目不一致，怀疑数据有误。——译注）……更有可能的是，柯林斯和波拉斯声称的持久业绩的驱动因素——强大的文化、对卓越的承诺等——是基于业绩的归因……事实证明，持久的商业成功在很大程度上是一种错觉……猜猜1957年标准普尔500指数中有多少公司在40年后的1997年仍然在标准普尔500指数中？只有74家，其他426家消失了——被其他公司推到一边，或者被收购，或者破产了。在74家幸存下来的公司中，猜猜有多少家在那段时间的表现优于标准普尔500指数？74家中只有12家。其他62家幸存下来，是的，但它们确实在茁壮成长……主导模式不是稳定性或耐力，而是熊彼特所说的“创造性破坏的常年狂风”。公司在表现出色后退步是完全正常的，也是可预见的。①

由于繁荣的幻觉，大多数投资建议都是可疑的。投资者第一步要做的是必须摒弃幻想，并花时间进行深入思考：如果大多数关于财富管理的假设都是错误的，那会怎么样？

我们经常受到诱惑去思考错误的选择。在第一次世界大战开始前不久，杰出的奥地利学派经济学家和银行家费利克斯·索马利（Felix Somary）——一个想尽办法阻止这场战争的人——在瑞士逗留期间，向他更著名的同事古斯塔夫·卡塞尔（Gustav Cas-

---

① Phil Rosenzweig：The Halo Effect：. . . and the Eight Other Business Delusions That Deceive Managers. New York：Free Press，2007，pp. 107－112.

sel）提出了以下投资建议：

卡塞尔：“你现在更愿意在哪里投资财富，柏林还是伦敦？”

索马利：“如果我的计划失败了，两者都不会。它们会毁了彼此。”

卡塞尔：“你会在哪里投资？”

索马利：“在美国，或在这里。”

“在这里？”卡塞尔惊讶地问道。“我来这个地方已经很多年了，但我从来只把这个阿尔卑斯山小国当作避暑胜地。”①

索马利是最早意识到当时贫穷的农业国瑞士将成为欧洲新金融中心的人之一。他也是为数不多的几个直觉到第一次世界大战将爆发及其规模的人之一。在战争开始前几天，他将客户的银行存款和在股票市场的投资换成被嘲笑为“野蛮的遗物”的黄金，并将其存放在瑞士和挪威。

本书的目的是将替代方案摆到桌面上。最终会发生什么，历史会告诉我们。唯一可以确定的是，虚幻的繁荣将很快终结。在最好的情况下，真正的财富创造将在虚幻的繁荣结束后再次蓬勃发展，让人痛苦的贫困将受到遏制。但不幸的是，这不是最有可能出现的结果。然而，我们不想涉足预言（prophecies），而是想尝试更好地了解预测（prediction）的才能，如果这种才能确实存在的话。

① 英文原文翻译自德文：Felix Somary：Erinnerungen eines politischen Meteorologen. München：Matthes & Seitz，1994（1955），p. 90.

第三章
预测与预言

“奥地利学派将人视为人，而不是超人，也不是机器人。思考行动者可选择的各种方案的有用性，是一种认识事物的很好方法，而这种方法是容易被人们忽视的。”

“在政治化的环境中，一个好的投机者对政客的图谋特别敏感，甚至与其有着良好的政治关系。大多数著名投机者都是如此。”

2007 年 2 月，最受尊敬的德语商业新闻机构之一的副总裁这样描述经济学家和记者的情绪：

当然，存在增长和通胀风险……但归根结底，美国经济目前被认为处于基本平衡状态——简言之，它是世界上最好的。[①]

① Walter Meier：“In der besten aller Welten”. Neue Zürcher Zeitung，no. 38，02/15/2007，p. 16.

奥地利学派的经济预言

2007年底，对比变得显而易见：只有很少的警告声，事实证明这些警告是正确的。在这些发出警告的人士中，奥地利学派的代表人物尤其突出。特别是在美国媒体上，这一学派的许多支持者——如彼得·希夫（Peter Schiff）——在美国抵押贷款债务危机爆发前的几个月和几年里，参与了与主流经济学家和记者的激烈辩论，这些人还在痴迷于“世界上最好”的童话故事。尽管其他经济学流派的一些人也发出了警告，但这些人主要是出于意识形态的原因而拒绝资本主义，并预测资本主义即将灭亡。

多年致力于研究学习和实践应用奥地利学派，是否就会让人具备一种十分特别的预测才能？任何仔细研究那些坚定信仰奥地利学派人士相关历史的人，都可能会震惊地看到，并愿意承认确实研究和实践应用奥地利学派会让人具备过人的预测能力。这种现象，从该学派的创始人卡尔·门格尔开始，一直持续到今天。路德维希·冯·米塞斯这样描述门格尔的远见：

> 他的敏锐智慧已经使他认识到奥地利、欧洲和世界的走向；他看到这个最伟大、最高级的文明冲向了深渊。他预料到了我们今天面临的暴行……他意识到自己的斗争是徒劳和无望的，他的心中充满了对黑暗的悲观情绪，这耗尽了他的力量。他把这种悲观情绪传染给了他的学生和朋友鲁道夫，后者是王储。王储自杀是因为对他的帝国和欧洲文明的未来感到绝望，而不是因为一个女人……
>
> 根据我祖父在1910年左右的一个说法，卡尔·门格尔

> 曾这么说：欧洲大国推行的政策将导致一场可怕的战争，战争将以可怕的革命、欧洲文化的灭绝和破坏各国人民的繁荣而结束。考虑到这些不可避免的事件，我们只能建议投资黄金储备和两个斯堪的纳维亚国家的证券。事实上，门格尔的储蓄投资于瑞典证券。一个在40岁之前就如此清楚地预见到灾难和他认为有价值的东西会被摧毁的人，无法避免悲观和沮丧……同样的悲观情绪吞噬了所有目光敏锐的奥地利学派经济学家。奥地利学派经济学家所享有的悲剧性特权是这一经济学流派理论为他们提供了认清命运的机会。①

奥地利学派经济学家一次又一次地被证明是正确的，这是因为他们特别悲观吗？这可能会曲解维也纳人的心态特征，前文已经对此做了进一步的描述：一种爱好娱乐的清醒。奥地利学派的支持者不会闭上眼睛，即使他们不喜欢所看到的。门格尔的学生兼助手费利克斯·索马利——我们已经提到他的预言才能——在他的回忆录中写道：

> 我们这个时代的重大灾难并没有让我感到惊讶。由于我拒绝了民族主义等极端的政治意识形态，我能够比周围的人更冷静地评估事物。②

索马利后来被称为“苏黎世的乌鸦”。德国前财政部长施维

---

① Ludwig von Mises：Memoirs. Auburn，Alabama：Ludwig von Mises Institute，[1978] 2009.

② 英文原文译自德文：Felix Somary：Erinnerungen eines politischen Meteorolgen. München：Matthes & Seitz，1994 (1955)，p. 15.

林·冯·克罗西克（Schwerin von Krosigk）在《发生在德国》（*It Happened in Germany*）一书中记录了他与索马利的对话，这次对话使索马利被广泛关注。

> 1931 年春天，瑞士银行家索马利来到柏林访问了财政部，他也以经济理论家而闻名。当被问及全球经济危机将持续多久时，他回答说，在人们想象中的复苏到来之前，必须先发生三件事：维也纳和柏林的银行业将因危机而重组，英镑必须与黄金脱钩，瑞典企业家伊瓦·克鲁格（Ivar Kreuger）的火柴制造厂必须倒闭。1931 年初夏，银行倒闭，夏末英镑贬值。1932 年春天，当索马利再次来到柏林时，他被问及一个问题，即人们是否需要等待第三件事发生。索马利没有收回他说的话，而是确信克鲁格集团很快就会走到尽头。四周后，克鲁格在巴黎开枪自杀。①

索马利这样描述这些完全实现的预言的效果：

> 官方机构泄露的预测，最终给我带来了一定的名声——一个奇怪的名声，许多人对我有迷信般的恐惧。有些人对我如何能够预见这些事件发生的精确顺序感兴趣。任何感觉到危机或革命动态的人，对即将发生的事件都有清晰的认识。预测不是数学家或统计学家的事，尤其不是教师的事。②

---

① 英文原文翻译自德文：Felix Somary：Erinnerungen Eines Politischen Meteorolgen. München：Matthes & Seitz，1994（1955），p. 238.

② 同上，p. 239.

尽管奥地利学派经济学家以解释不祥之兆而闻名，但他们的评价既不以过度乐观为特征，也不以过度悲观为特征。清醒的态度帮助奥地利学派与当时主要的社会主义者保持了密切的关系。门格尔最喜欢的学生理查德·舒勒（Richard Schueller）甚至是列夫·托洛茨基（Leon Trotsky）的好朋友。

米塞斯、索马利和舒勒等具有出色的预言才能，但他们在世界历史上所起的作用被低估了。索马利拥有近乎未卜先知的天赋，他在幕后不知疲倦地进行积极的外交努力，试图阻止第一次世界大战。他几乎成功了。那些认为这是夸大其词的人应该读一下他的回忆录。

舒勒和米塞斯值得称赞的许多事情之一，就是将维也纳从几乎可以确定的饥荒中拯救出来。维也纳人民，如果没有舒勒和米塞斯的秘密任务，他们中的许多人将无法幸存。但是，他们以忘恩负义的方式回报拯救他们的人，将舒勒和米塞斯的名字从记忆中完全抹去。如果仔细研究这三个奥地利学派经济学家的行为，可以得出另一个结论：如果没有索马利、舒勒和米塞斯的努力，一个拥有主权的奥地利可能不会在世界大战后存在。

除了准确的地缘政治和历史直觉之外，过去那些奥地利学派经济学家的经济预测也令人印象深刻。奥地利学派的几位经济学家预测了大萧条：在奥地利，米塞斯在大萧条出现的早期阶段就认识到了这个问题，并在 1924 年告诉他的同事，说当时奥地利最大的银行“信贷银行”最终将破产。弗里德里希·冯·哈耶克在 1929 年初发表了几篇文章，他在文章中预测了美国经济扩张的崩溃。索马利在 20 世纪 20 年代末发出了无数警告。在美国，经济学家本杰明·安德森（Benjamin Anderson）和 E. C. 哈伍德

(E. C. Harwood) 警告称，美联储的货币政策将导致危机。然而，正如索马利的警告一样，他们的警告被广泛忽视。奥地利学派的几位经济学家，包括穆瑞・罗斯巴德和亨利・黑兹利特 (Henry Hazlitt)，都正确预测了布雷顿森林体系的崩溃以及随后的金价上涨。

然而，即使是许多现代奥地利学派经济学家的预测，其正确性也往往令人惊讶：奥地利学派的许多支持者都预测了互联网泡沫及其最终消亡。1999 年 10 月，肖恩・科里根 (Sean Corrigan) 评论说，一个巨大的泡沫已经形成，并预测它将破裂。他将这种情况与 1987 年夏末、20 世纪 80 年代末的日本泡沫和美国“咆哮的 20 年代”进行了比较。2000 年 3 月，克里斯托弗・梅耶 (Christopher Mayer) 指出重大泡沫的所有要素——基本的基础 (即技术革命)、金融基础 (即货币和信贷供应的扩张) 和心理基础 (即意图忽视传统的估值标准) 似乎存在于牛市中，并且还预测它将以崩盘告终。

网络泡沫破裂后，许多奥地利学派经济学家预测了 20 世纪头十年的房地产泡沫，这导致了 2008 年的“大衰退”。2002 年，罗伯特・布鲁曼 (Robert Blumen) 将国家支持的抵押贷款银行房利美和房地美的活动描述为对不断增长的系统性风险的反映，并预测它们最终将得到纾困。科里根指出，房地产业务将在大量破产中蓬勃发展，并指出房地产泡沫往往在股市泡沫出现几年后才破裂，抵押债务证券所有者的命运可能比股票所有者更糟。

马克・桑顿 (Mark Thornton) 在 2004 年写道，利率上升 (由美联储发起) 将引发房地产市场的逆转，并将揭开新范式的谬误。对过去分配不当的发现，最终会以房利美和房地美的强制国有化而告终。后来，他详细分析了危机对建筑业、劳动力市场和银行救助的影响，并预测了一场深度衰退。

2005年，道格·弗伦奇（Doug French）在观察了拉斯维加斯的房地产热潮后指出，“房地产是繁荣时期最后一个受到提振的行业，也是萧条时期第一个崩溃的行业”，并得出结论：繁荣的结束将不可避免地会到来。加里·诺斯（Gary North）早就警告过可变利率抵押贷款的危险。

投资者彼得·希夫因多次在电视上露面而出名（主要是在2006年和2007年），他在电视上反对众多金融专家，并预测经济在未来将出现巨大的下滑。几年来，希夫曾对过度的房地产投机、抵押贷款的繁荣以及即将到来的救助行动发出严厉警告。银行家兼经济学家库尔特·里奇巴彻（Kurt Richebächer）为投资者出版了一份时事通讯，他在2007年去世前也对形势进行了正确的评估。

在德语区，罗兰·巴德尔（Roland Baader）尤其值得一提，正如他在关于股市泡沫、金融和债务危机以及欧元的著作中所警告的那样。足球明星奥利弗·卡恩（Oliver Kahn）的故事已经广为人知：他受到巴德尔的经济分析的启发抛售了股票，并在电视脱口秀中提到了巴德尔的书《金钱、上帝和扮演上帝的人》（*Money, God and People Playing God*）。人们可能会认为对欧元的批评是出于意识形态动机，但它反映了奥地利学派对所有形式的集权的怀疑。

精确的批评揭示了它的理论基础，在威廉·罗普克的例子中，这一点表现得尤其明显。罗普克在1965年就已经警告过欧洲货币联盟，因为它需要一个适当的前提条件，即所有参与国

"经济、信贷、金融和社会政策整个的一体化"。他预测人们最终会同意"对货币纪律做出轻微的承诺，而不是严格的承诺"。①

奥地利学派经济学家比其他人能更好地描述和预测动态形势，是因为他们拥有水晶球吗?

在现实中，奥地利学派的特点实际上是其谦逊的预测方法。那些试图寻找预测未来的简单方法从而决定与奥地利学派有更密切接触的人，很快就会失望。事实上，奥地利学派经济学家坚信未来是不确定的，因为它完全是由人类行为创造的。他们认为，通常用作预测工具的数学模型是伪科学。这些"预测"的数字是懦弱的借口。它们的市场价值主要在于为政客、管理层和银行家提供伪科学的借口，以避免做出决策。对 6 500 项预测的研究表明，平均而言，"经济专家"48%的预测与现实相符。这意味着抛硬币比遵照经济专家的预测更安全。②

这些"专家"的知名度和媒体声誉越高，他们的预测就越倾向于与现实背道而驰。"大师们"就股市进行的推荐就像传销一样：推荐本身会导致价格上涨。

只有一个群体的预测比"经济专家"的预测还要糟糕，并且在更大程度上主导了大众媒体，那就是政客。他们需要一块伪科学的遮羞布。预测对他们来说只有一个功能：为他们自己的决策提供掩护，并为具体政策的实施提供统计支持。例如，让我们看一下美国通胀政策（美其名曰"量化宽松"）刺激效应背景下的

① Wilhelm Roepke：Die Schweiz und die Integration des Westens. Zürich：Schweizer Spiegel，1965.

② http：//www. forbes. com/sites/rickferri/2013/01/10/ts-official-gurus-cant-accurately-predict-markets/.

政治预测（见图 3.1）。这些预测包括通货膨胀之后，新创造的货币替代品应如何在控制下减少。然而，正如我们稍后将要展示的那样，如果没有通货再膨胀，刺激措施将不会有持续的效果。

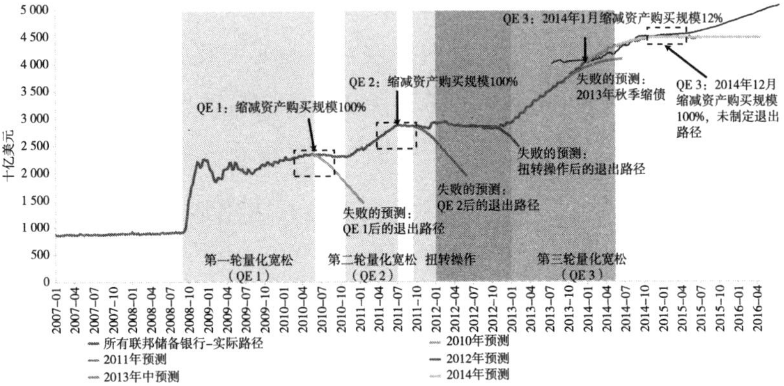

图 3.1　美联储的资产负债表与预期

资料来源：Federal Reserve St. Louis，Incrementum AG.

预言的根基

与其他经济学家和政治家相比，该如何解释奥地利学派经济学家的预言才能？不幸的是，在高度政治化的时代，对地缘政治局势的评估往往比经济分析更为重要，关于这一点，有几个因素正在发挥作用：一方面，试图避开意识形态并进行“价值中立”分析。奥地利学派的支持者当然也具有强烈的价值观和原则，以及近乎侠义的决心和正直。“价值中立”只意味着一个人不会对自己不喜欢的东西视而不见，而不是只强调或只看到自己特别喜欢或特别讨厌的东西。尤其是在电子网络时代，狭隘的视野往往占主导地位，人们互相怂恿，要么过度乐观，要么过度悲观，要么麻木地寻找消遣。

由于他们的性格，奥地利学派的所有伟大追随者的观点都是逆周期的：他们在大众中特立独行，并坚忍地忍受着忽视、嘲笑甚至迫害。然而，他们作为局外人的地位并不是唯一值得注意的特征。这些世界级的科学家并不完全是孤独的疯子。

值得注意的是，他们的性格力量使他们能够忍受一天从最高处坠落，第二天又从最低处上升。这些不断变化的潮流使他们无法接受类似“炒作”这样的大众现象。在他们的一生中，这一学派的伟大代表曾经处在他们那个时代最重要的思想家和实干家的位置上，那时他们谱写历史，并与著名的国家领导人进行针锋相对的行动，但一度也处在成为国家的敌人，被嘲笑的对象，变得默默无闻的位置上——然后他们又回来了。

他们预测能力背后的另一个主要因素无疑是他们的“普遍”教育。奥地利学派的所有伟大追随者都是有着杰出的语言天赋，且博览群书、知识渊博的学者。除了经济学，他们还接受了许多其他学科的训练，而且部分地启发和革新了这些学科。

他们共同的经济学方法，可能只是解释他们的地缘政治洞察力的第三个重要因素。在这方面特别有用的可能是对激励的分析。奥地利学派将人视为人，而不是超人，也不是机器人。思考行动者可选择的各种方案的有用性，是一种认识事物的很好方法，而这种方法是容易被人们忽视的。虽然在这方面研究奥地利学派无疑是有帮助的，但它只对理解这个世界及其动态过程起到补充作用。

那么实际的投资决策呢？奥地利学派的大多数信徒在管理私人财富方面取得了相当大的成功，但这并没有阻止他们常常一贫如洗。正如他们的传记所表明的那样，政治可以摧毁所有的经济成功。路德维希·冯·米塞斯在结婚前提醒他的未婚妻：

> 如果你想要一个有钱人，就不要嫁给我。我对挣钱不感兴趣。我写的是关于钱的文章，但我自己永远不会拥有太多的钱。①

好的经济学家很少是好的投机者。然而，更危险的是，人们普遍认为一个好的投机者必然是一位好的经济学家。这与认为最伟大的流氓必然是刑法专家的想法一样荒谬可笑。与“顶级经理人”类似，“顶级投机者”通常只是一个神话。几乎所有的投资大师都只在某些时期是正确的，而在他们一贯错误的时期保持沉默。

投机在很大程度上是一个时机问题，而关于适当时机的决定在很大程度上是一个“自觉”问题。一个人可以成为服装方面最有才华的人，成为有史以来最好的时装设计师，但在预见新时尚潮流的确切形式和时机方面仍然不比其他人好。相反，对时尚一无所知的人可能会因巧合而与潮流引领者保持一致。

然而，对趋势的有意识的操控，很可能已经成为当今的主导因素。控制经济的尝试也在增加。随之，投机的性质发生了变化：在政治化的环境中，一个好的投机者对政客的图谋特别敏感，甚至与其有着良好的政治关系。大多数著名投机者都是如此，尤其是头号投机者沃伦·巴菲特。(本书中所指的投机，并非我们平常所说的短线投机炒作。——译注）他的大部分财富来自纳税人的资金。罗尔夫·温克勒（Rolfe Winkler）为路透社总结如下：

---

① Margit von Mises：My years with Ludwig von Mises. New Rochelle，NY：Arlington House，1976，p. 31.

巴菲特大力游说政府实施救助，如果不这样的话，他的公司持有的许多股票早就消失了。根据最近提交的一份代理文件，巴菲特持有27%股份的伯克希尔哈撒韦已向八家获得救助资金的金融公司投资，数额超过260亿美元……联邦存款保险公司（FDIC）为其超过1 300亿美元的债务提供担保。①

如今，“有用的”知识常常是那种能够为一个人提供影响力和产生影响力的知识：强大的朋友、富有的客户和众多的模仿者。然而，这种形式的“实践”是腐败的。腐败意味着“破坏”。我们要么因此自暴自弃，因为世界上再多的钱也无法填补良心败坏、嫉妒和仇恨带来的空虚。奥地利心理学家维克多·弗兰克尔（Viktor Frankl）将良心称为“意义的器官”并非没有充分的理由。即便我们自己并没有因为腐败而崩溃，社会最终也会因为腐败而崩溃。实际上，世界上再多的钱也无法修复一个被破坏的社会，因为一个人不能吃钱。用自己的钱把自己“锁”在地堡里并不是一个好的投资策略。

因此，主要关注“有用性”的知识往往会受到污染。它要么过时，要么太接近时代精神。一些最严重的投资错误是由于高估了这些知识而产生的。上面讨论的主流经济学的腐败可以用这个来解释。弗里德里希·冯·哈耶克将这种腐败描述如下：

经济学家不仅没有金光闪闪的奖项，没有诺贝尔奖，而且——我应该说直到最近——没有财富和贵族的爵位（哈耶

---

① http：//blogs. reuters. com/rolfe-winkler/2009/08/04/buffetts-betrayal/.

克在这里暗指凯恩斯）。你只要试图去追求它们，以获得表扬或公众的认可为目标，几乎肯定这会破坏你在这个领域的知识诚实……我认为，过于刻意追求眼前的有用性很可能会破坏经济学家的知识完整性，原因是立竿见影的“有用性”几乎完全取决于影响力，而影响力最容易通过对大众偏见的让步和依从现有的政治团体来获得……（经济学家）最重要的是必须有不受欢迎的勇气。[①]

抛开政治影响不谈，投机和商业一样，主要是一种手艺。好的交易者对价格、“正确”和“错误”的价格、有效的价格、可以获得的价格、何时必须等待、何时可以出价更高等都有直觉。最重要的是何时放弃购买，以避免不断扩大的损失。认为交易者的经验可以完全被算法所取代是荒谬的。关于“完美投资”，罗伯特·索罗斯（Robert Soros），那位最伟大的“投资大师”的儿子，有一段有关“冷静评估”的话非常具有启发性。

我父亲会坐下来跟你理论，解释他为什么这样或那样做。但我记得当我还是个孩子的时候，我就在想，天哪，这其中至少有一半是胡扯。你知道他改变市场头寸只是因为他自己的背痛难忍。这与理性无关。他真的陷入了痉挛，这是一个早期的警告信号……他一直生活于一种稳定的状态，在

① Friedrich von Hayek：“On Being An Economist. Address to the Student's Union of the London School of Economics，February 23，1944”. In：The Trend of Economic Thinking：Essays on Political Economists and Economic History. Indianapolis：Liberty Fund，2009.

> 这种状态中，他不完全否认他的情绪状态，而是将它合理化。这很有趣。①

然而，索罗斯与巴菲特相似，必须算是当今政治关系密切的投资者之一，他完全有理由将这种直觉作为某种秘密的经济知识来表达，以提高其经济政策建议的可信度。奥地利学派的信徒通常在这方面更诚实、更谦虚。索马利是奥地利学派最成功的投资者之一。他的儿子与索罗斯的儿子有着相似的解释，然而，索罗斯的儿子被他父亲的虚伪所征服，索马利的儿子则被他父亲的诚实所征服：

> 当我问他如何能如此清楚地看到即将发生的事情时，他回答说："我打骨子里明白正在发生什么；这不仅仅是知识问题。它确实在头脑里宣告过，也已深入我的骨髓。"②

如果索马利认为更高的回报是不道德的或不必要的，他就会放弃这样的回报。奥地利学派经济学家将金钱视为一种重要的手段，而不是把它视为目标或目的。索马利的儿子这样描述他父亲的投资策略：

> 凭借对历史事件的敏锐判断力，他认为自己的职业是

① Michael T. Kaufman：Soros：The Life and Times of a Messianic Billionaire. New York：Alfred A. Knopf，2002，p. 140.

② 英文原文翻译自德文：Felix Somary F. Erinnerungen Eines Politischen Meteorologen. München：Matthes & Seitz，[1995] 1994，p. 9.

> “牧师”：保护文化和财务价值，以便获得进行更重要的尝试的自由，尤其是与当权者对抗的自由。对于一不留神就亏钱，或赊账投机，他认为是不可原谅的；但要说挣上数十亿，也是不切实际的。他默默地持有这样一种观点：金钱要受灵的恩膏，灵之花要靠金钱来绽放。①

再多的研究也弥补不了直觉的缺失，包括奥地利学派的研究。通过对艺术史的研究，一个工匠可能会对自己的作品有更深的理解、获得自信，也许偶尔也会有一个好主意，但这永远不能取代天赋和手艺。书籍是西方伟大理论传统的媒介，但关于经济主题的实用书籍通常价值不大。

之所以如此，是因为经济意味着改变。创业成功意味着做一些不同于以往的事情。这与投资成功类似：需要看到别人看不到的东西。这种“看”的能力首先是一种天赋，其次是实践，最后才是理性的认识。许多银行不愿聘请学者从事交易业务，因为学者想得太多，但没有足够的直觉。

每一种理论的最大危险是不再是学说（theoria）、好奇和无目的的检验，而是“理论”（theory）——也就是说，试图通过解释来调整世界。奥地利学派主要提供一种免疫策略，既防止“知识”过少，也防止“知识”过多；既反对幻觉，也反对傲慢。哈耶克尤其批评知识的僭妄，即认为一个人可以立即对一切做出合理的解释，并消除世界上所有存在不一致（inconsistencies）的方面。对于科学家、哲学家、企业家和投资者来说，这些不一致性

① 英文原文翻译自德文：Felix Somary F. Erinnerungen Eines Politischen Meteorologen. München：Matthes & Seitz，[1995] 1994，p. 10.

的存在尤为重要。哈耶克警告说：

> 如果我们认为人类文明完全是有意识的理性的产物或人类设计的产物，或者我们认为在不知道自己在做什么的情况下，有必要运用我们的权力去刻意地重建或维护我们所建立的东西，那么我们就是在自鸣得意……
>
> 人类所取得的许多最伟大的成就既不是有意识的思考的结果，也不是许多个体有意识地协调其努力的产物，而是个体在其中发挥作用，但却永远无法充分理解他起作用的过程的结果。①

成功的奥地利学派投资者马克·斯皮茨纳格尔（Mark Spitznagel）认为，他的“实践导向”的老师埃弗雷特·克利普（Everett Klipp）的推荐得到了奥地利学派的确认。当斯皮茨纳格尔向克利普询问他应该学习什么才能从事投资事业时，克利普认为：

> 只要不会让你认为自己知道太多就行。②

就“投资”这个主题而言，人们所有的注意力都集中在成功的投机者身上。由于光环效应，我们倾向于相信他们拥有卓越的知识，并渴望获得一些智慧的碎片。这一知识本质上似乎与恰当

① Friedrich von Hayek：The Counter-Revolution of Science：Studies on the Abuse of Reason. London：The Free Press，1955，p. 84.

② Mark Spitznagel：The Dao of Capital：Austrian Investing in a Distorted World. New Jersey：Wiley，2013，p. 11.

的时机有关，这使得对未来的更好看法具有决定性。然而，正如本书将阐明的那样，这是一个严重的误解。

奥地利学派经济学家在做出好的买卖决定的时机方面，平均而言并不比其他人好。他们的成功通常基于避免错误和并不根据资产的受欢迎程度来选择投资类别。从历史的角度来看，这有时能抓住精确的时机，其精确程度会令人惊讶，但这与依靠秘密方法更好地识别有利的价格点无关。

奥地利学派投资者吉姆·罗杰斯公开承认，相较于其他投资者能够突然意识到自己错误的时刻，他特别不擅长预测时机。他用以下轶事描述了时机问题：在 1970 年，他预计市场会急剧调整。他挑选了六家他觉得很有问题的公司，并卖空了它们的股票。但卖空后，它们的股价不跌反涨，罗杰斯被迫平仓，并失去了他在交易上的所有赌注。然而，他后来被证明是对的：

> 在接下来的两三年内，我做空的那六家公司都破产了，我真是个天才！这让我想起了一句话："如果你那么聪明，那你为什么不富有？"
>
> 这是个聪明而不富有的完美例子。我太聪明了，我却破产了。我不知道市场能做的是什么。
>
> 我了解到，在华尔街，有句被错误地归于约翰·梅纳德·凯恩斯（John Maynard Keynes）的格言，但没有哪句格言比它更真实了："市场保持非理性的时间可能比你保持偿付能力的时间更长。"①

---

① Jim Rogers：Street Smarts：Adventures on the Road and in the Markets. New York：Crown Business，2013，p. 46.

今天，每个奥地利学派经济学家都被问到的一大问题是：大危机何时会发生？这意味着泡沫的破灭，资产价格的巨幅下跌，甚至大众媒体上也将充斥着危机论调。然而，等待危机是没有意义的。任何人都无法准确地预测大盘崩溃的时间点；有些人可能能够凭直觉判断，但这是我们事后才知道的。

纳西姆·塔勒布谈到了“黑天鹅”①，它是指没有人能够预见的遥远事件，因此它会让每个人都感到惊讶。他的主要论点是，由于情绪上的缺陷，人们凭借其认知能力很容易低估随机性在几乎所有金融和经济环境中的作用。这些缺陷主要是偏见的结果，偏见诱使人们高估自己的预测能力。看起来很聪明的投资，往往不过是撞大运而已。财务损失可能是罕见事件（即“黑天鹅”）造成的，这些事件被认为是不可预见的。塔勒布关于过度自信的警告受到了苏格兰哲学家大卫·休谟（David Hume）的启发，后者写道：

> 观察到数量再多的白天鹅，都不能证明所有天鹅都是白色的，但观察到一只黑天鹅就足以驳倒“所有的天鹅都是白的”的结论。②

塔勒布认为，经济学家一旦高估统计方法的精确性就很容易

① Nassim Taleb：Fooled by Randomness. The Hidden Role of Chance in Life and in the Markets. New York：Random House，2001.

② David Hume：Treatise on Human Nature. David Fate Norton，Mary J. Norton (Pub.) . Oxford：Oxford University Press，[1739] 2000.

做出错误的评估。除其他因素外，他对此提出了以下两个主要原因。首先，他们经常被一个错误的假设所困扰，即从大量的历史观察中可以得出关于未来的结论；其次，未来事件服从钟形分布。换句话说，他们并不认为过去的相关性也可能受到随机性的影响。

在许多方面，特别是在对坚定支持“有效市场”假说的主流经济学家的批判性评价中，塔勒布听起来像是奥地利学派的追随者。被他批评的经济学家被误导了，因为他们从错误的假设出发，即假定人类行为是完全理性的，并且在数学上是“最优的”。然而，从奥地利学派的角度来看，危机并非不可预见的突发事件。由于自我强化效应，价格的修正将是突然的，但并非不可预见。因此，塔勒布的前同事马克·斯皮茨纳格尔纠正他说：

> 股市崩盘的真正的黑天鹅问题，不是一个被认为是不可预见的遥远事件，而是一个被认为是遥远的可预见事件……①

虽然“修正在时间上遥遥无期”的假设延迟了修正的发生，但它也增加了它最终确定发生时带来损失的潜在危险。重要的是认识到危机已经到来，而不是尚未发生的事情。“危机”（crisis）一词，类似“批评”（critique），来自希腊语 krinein，意思是“分开”或“分离”。目前，我们生活在这样一个危机时期，它区分了幻觉（illusion）与虚构（fiction），并且需要人们做出令人不安

① Mark Spitznagel：The Dao of Capital：Austrian Investing in a Distorted World. Hoboken，NJ：John Wiley & Sons，2013，p. 345.

的决定。

如今在西方发达地区，人们认为完全自然的许多东西都是建立在沙子上的，而且是不可持续的。对于那些对危机感到惊讶或无法摆脱舒适幻想的人来说，这只能是坏消息。无知的人在危难之际更加感到不耐烦与不安：他们渴望实用和有用的东西，厌恶所有理论的或基本的东西。他们错得厉害。尤其是在动荡时期，他们需要一种新的实践，一种不同的行动方式，这需要首先冷静地思考什么是重要的。没有认真思考，不知道什么是根本性的和重要的，就无法采取明智的行动和决定。

奥地利学派投资者詹姆斯·格兰特（James Grant）描述了良好的经济理论在专业投资者日常的具体决策中的恰当作用：

> 我们所做的是寻找市场中的极端情况：极端被低估或极端被高估。奥地利学派的理论当然给了我们一个优势。当你有一个理论可供参考时，你就避免了在黑暗中被椅子和床头柜绊倒的问题。至少你可以在黑暗中进行“可视化想象”（visualize），而我们所有人也都在这样的黑暗中工作。未来永远是不可知的，但有了理论体系，你就有了思维框架，从而能够从容一些。[1]

---

① James Grant：The Austrian Economics Newsletter，1996，http：//www.valueinvestingworld. com/2009/06/ austrian-economics-newslet-ters—1996. html.

第四章
货币体系

“在过去的一个世纪里，全球货币体系每隔几十年就会进行一次调整。在此背景下，1914 年、1933 年和 1971 年具有特殊的历史意义。”

“除了准确的时间点外，美联储和美元的历史将如何演变，可以相当确定地预测。”

什么是货币

在前面的章节中，我们一直在谈论货币革命，现在让我们从回答货币究竟是什么开始。从严格的奥地利学派的观点来看，我们再也不能给今天流通中的钞票和存款（circulating banknotes and deposits）贴上货币的标签了。因此，欧元不是货币单位，而是信用媒介的名称——我们可以说“通货（currency）是货币（money）的反面”。通货依赖于人们对国家和银行体系的信心，如果人们失去了这种信心，它就会失去价值。这听起来像是诡辩，但从历史经验来看，其重要性似乎显而易见。所有的经济活动都是在这样两种人之间展开的竞赛，即寻找资金以转移和储存其经济能量的人与那些滥用演变而来的或创造出来的货币标准的人。

奥地利学派的拥护者强调，交换不仅是货币的主要功能，也是货币的起源。卡尔·门格尔认为货币是一种“社会现象”，是“社会运动的非意图的结果”之一。[①]“因此，随着个体进一步认识其利益，在没有任何协议、没有立法强制，甚至没有考虑公共利益的情况下，追求经济利益的个体会将某商品换成更具适销性的商品……我们的前辈称之为 Geld。”[②] 由此得出的结论使门格尔与他那些倾向于国家主义的专家同事形成了鲜明的对比，后者断言货币是国家的创造物，因此国家拥有干预货币事务的无限权力是合理的。相比之下，门格尔说：

> 货币不是国家的发明。它不是立法行为的产物。“需要政治权威的认可”这样的观念，与货币的概念格格不入。某些商品很自然地成为货币，是独立于国家权力的经济关系的结果。[③]

因此，奥地利学派经济学家认为货币是自愿行动的结果。对于某些对人们有价值，但并非政府法令的产物的商品，事实证明它们具有更大的适销性。从贝壳到盐再到茶，甚至是干虎舌，在

---

① Carl Menger：Investigations into the Method of the Social Sciences with Special Reference to Economics. New York/London：New York University Press，1985，p. 146.

② 同上，p. 154.

③ Carl Menger：Principles of Economics. Auburn，Alabama：Ludwig von Mises Institute，2007，pp. 261－262.

各种文化中都有被选出来充当交换媒介的大量商品，这表明它们作为商品的特征与充当交换媒介之间有着密切的联系。

额外的货币需求，也就是说，为了间接交换目的而对商品产生的需求，导致该商品价值的增加，这种价值偏离之前在工业（industrial）方面的需求。工业方面的需求基于商品直接的使用价值。交换价值很容易数倍于使用价值。弗里德里希·冯·维塞尔（Friedrich von Wieser）将交换价值定义为“可以从该物品中获得的预期的使用价值”。[①] 路德维希·冯·米塞斯对该过程的解释如下：

> 当人们开始不是为消费而是为充当交换媒介获得商品时，他们通常按照其客观交换价值来估值，这种价值因为它们有“工业用途”而已经被市场所赋予，至于它们充当交换媒介的可能性则只能作为额外的考虑。[②]

以货币的早期使用价值来解释货币的交换价值，被奥地利学派经济学家称为“回溯定理”（regression theorem）。在米塞斯提出回溯定理之前，对货币需求的解释是一个“循环”：为什么需要货币？因为它有购买力，因为它可以买东西。为什么它拥有购买力？因为对它有需求。米塞斯通过对时间的回溯解决了这个循环推理问题：人们以一定的价格购买财货（goods）、商品（commodities）以及货币（money），因为他们回忆起昨天的成功交易。

---

① Friedrich von Wieser：Natural Value. London：Macmillan，1893，p. 47.

② Ludwig von Mises：The Theory of Money and Credit. New Haven：Yale University Press，1953，pp. 109－110.

在这些交易中，他们又找到了由前一天的交易决定的价格。依此类推，在时间回溯结束的尽头，是这样一个时点，在这个时点货币商品仅根据其使用价值进行交换，从而市场参与者在市场上根据其边际效用的主观评价进行估值。当货币商品开始作为间接交换的媒介而被接受时，市场参与者因此已经知道可以用它来交换哪些商品以及可以交换多少商品。

具有最高适销性的商品具有最高的交换价值；这样的商品最有可能与它期待中的潜在交换伙伴“相遇”，并且与之交换也是可行的。这种用途似乎是那些像货币商品一样拥有特殊价值的商品所特有的特征。威廉·斯坦利·杰文斯（William Stanley Jevons）给出了货币商品的特征，根据其重要性的高低，列举如下①：

（1）效用和价值；

（2）便携性；

（3）不易损坏；

（4）同质性；

（5）可分割性；

（6）价值的稳定性；

（7）容易辨认。

然而，甚至就金属货币而言，很多人都不认为它具有商品的特性。因为他们认为几乎没有人是为了使用包含在硬币中的金属而需要硬币的。然而，这种反驳并不是中肯的。第一，对它作为货币的需求远远超过对它的工业需求，这正是货币的本质。第二，

---

① William Stanley Jevons：Money and the Mechanism of Exchange. New York：D. Appleton and Co.，1876，ch. 5.

商品的特性不是物理属性，即那种直接与马上可见的用途。就大部分商品而言，其交易时的具体形式与最终消费者几乎无关。批发贸易中使用的贸易单位“一个托盘”（a pallet）与潜在消费的距离，如同硬币与银器的距离一样远。卡尔·门格尔对此陈述如下：

> 因为“商品”本身并不用于消费目的，尤其是它们的交易时的具体形式（即以“锭”、“箱”和“包”的形式等）。要被消费，一种财货就必须不再是一种“商品”，并放弃它的交易形式（即它必须被熔化、分割和拆包等）。硬币和锭是贵金属交易的最常见形式，因此贵金属在被消费之前必须放弃这些形式，这一事实并没有为对其商品特性的质疑提供任何依据。①

第三，货币起源于商品必须被视为一个历史过程，而不是时间的快照（snapshot）。这方面令人信服的间接证据包括以下事实：今天仍在使用的许多货币名称最初都是重量单位。有大量证据表明它与付款时的“称重”有关。甚至《圣经》在提到货币时也说“有它的分量”。无法追溯到重量单位的货币名称，通常与商品有其他的联系。例如印度卢比，它源自“牲畜”（livestock）一词。

即使“交换”的论点在历史上不成立，现代经验仍然支持它。在过去的社会中，间接交换可能没有足够的意义；然而，如果货币起源于一个分工发达的社会，它很可能直接产生于促进交

① Carl Menger：Principles of Economics. Auburn，Alabama：Ludwig von Mises Institute，2007，p. 241.

换的需要。历史上发生的事件表明了这一点：在战争和货币崩溃之后，香烟经常成为一种交换媒介。二战后，甚至还有一些根据香烟来报价的广告。在这种情况下，我们正在寻找一种符合杰文斯列出的标准，且作为交换媒介非常有用的消费品。香烟也经常作为监狱中的交换媒介，在看管过失人员的机构中，充当交换媒介的除了香烟外，还有剃须刀，在看管最为严重的过失人员的机构中，充当交换媒介的甚至是毒品注射器。在德语区，黄油、黑麦和面粉有时会在战争和危机之后充当交换媒介。此时，贷款和参与的权益也都用商品确定下来。在地中海地区，二战后人们又退回到用橄榄油来充当货币，而它在古代就已经具备了货币的功能。

然而，在现代人们很少再次把贵金属作为交换媒介，可能是因为它们对普通大众来说难以获得，对它们也没有用于消费的直接需求。毕竟，战争也总是物资被征用的时期，在征用期间，人们通常会用黄金换取铁或纸。

关于货币起源于交换媒介，有另一种观点。这种观点认为货币主要是积累财富的手段。用于积累财富的商品，最显而易见的似乎是那些有用的商品，例如衣服或珠宝。在许多文化中，戒指都被视为用于积累财富的商品。在印度，珠宝与财富之间的密切联系一直延续至今。当卢比还是金属货币时，印度人会定期将他们的积蓄带到铁匠那里，以便将硬币熔化并重新加工成手镯。类似的双重功能，也曾经由用贵金属制成的用于表达虔诚的珠宝来承担。结果，寺庙成为最早的银行。用于装饰目的的贵金属同时被用于价值储存。在紧急情况下，贵金属装饰品和铃铛会再次被熔化。

这种财富积累功能在大多数关于货币的研究中被奇怪地忽视了。这是自相矛盾的，毕竟有强有力的论据证明这不仅是货币的重要功能，甚至可能是历史上最重要的货币功能。这种忽视有几个原因。一方面，囤积往往被认为是负面的，被鄙视的东西往往被忽视。对囤积的敌意可能被归因于积累牲畜和奴隶等商品时存在的负面的历史经验。另一方面，当纯粹用数量来描述增长时，总是和道德污点联系在一起，这也是一个重要原因。财富积累被忽视的又一个原因是这个功能不足以定义货币，充其量似乎只是货币的一个附属属性。虽然许多商品对积累财富很有用，但它们由于缺乏可分割性和流动性，永远不会被视为货币，例如房地产、盛会、方尖碑、石碑等。同样，由于缺乏同质性，除了那些用贵金属制成的珠宝之外，大多数珠宝都不被视为货币。

因此，作为交换媒介的功能在定义货币时应该被优先考虑，这是可以理解的。然而，这并不妨碍承认财富积累在历史上的首要地位。毕竟，大量的历史证据都证明了这一点。例如，由于欧洲商人的需求，早在象牙成为交换媒介之前，非洲部落首领就开始囤积象牙。卡尔·门格尔自己也承认，“积累……从本质上来说，比财货和货币交换的出现更古老”。[1] 他使用德语术语“积累”（thesaurierung）来描述财富积累的功能。此外，门格尔认为，正是因为具有作为交换媒介的功能，特定商品能够用于积累财富。因此，这两个功能是相互关联的：

---

① Carl Menger：“Geld”. Handwörterbuch der Staatswissenschaften. 3rd ed. Jena 1909（1892），vol. 4，p. 55.

> 随着分工的扩大和个体经济体对市场的依赖日益加深，商品交换对财富积累显得特别重要，其中尤其重要的是交换媒介……相反，一种商品对财富积累的特殊用途，以及由此导致的为上述目的而广泛使用这种商品，是增加其适销性，因此也是增加其作为交换媒介的功能的最重要的原因。[①]

用作货币的商品的边际效用，展现出相对较慢的下降速度。边际效用递减定律指出，随着可供个人支配的商品的供应增加，进入商品库存的最后一单位商品的效用趋于稳定下降。换一种说法，货币商品似乎是一种人们难以说够的商品。在物质主义文化中所确立的货币确实表现出几乎（但不是完全）稳定的效用。在古希腊，色诺芬（Xenophon）就已经观察到了这一点，当时使用的是金属货币。

> ……但对于银子，一个人对他所拥有的数量，从来不会喊“够了”。相反，如果有人真的拥有过多的银子，那么他会在地上挖一个洞，把它囤积起来。他这样做所感到的快乐，就像他从实际使用银子中感到的快乐一样。从更广泛的角度来看：当一个国家繁荣时，人们最渴望的就是银子。男人们想花钱买漂亮的盔甲、漂亮的马、房子和各种奢侈的用具。对女人们来说，则是昂贵的服装和黄金饰品。或者，当国家陷入困境时，无论是由于玉米和水果的匮乏，还是由于战争，对流通货币的需求都更为迫切（而这时土地不能起什

① Carl Menger：“Geld”. Handwörterbuch der Staatswissenschaften. 3rd ed. Jena 1909（1892），vol. 4，p. 56.

么作用)，以购买必需品或获得军事援助。[①]

由于货币商品的边际效用下降得不太明显，因此货币商品比其他商品更容易被囤积。这导致积累了相对较大数量的库存。在经济学中，这些库存和生产之间的关系被称为库存-流量比(stock-to-flow ratio)。甚至在今天，在所有商品中贵金属的库存-流量比都是最高的。这是数千年囤积的结果。有趣的是，正是这一事实产生了一种经济效应，增加了它们作为货币的用处：库存量高的商品对生产（这里指货币，即贵金属的产出）的变化不太敏感，而且由于价格的稳定性，使之更能发挥价值衡量的用途。杰文斯已经认识到贵金属的这一特性：

> 它的价值在50年或100年内也将保持非常稳定，因为除了货币之外，还有大量金属以盘子、手表、珠宝和各种装饰品的形式保存，因此，几年的供应变化不会使总库存发生任何明显的改变。[②]

安塔尔·费克特区分了货币商品对囤积的有用性（其对财富积累的有用性取决于此）和货币商品的适销性（其作为交换媒介的有用性依赖于此)。[③] 在对货币史的解释中，他甚至指出，这些

---

① Xenophon：On Revenues. Project Gutenberg，http：//www. gutenberg. org/files/1179/1179－h/1179－h. htm.

② William Stanley Jevons：Money and the Mechanism of Exchange. New York：D. Appleton and Co. ，1876.

③ Antal Fekete：“Whither Gold?” Memorial University of Newfoundland，St. John’s，Canada 1996.

可区别的特征通常表现为使用两种不同的商品作为货币：一种商品用作交换媒介，特别是使跨越空间的转移能够进行，另一种商品则用于囤积货币，特别是使跨越时间的转移能够进行。在使用贵金属作为货币之前，牛最常用于前者，盐则最常用于后者。

在我们这个时代，货币和债务之间的联系似乎特别紧密。这导致了一种越来越流行的观点，即债本身就是货币的本质。债务关系可能自文明诞生以来就一直存在。提供服务和收取对价并不总是一致的，随着时间的推移，这几乎是必然发生的经济活动。然而，货币真的主要是一种债权吗？

一些历史证据似乎证实了这一点：然而这些都是“例外”，实际上应该被视为“经济弊病”，即“被误导的发展”，因为这样的发展将对相关社会的存在构成长期的威胁。如果债务成为经济活动的中心与焦点，那么一方面可以观察到具有约束性的激励效应，但经济活动随后开始服务于相关约束，而非人的需求：人们不再为了生活而工作，而是为了工作而生活。稍后，我们将进一步考察与债务相关的各种动态因素。为了对货币现象有一个永恒性（timeless，指不局限于某个历史阶段的货币现象——译注）的理解，最好将其与债务现象区分开。正如我们还将说明的那样，今天的“货币”是由信贷扩张创造的。这导致了“借记主义”（debitism）学派将货币定义为债务媒介，并将货币的历史解释为债务关系的历史。在对当代货币体系的分析中，借记主义在很大程度上是准确的，但我们必须看到，这种历史分析是过于片面的。

如今，货币一般或主要被解释成信用媒介，但在大多数情况下，这种解释混淆了不同类型的货币。米塞斯区分了商品货币、不兑现货币（fiat money，通常也译为“法币”）和信用货币：

> 我们可以将商品货币这个名称给予同时也是商业中的商品的货币；再把不兑现货币的名称给予由具有特殊法定资格的事物所构成的货币。第三类可以称为信用货币，这是由任何对自然人或法人的债权所构成的那种货币。但是，这些债权不能既是见票即付的，又是绝对安全的；如果是这样的话，那么债权的价值和债权所指的那笔货币金额的价值之间就没有任何区别了，而且它们也不受到与它们打交道的人的独立估值过程的影响。这些债权的到期日必须以某种方式推迟到未来的某个时间。①

由于今天的纸币不提供法律上可执行的索取权（claim），因此它不是信用货币，而是不兑现货币。当然，它是一种特殊形式的不兑现货币，是通过信用扩张行为创造的，因此使人产生了困惑。将不兑现货币合法化为信用货币的尝试，已经有很多次。而信用货币需要一种独立于它而存在的货币或财货作为参考。法国大革命之后，对被征用房地产的索取权被用来创造一种伪抵押货币，即“指券”（assignat），它最终演变为不兑现货币。当索取权过于模糊或不可诉，即不具有法律效力时，就不能谈论信用货币。政府发行的不兑现货币通常被解释为对“国家财富”的索取权。这纯属花言巧语，没有实际根据。

米塞斯从这些类型的所谓货币中区分出了支付券（payment

① Ludwig von Mises：The Theory of Money and Credit. New Haven：Yale University Press，1953，p. 61.

orders)，他并不认为它们是货币。支付券是所提供服务的收据，代表对某种报酬的索取权。然而，如果没有可参考的价值，这种支付属性就是任意的，很难在指令经济之外得到处理。支付券相当于无记名凭证，它赋予对实物股息的索取权。这在一家企业内是可行的，例如农业企业：每年凭借这种以百分比标价的无记名凭证可以在收成中换取一定的份额。然而，随着商品种类越多，这将变得越困难。若应用于整个经济，这种方案的可行性是难以想象的。此外，回报如此不确定，以至于这种无记名凭证总是具有彩票的特征。它们不可能用于价值的衡量。正如米塞斯解释的：

> 在劳动时间不变的情况下，如果某一年的社会所得仅仅是前一年的一半，那么，每一张支付券的价值同样也减半。货币的情况就不一样了。实际社会收入减少50%，一定会引起货币购买力的下降。但是，货币价值的这种减少与收入规模的降低没有任何直接关系。货币购买力也许意外地降低了50%；但也不一定是这样。这个差异非常重要。事实上，货币交换价值的决定方式和票证（certificate）或凭证（warrant）的交换价值的决定方式完全不同。像票证或凭证这样的凭据根本不容易受到独立的价值评估过程的影响。①

虽然这种支付券形式的货币替代品在理论上是可以想象的，但它在现实中既没有被观察到，也不可能成为一种真实的情况。

---

① Ludwig von Mises：The Theory of Money and Credit. New Haven：Yale University Press，1953，pp. 91－92.

公司发行的票证永远不会用作一般的交换媒介，而指向国民经济（指从国民经济中获取一定的份额——译注）的票证则是不现实的。大多数支持支付券形式的货币和信用货币的论点，或多或少都是看似合理的“如果……将会怎么样”（what if）的故事，它与实际历史不符。然而，有证据表明，信贷是一种古老的现象，它可能早于交换出现。如果没有普遍接受的交换媒介，直接交换可以通过“记下”（chalking up）债务而变得更容易实现，即使没有书写系统，这也可以想象得到。究竟是先产生债务，然后用交换媒介偿还，还是先产生交换媒介，从而使债务标准化成为可能，这实为一个无关紧要的问题。

以债务为货币起源的理论，往往认为国家是作为债务标准的货币的实际起源。与奥地利学派经济学家的观点相反，这将使货币成为国家的创造物。将货币解释为主权的象征，这种观点既有自浪漫主义经济学派以来的意识形态包装，也有现代纸币实验的经验包装。

人们需要用货币商品来对贡品进行估值，这种需要的极端重要性是不容置疑的。对以特定商品为形式的强制支付即对一种垄断的支付手段的需求，确实可以解释这种国家所发行货币的价值。乔治·霍尔兹鲍默（Georg Holzbaumer）谈到了通货的“税收基础”，指出这是篡夺者强加给人们的。[1] 乔治·弗里德里希·克纳普（Georg Friedrich Knapp）也以夸张的形式提出了货币的国家理论。克纳普的著作在出版时受到了广泛的欢迎，直到今天学界的争论仍深受其影响。尤其是凯恩斯深受克纳普的影响。

---

① Georg Holzbaumer：Barzahlung und Zahlungsmittelversorgung in militä-risch besetzten Gebieten. Jena：Fischer，1939，pp. 85—87.

今天，在世界各地，货币无疑都是政府的事务，如果不了解货币被国家篡夺之前的社会经济现象，就无法评价现在。

克纳普的理论不考虑货币的价值，而是认为它的有效性完全取决于国家颁布的法令，在文献中这被称为“宪章主义”（chartalism）。在19世纪和20世纪，“宪章主义”与其所谓的对立面“金属主义”之间的争论持续不断。宪章主义认为金钱只是一种代币（token），它的载体是次要的，可能根本没有实物基础（substance）。相比之下，金属主义认为货币的价值仅体现在其金属价值中。因此，货币在其原始意义上被视为一种贵金属的固定单位。不幸的是，由于规范的、历史的和经济的观点混杂在一起，这场争论并不是特别有成果。

从经济的角度来看，非实物的代币形式的货币充其量只能作为一种交换媒介，认为人们会接受非实物的代币，这几乎是不可信的，因为它不代表对商品的直接索取权，仅仅是一种非强制的替代性支付手段。然而，从历史上看，存在许多关于货币代币特征的暗示，一个相当重要的原因是对货币的需求导致每种货币商品越来越远离其单纯的商品特征。大多数货币金属主义者都清楚这一事实，即货币需求远远超过工业需求并成为主要的价值标准。尽管如此，从历史经验来看，为什么代币特征被认为如此重要是可以理解的：一旦货币商品成为普遍接受的交换媒介，对普通使用者来说，它在日常生活中呈现的只是代币的价值。通过度量和熔铸，它与金属含量的直接联系消失了。由此，宪章主义者可以指出一个据说由来已久的知识传统。柏拉图已经将货币视为一种象征，而金属只是起到担保的作用。

然而，有关铸造硬币以固定价值的重要性，文献中有大量的暗示，这不同于现代宪章主义指向并强调的意识形态。在大多数情况下，人们只关注某一特定方面的定义，即法律方面的定义：国家将特定货币商品定义为用于纳税和朝贡的首选商品以及清偿债务的手段。从历史观察的角度以及货币的代币特征来看，这与大多数认为货币起源于贵金属的观点并不必然是矛盾的。因此，金属主义和宪章主义只有想象中的矛盾，这与大多数现代意识形态相似。与以金属主义思想为主的历史主义学派相一致，奥地利学派的追随者也常常被视为金属主义的支持者。

无论如何，该学派的创始人门格尔强烈反对克纳普的理论。当然，他并不否认政府对货币事务的干预很大。他只是想非常清楚地表明，作为一种社会现象，货币在没有强制性和政府法令的情况下已经存在。因此，从经济角度来看，将国家纳入货币的定义中是徒劳的。他以如下方式解决了围绕宪章主义和金属主义所出现的混淆：

> 保证铸币的重量与成色，最好由国家来承担，因为国家权力是人人公认的，同时对伪造者国家又拥有惩罚的权力。事实上，各国政府也将铸造交易所需的铸币当作自己的职责，不过政府在履行这种职责时，往往滥用其权力，遂使人们忘却保证铸币的成色与质量为铸造者应有的责任，以致怀疑货币是否仍为一种商品，甚至认为货币是纯粹观念之物，完全是一种便利设施而已。这样一种情况，即政府在处理货币时，将其当成人类便利性的产物、当成政府立法的任意产

物的情形，就促成了关于货币本质的种种谬见。①

然而，正如宪章主义者所说，国家的发展及需求极大地促进了货币的使用，这是正确的。金钱和贡品之间的密切联系一直延续到我们这个时代。征收强制性税收时各方都面临着衡量、运输和储存贵重物品的问题。

毫无疑问，上述每一个因素都与货币现象有关。关于哪个因素先于其他因素的辩论具有历史意义，而不具有经济学意义。不管历史顺序如何，货币的定义问题都很重要。货币最流行的定义是与它作为交换媒介的功能联系在一起的，这是非常合理的。即使其他因素在实践中最终证明更为重要，但就服务于货币的定义这一目的而言，它们的用处不大。一个有用的定义需要的是代表货币唯一性和独特性的特征。许多商品可以作为一种储蓄手段，作为记账单位，作为一种进贡或还债的手段，而不一定是货币。货币最终是我们所认为的一种支付手段，因为交易对手会接受它作为交换。如果某些商品不能用于支付，那么它们将不会像货币一样，被用作财富积累手段或作为记账单位。如果一种商品还没有被普遍接受为交换媒介，严格地说，我们只能说它可能像货币一样有用，而不能说它已经是货币了。

货币的本质特征是间接交换。与直接交换相比，对交易对手的信任不再起主导作用。这种信任现在主要转移到一种媒介上了。毫不奇怪，在处理信任问题时，国家和宗教往往发挥着重要

① Carl Menger：Principles of Economics. Auburn，Alabama：Ludwig von Mises Institute，2007，pp. 282－283. 中译文引自：门格尔．国民经济学原理．刘絜敖，译．上海：上海人民出版社，2005：180－181.

作用，最坏的情况是用盲目信仰取代了有根据的信任。

然而，仅仅考虑货币的交换功能是不够的。还有其他因素有助于区分好的货币和坏的货币。某种类型的货币可以很好地实现一种功能，但其他功能要么根本不能实现，要么实现得很差。因此，从普通货币到不兑现货币的过渡或许简化了货币作为交换媒介的功能，但由于货币越来越容易受到干预和货币供应扩张的影响，这使得其作为储蓄手段和价值衡量手段的功能变得更难实现。然而，无论是考虑哪种类型的货币，在讨论货币时，人们都必须小心使用“价值衡量”一词。由于货币的价值本身受到供求力量以及行为人的相关主观价值判断的影响，因此货币的价值永远不可能是恒定的。顺便提一句，这一事实使得所有计算“物价指数”（如 CPI）的尝试都没有意义，CPI 旨在衡量神话般的也没有实际意义的“一般物价水平”。米塞斯说过，比起国家的统计机构，每个家庭主妇可能更了解国家所发行货币购买力的持续下降。然而，对于起源于市场的货币，在短期内它通常很少发生交换比率大幅波动的情况。因此，它将有助于经济计算，在狭义上可以被视为“价值衡量”手段。货币不同功能之间的区别，可以作为使用不同的商品或辅助手段来真正实现这些功能区分的模型。因此，货币可以很容易地充当交换媒介，因为它被普遍接受，但由于其价值呈稳步下降趋势，它仍然是一种非常糟糕的储蓄手段。这就是我们今天面临的情况。

总而言之，货币被最明确地定义为普遍接受的交换媒介，尽管“普遍接受”一词仍有很大的澄清空间。通常其他功能也与交换媒介功能相关联。虽然没有必要，但如果货币也能发挥其他主要功能，那将是有利的。货币的起源究竟是交换、债务还是强制，这是一个历史问题，因此是次要的。所有这些形式的货币起源都有一些证据。然而，毫无疑问，商品可以在没有债务关系和非强制的情况下实现货币功能。正如路德维希·冯·米塞斯指出的那样：

> 作为交换媒介而普遍使用的，叫作货币。货币这个观念是含糊的，因为它的定义涉及“普遍使用”这样一个含糊的术语。在一些模棱两可的情况下，我们不能决定一种交换媒介是或不是被“普遍使用”，从而是否应叫作货币。但是，货币定义的这种模糊性绝不会影响行为学理论所要求的精确性与严密性。因为有关货币将要阐述的一切，对每种交换媒介都是有效的。[①]

那么今天的货币是什么？狭义上，它是由不兑现（uncovered）的法定纸币构成的，这种纸币是通过强制性手段注入并保持流通的，它是由有部分背书（backed）的商品货币的收据发展而来的，因此可以借助回溯定理解释其存在。广义上，它由涉及该不兑现货币的凭证和信用媒介构成。它是一种强制性货币，以中央银行发行的票据的形式存在，硬币和存款也是适用的，只要它们是法定货币。在世界上大多数国家，货币的创造都遵循类似的程序。沿用今天的语言习惯，我们想将这种特殊类型的、建立在强制性之上的不兑现货币称为“通货”（currency）。然而，就“货币”定义的那个方面，即个人之间的自愿交换而言，它受到

---

① Ludwig von Mises：Human Action. A Treatise on Economics. Auburn，Alabama：Ludwig von Mises Institute，1998，p. 395.

了破坏，因此，我们应该避免将这样的安排称为“货币”（money）。它是货币的替代品，从长远来看，它不能替代货币。各国各自主导的通货都是作为这种不充分的替代标准在使用，它们主要对应于军事上的优势，并不代表优质货币。

在当今时代，我们在某种程度上可以观察到寻找通货的替代品的绝望尝试。整个投资问题的核心就在于此。由于没有可靠的货币可用，即使是囤积也变成了投机问题。因此，为健全货币的每一个功能，就要为交换功能、储蓄功能、价值衡量功能（记住前文对后者局限性的讨论）等寻找替代品。

为了更好地理解当代社会的这个问题，并评估未来可能的发展，重要的是进一步了解导致货币创造的各种动力。候选货币、实际货币和替代货币在需求结构上彼此不同。正如我们所看到的，对货币的需求主要包括金融、商业与财政中的货币需求和工业需求。然而，这种基本划分还可以有更具体的层次。工业需求是为了将商品用作实现目标的直接手段而对商品的需求。然而，这些目标可以是一个人的自愿选择，也可以是强制的结果（例如纳税）。货币需求反过来要求三个方面：

一是前面提到的适销性，这相当于对交换的可能性有进一步的要求。

二是便利交换。基于此目的，某些支付方式比其他支付方式更可行。但是，这种实用性通常会损害使用价值。因此，数字转账比钞票转账更实用，而钞票又比硬币更实用。由于对便利交换的需求，诸如提货单和汇票之类的货币替代品已经发展起来，它们的出现起初是与适销性的下降（额外的信任问题、引入的困难、关于使用的学习障碍）密切相关的。

三是投机性。每一种即将被接受为一般交换媒介的商品都会经历泡沫般的发展：由于额外的货币需求，其价值会成倍增长。一些市场参与者能够在不同程度上对此进行预测，因此投机性需求随之而来，即预期未来价值增长的需求。

根据五种类型的需求，可以区分潜在的支付方式。图 4.1 通过示例的方式考察了以下情况：

(1) 商品——它只有使用价值，如果一些市场参与者预计其适销性会提高，那么至多有很小的投机性需求。

(2) 原始商品货币——这意味着逐步认识到商品的适销性越来越高，然而，作为交换媒介，其使用还没有普及，或者还没有市场，即只有直接交换。在这种情况下，人们对商品的需求在一定程度上已经超过了他们自己直接使用的需求。

(3) 商品货币——在这种情况下，最适销的商品开辟了新的交换可能性。如前所述，由于商品的特定物理特性，适销性通常与促进交换有关。人们越来越需要这种商品，以使与他人的交易更容易实现。它是一种一般的交换媒介，因此是货币。

(4) 商品货币凭证可以部分或在很大程度上取代商品货币，如果对便利交换的需求由于交易量而增加的话。因此，直接使用越来越多地进入后台。这就是商品货币可以很容易地被不兑现货币取代的原因，如果一个人成功地解决了信任问题——这在短期内往往需要进行欺骗。

(5) 原始不兑现货币表明即使只有很小的工业需求（或出于好奇心，或出于审美，或出于对思想的非物质的欣赏，或出于对团体/宗教的认同等而愿意支付），货币需求也足以创造一种新的支付方式。目前的一个例子是比特币，我们稍后将更详细地讨论它。由于信任问题，代币不可能在没有事先的工业需求的情况下产生。

（6）然而，如果投机性需求被证明是正确的，则不兑现货币可以从原始不兑现货币中产生。因为不兑现货币与其他支付方式相比，最终简化了交换，并使开放新市场具有可能性。在这种情况下，工业需求甚至可能变得完全不重要。然而，如果投机性需求从未被其他两种货币需求所取代，那么它代表的是一种投机性泡沫。此外，这具有层压式传销的特点，关注的焦点只是价格上涨的前景，即使缺乏一个简化交换或具备适销性的合理基础。

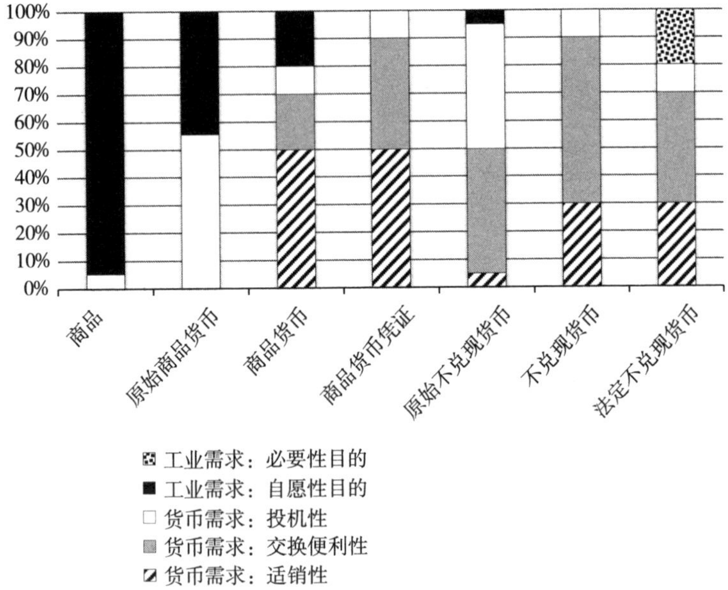

图 4.1　从商品货币到法定货币的道路

（7）法定不兑现货币——历史上，这种货币通常是通过欺骗手段从商品货币中产生的。理论上，它也可能从原始不兑现货币中产生，其工业需求由强制征税人为地支撑。然而，只有在有可能简化交换（具有有用的形式与面额等）的情况下，它才会被用作一般交换媒介。

纸币时代

过去几年，媒体一再报道“经济危机”。在大多数情况下，这个术语被提及时，都与一些不同的现象，例如高失业率、高公共赤字、零利率政策等联系起来。2008 年秋的“金融市场危机”仍然被认为是导致这些危机症状的原因。在这场持续的危机中，有多达数千次的采访，有无数的科学论文发表，也有无数的政治决策被做出。然而，很少有人质疑当前危机的原因是内生的还是外生的。原则上，外生的冲击来自经济和货币体系之外，其中包括恶劣天气导致的作物歉收、自然灾害导致的生产资本破坏等。相反，内生问题可归因于系统固有的不稳定性。

如果要确定当今系统性危机的核心，则必须考虑 1971 年 8 月 15 日与货币政策相关的事件，当时理查德·尼克松（Richard Nixon）总统以如下文字结束了布雷顿森林协定：

> 明天的美元将和今天的美元一样值钱。这项措施的效果是美元的稳定。①

① http：//gold silver worlds. com/gold-silver-insights/research-shows-all-paper-money-systems-failed/.

在过去的一个世纪里，全球货币体系每隔几十年就会进行一次调整。在此背景下，1914 年、1933 年和 1971 年具有特殊的历史意义。今天的货币制度逐渐发展，从古典金本位制（直到 1914 年），到黄金兑换本位制，再到纯纸币系统（法定货币）。中央银行只能扩大其资产负债表，与此同时，对与黄金储备有一定关系的货币基础的限制已逐步放宽。1971 年 8 月 15 日，美元与黄金的最终联系被理查德·尼克松切断。

美元在战后秩序框架内上升为全球储备货币，这一变化产生了全球性后果。归根结底，与黄金脱钩，是美国滥用其创造货币的特权这一事实的合乎逻辑的结果，这导致了对美元的信任危机。许多国家——以法国为首——越来越怀疑美国不会兑现美元“与黄金一样好”的承诺。对这种“过大的特权”会被滥用的恐惧成为现实。20 世纪 60 年代美国的战争政策以及公共福利支出的大幅增加，部分是由不兑现货币供应的扩张（即货币通胀）引发的。60 年代，二战后主要储存在美国的黄金储备开始“被运回”。在金汇兑本位制被最终否定之后，政府债务进一步地被大规模货币化的大门打开。这导致美元相对于黄金和原油以及相对于其他货币大幅贬值。20 世纪 70 年代油价的强劲上涨是新货币秩序形成的直接后果。在尼克松切断美元与黄金的联系后，欧佩克在一份公报中表示：

> 我们的成员国将采取一切必要措施和/或与石油公司谈判，以找到方法和手段来应对 1971 年 8 月 15 日的国际货币

体系的变化对成员国实际收入可能造成的不利影响。①

在接下来的十年中，价格通胀急剧上升。这一转变也对资本市场和投资者的实际回报产生了严重影响。由于20世纪70年代的货币通胀和随后的价格通胀，事实证明，这十年的债券和股票回报率远低于平均水平，而大宗商品和贵金属的价格则出现反弹。1979年至1980年间，年轻的法定货币美元遭受了严重的信任危机。由于持续的价格通胀，随之而来的是逃离美元。在当时美联储新任主席保罗·沃尔克（Paul Volcker）的领导下，货币政策发生了根本性变化，迫在眉睫的美元危机这才被化解。由于沃尔克实施大幅加息政策，经济遭受了自大萧条以来最严重的衰退。

新货币秩序的另一个后果是黄金从无风险（因此无波动）的投资资产转变为易波动的“风险”资产。从那时起，如果一个人用货币兑换黄金，就要承担货币风险。这种对风险的看法和经常被提及的“黄金的高波动性”激怒了规避风险的投资者。此外，纸币相对于黄金的中短期波动往往会影响“黄金在长期中具有价值储藏功能”这一清醒观点。在实际利率为负的环境下（见图4.2），“风险”一词需要重新定义，因为名义上“安全”的投资可能会产生损失。然而，这并不意味着表现出低波动性的资产类别是无风险的或相对安全的。

自1913年联邦储备体系建立以来，美元损失了95%以上的购买力，自1971年布雷顿森林体系结束以来，美元损失了82%的购买力。自那时以来，政府债务增加了44倍。1971年8月16

① http：//www. incrementum. li/en/austrian-school-of-economics/august-1971-the-beginning-of- a-global-fiat- monetary-regime/ # footnotes.

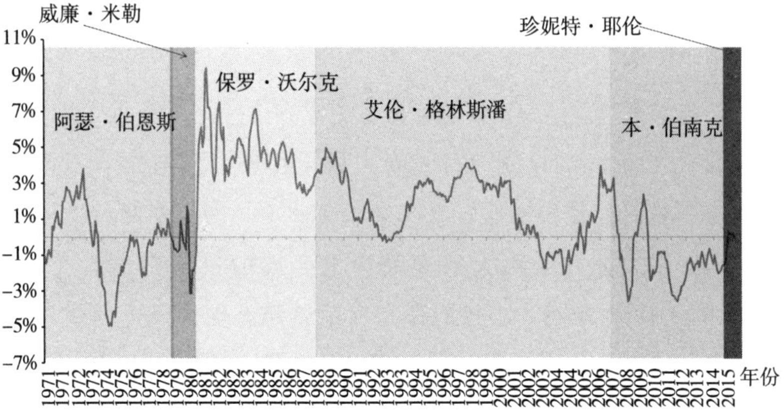

图 4.2　布雷顿森林会议之后的实际利率

资料来源：Federal Reserve St. Louis.

日，尼克松"关闭黄金窗口"实际上是美国宣布违约：在 20 个月内，美元相对于德国马克下跌了近 40%，相对于黄金的贬值更为剧烈。在 1971 年，一个人仍然能够以 1 000 美元的价格得到大约 25 盎司的黄金，10 年后这一数字缩小到只有 2 盎司。自 1971 年以来，购买力的逐渐下降可以通过大量的比较加以说明。图 4.3 显示了一个人用一单位的货币可以得到多少单位的黄金。可以清楚地看到，不兑现通货（fiat currency）相对于黄金其购买力在不断下降。自 1971 年以来，美元、英镑和欧元的购买力损失了约 98%。特别值得注意的是，瑞士法郎作为最后一种放弃兑现黄金的货币，明显表现出相对强势，因为自 1971 以来，瑞士法郎"仅"损失了 90%的购买力。放弃兑现黄金是产生繁荣幻觉的一个主要前提条件，因为纸币价值的持续损失使价格的客观衡量变得极为困难。

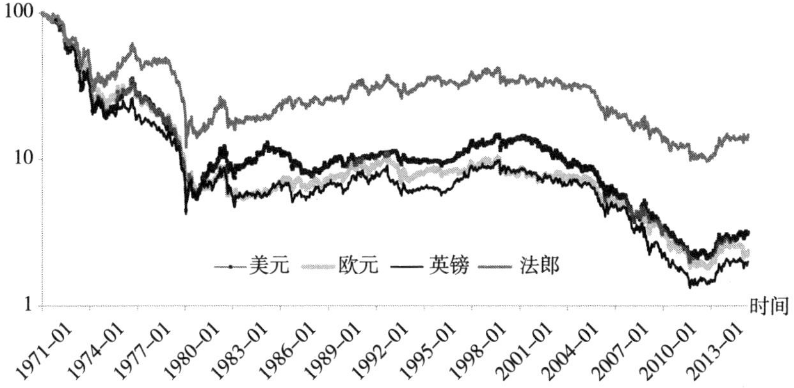

图 4.3　一单位货币的黄金购买量

资料来源：Incrementum AG.

令人惊讶的是，在购买力大幅下降之后，美元仍然作为一种通货而存在，而且人们的信心还没有完全丧失。除了准确的时间点外，美联储和美元的历史将如何演变，可以相当确定地预测。储备货币的概念并不新鲜，因此仅从历史的角度来看，全球储备货币——美元的消亡是可能的（见图 4.4）。但为什么它的命运会与之前的英镑或荷兰盾不同呢？历史尚未证明它离开舞台需要多长时间。

货币供应

对于已经开启的全球纸币时代，前面已经做了理论回顾。现在，重要的是考察更广泛的货币供应，以便更深入地了解通货膨胀和通货紧缩。“货币供应”实际上包括什么？为了回答这个问题，简要地了解一下奥地利学派的货币理论的一些特殊方面是有帮助的。

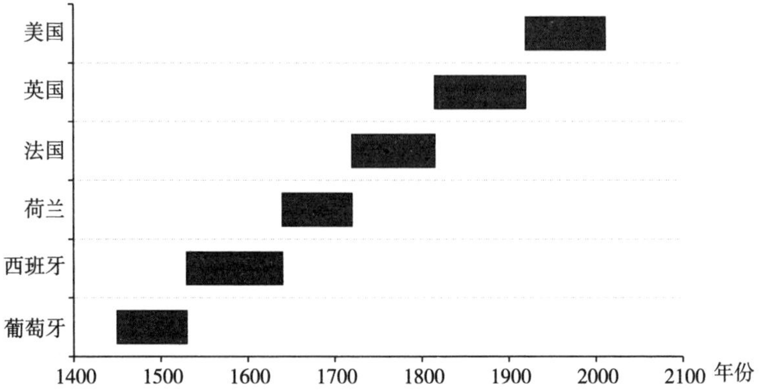

图 4.4　自 15 世纪以来的全球货币储备

资料来源：Eye on the Market（JP Morgan），香港金融管理局，Erste Group Research。

奥地利学派的拥护者开发了一种计算货币供应总量的方法，该方法在许多重要点上与官方公布的货币供应总量（如 M2）有所不同。该方法可以追溯到路德维希·冯·米塞斯，他在 1912 年出版了《货币与信用理论》，这使他首次获得了货币理论家的声誉。他工作的一个关键组成部分是揭示英国货币学派经济学家在 19 世纪所犯的一个精确错误。货币学派在 1844 年成功推动了所谓的皮尔法案的通过，该法案本应通过严格限制钞票的发行来一劳永逸地消除经济周期。如果钞票的发行没有硬币作为后盾，则不允许发行。与货币学派的预期相反，经济周期并未结束。米塞斯通过提供货币的正确定义来解释这一现象。穆瑞·罗斯巴德将米塞斯对货币的定义总结如下：

货币是一般的交换媒介，是所有其他商品和服务所要换取的，是市场上此类商品的最终支付。[1]

在这个定义的帮助下，米塞斯解释说，货币学派经济学家忽视了“广义货币”的一个主要组成部分。无论流通中的通货是钞票还是金币，只设置部分准备金的银行都将通过扩大信贷无中生有地创造出额外的信用媒介。如果没有中央银行提供的支持，这些额外的索偿权永远无法实现，除非所有债务人都偿还债务。在英语中，用来指不能兑现的活期存款的术语“信用媒介”（fiduciary media）对应德语“流通媒介”（umlaufsmittel），它基于拉丁语 fiducia，意思是“信任”。信用媒介完全依赖于储户的信任。除了这些，还有所谓的“相互”（mutuum）合同，其中银行仅充当信用中介，以定期存款或自有股本的形式将其持有的资金借出。这些活动不会增加货币供应量。

然而，以部分保留活期存款为基础的贷款发放，确实以信用媒介的形式创造了额外的支付手段。只要存在对标准货币的不能兑现的索偿权，它们就确实可以用作“市场上商品和服务的最终支付”。然而，在官方公布的货币供应总量中，有些重要的构成并非符合上述定义的货币，而是信贷工具。零售货币市场基金单位（retail money market fund units）是美国 M2 的重要组成部分，这就是一个典型的例子。这些基金单位不是货币，而是持有投资基金的份额。它们必须先在市场上出售，然后才能用于付款。信用卡通常与货币市场基金中的此类投资相关联这一事实，并没有

---

① Murray Rothbard：“Austrian Definitions of the Supply of Money”. In：New Directions in Austrian Economics. Louis M. Spadaro（Pub.）. Kansas City：Sheed Andrews and McMeel，1978，pp. 143—156.

改变上述事实，因为货币市场基金将收到的资金借给第三方。它们投资短期债券（无论是商业票据还是国库券），因此它们显然是在发放贷款。如果把这些资金包括在货币供应总量中，就等于重复计算了有关货币。

然而，“储蓄存款”包含在奥地利学派的广义货币供应量TMS-2（TMS=真实货币供应量）中。储蓄存款确实可“随时提取”（available on demand）。但这一点存在法律上的异议，因为就储蓄账户而言，美国银行在理论上有权延迟付款30天。实际上，没有一家银行会利用这一权力，因为监管机构第二天早上就会上门，更不用说这样的行为会在数小时内引发银行挤兑。储户的主观评价，肯定是储蓄账户里的钱可“随时提取”，正是这种评价决定了这种存款的“货币性”。然而，出于分析原因，构建一个狭义的货币供应总量TMS-1是明智的，这完全是因为相比活期账户中的货币，储蓄账户中的货币被用于交易的往往更少。

还有一些项目属于奥地利学派货币供应总量中的一部分，但不是官方公布的货币供应总量的一部分。其中包括所谓的“掩盖”（sweeps），这是TMS-1中的一部分［这些是活期存款，它们“伪装”成隔夜储蓄存款，即所谓的货币市场存款账户（MMDAs），目的是逃避最低准备金要求］，或美联储所谓的备忘录项目，例如外国官方机构的活期存款或美国财政部在美联储的存款（所谓的一般账户）。

为什么这是相关的？虽然现代货币在更广的意义上是一种信贷货币（因为它是在授信时产生的），但个人仍必须区分“货币”和“信贷”。如果一个人借给邻居100美元，经济中的未偿信贷（outstanding credit）就增加了100美元——然而，货币供应量显然没有改变。如果一家银行借给邻居100美元，那么在大多数情况下，货币供应量会增加，这是因为银行不会以“现金”的形式发放贷款，而是以部分准备金的银行业务过程中额外创造出来的存款货币（deposit money）的形式发放。

由于各央行最近开始实施所谓的“量化宽松”（通俗地称为“印钞”），建立银行超额准备金变得重要。显然，在这方面存在一些误解。在欧洲央行执行 LTRO 再融资操作时，金融媒体广泛报道了大致如下的内容：“这没有什么区别，因为银行立即将资金重新存入欧洲央行。”这主要表明，很少有人真正了解部分准备金银行体系的运行。一旦中央银行用其凭空创造的资金购买证券，其资产负债表上的资产和负债都会增加。购买的证券是中央银行的资产，银行准备金（以及通货）是其负债。换言之，银行准备金代表银行的现金资产。

正如私人客户在商业银行存款一样，银行也在中央银行存款。这些超额准备金可以随时转换为钞票。例如，如果客户从他们的存款账户中提取资金，而银行的库存现金不足。除此之外，准备金可以用于银行间的准备金借贷（例如在美国联邦基金市场上）。基础货币包括流通中的通货以及银行准备金（后者又包括法定准备金和超额准备金）。银行准备金本质上是私人银行的活期存款，它们存放在中央银行。最低准备金是指“担保”（backing）客户存款所需的准备金。新的贷款和存款可以“堆积”在基础货币之上。这是在最低准备金率的基础上完成的，例如，目前欧元区的最低准备金率仅为 1%。理论上，欧洲银行体系可以为欧洲央行持有的储备中的每一欧元提供 100 欧元的贷款。

自 2008 年金融危机以来，商业银行在许多情况下不再主动增加货币供应量，如果它们这样做，那也是不情愿的，因为信贷需求已经减弱，许多有意愿的借款者被认为风险太大。因此，中央银行现在积极推行货币通胀政策。它们至少在理论上给商业银行提供了大幅增加货币供应量的手段。因此，在当前关头，中央银行也通过其货币化活动直接创造了大量的存款货币，这一点更为重要。

如图 4.5 所示，广义货币供应量 TMS-2 从 2008 年初的 5.3 万亿美元增加到 2015 年 3 月的 10.871 万亿美元。换句话说，自 2008 年初以来，美国货币供应量翻了一番多。由于银行的超额准备金同时增加到约 2.6 万亿美元，以标准货币表示的现有货币供应的“担保”显著增加。这意味着，银行理论上可以再创造 10 万亿美元，甚至高达 20 万亿美元或更多的新存款货币。因此，更大程度的货币通胀的基础已经存在。

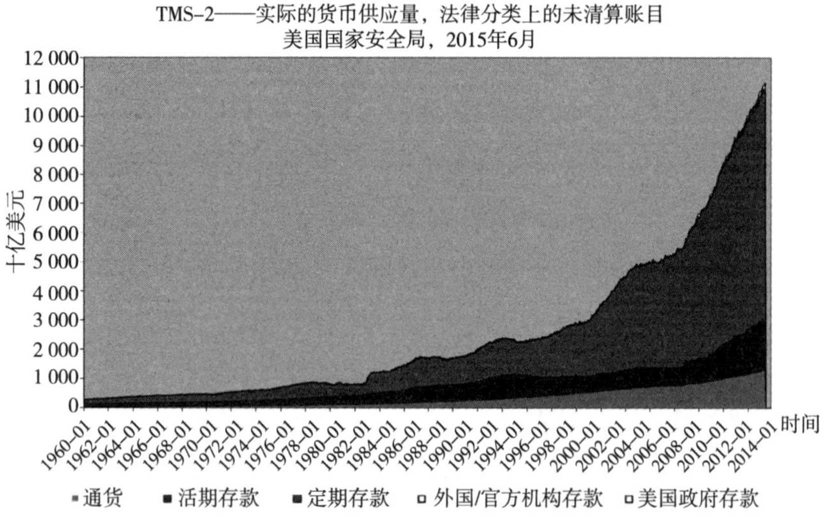

图 4.5　美国的广义货币供应量 TMS-2（按法律类别）

资料来源：Federal Reserve St. Louis，Incrementum AG.

第五章 货币构造学

> “尽管这些通胀统计数据相对而言是毫无价值的，但对于投资者来说仍然非常重要，因为只有密切关注官方通胀数据，才能够更好地预测美联储未来的政策走向。”

通货膨胀

今天，通货膨胀常用于描述价格水平的上升，而通货紧缩则指价格水平的下降，但这并不是唯一的定义。通货膨胀一词源自拉丁语 inflatio，与“expansion”“enlargement”意思相同，最初用于表示“纸币流通量的扩大”①，现代的常用定义则在欧文·费雪（Irving Fisher）之后才开始广泛传播。这位美国经济学家在20世纪初试图对货币购买力进行衡量，最终却酿成了术语混淆的后果。据亨利·黑兹利特所称，通货膨胀这一术语目前在使用上存在四种不同的定义：

- 货币和信贷供应的增加；
- 货币供应量的增加超过商品供应量的增加；

---

① Der große Herder. Freiburg/Br.: Herder Verlagsbuchhandlung, 1933, Bd. 6, p. 522.

· 价格水平的上涨；

· 任何类型的经济繁荣。

为什么要在当下讨论该术语的不同定义呢？首先说明，奥地利学派对通货膨胀的定义属于上述第一种，而非第三种。正是由于价格上涨具有一定的滞后性，并能由生产力的增长补偿，且不足以客观地衡量货币贬值程度，所以通货膨胀的第三种定义极具危险性。而且，官方的“通胀率”是用特定的方法或前提假设粉饰过的数字，它掩饰了货币贬值的真实程度。尤其是计算方法上的许多“调整”加剧了这种掩饰效果。shadowstats. com 创始人约翰·威廉姆斯（John Williams）表示，自 1980 年以来，通胀率的计算方法发生了 20 多次根本性变化，具体包括几何加权、享乐指数及其对应的替代方法等。

这种语义上的混淆导致了对货币创造问题中因果关系的误解，从而阻碍了我们寻找相关问题的解决方案。价格上涨仅仅是货币供应扩张造成的众多问题之一；但能够引起价格上涨的，除了货币供应扩张还有很多其他因素。如果仅仅把通胀看作某种物价水平的提高，那么任何导致物价上涨的因素都将被归为通胀，因此，供应瓶颈、歉收或企业家收取高价都被视为通胀问题。按照这样的逻辑，就无法将通胀归咎于货币体系，而应该归咎于那些导致价格上涨的不同的、模糊的原因。最终，央行竟然从通胀引擎神奇地变成了通胀斗士——纵火犯变成了救火队员！

货币购买力以每年大约 2％的速度持续贬值是央行的明确要求。而且，即使是在这种目标背景下，美联储所关注的也只是所谓的核心通胀率——不考虑食品和能源价格。据称，这是因为食品与能源等支出项目存在“巨大的波动”。但在现实中，这不过是为继续实施通胀政策并同时掩盖购买力损失的众多手段之一。不过，尽管这些通胀统计数据相对而言是毫无价值的，但对于投资者来说仍然非常重要，因为只有密切关注官方通胀数据，才能够更好地预测美联储未来的政策走向。一旦 CPI 的变动率低于或高于 1.5％的“舒适区”，美联储的货币政策规划者就有可能进行货币政策干预。这一点在图 5.1 中得到了体现。

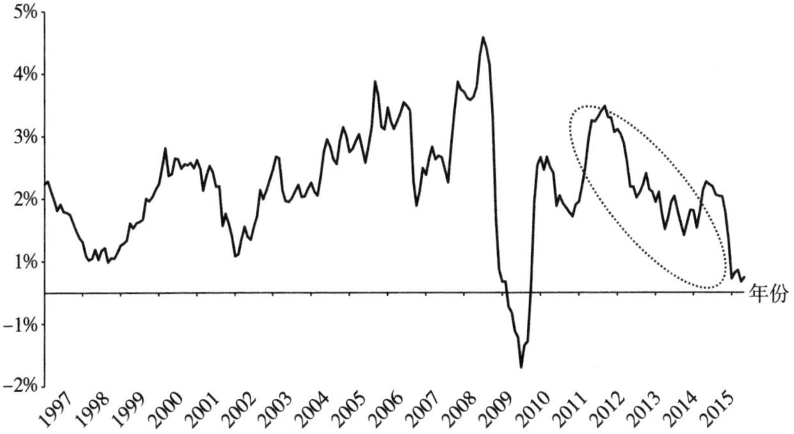

图 5.1　美国的通胀率（PCE 价格指数）

资料来源：Federal Reserve St. Louis，Datastream，Incrementum AG.

美联储试图通过大幅增加基础货币（也称高能货币）供应来抵消广义货币供应量的收缩。如图 5.2 所示，这些措施已实施到令人难以置信的程度。

目前，资产价格上涨的速度远远超过消费者价格上涨的速度。在图 5.3 中，整体股市（以标准普尔 500 指数为代表）从 2009 年的低点上涨了两倍多。其中，那些能够从通胀政策中获益的公司的股价上涨得尤为强劲，如奢侈品生产商LV和苏富比拍卖行。

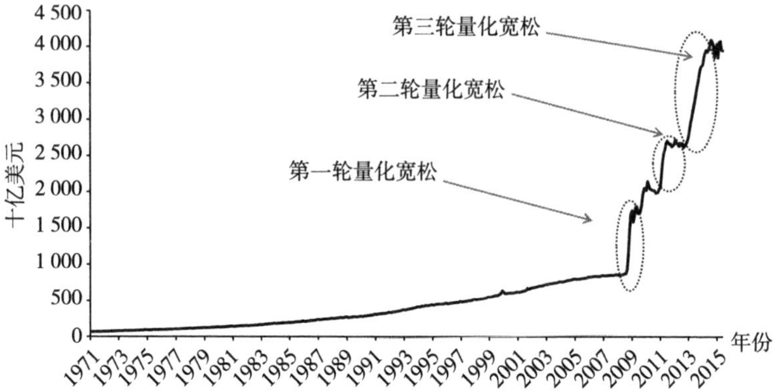

图 5.2　美国基础货币的变化趋势

资料来源：Federal Reserve St. Louis，Incrementum AG.

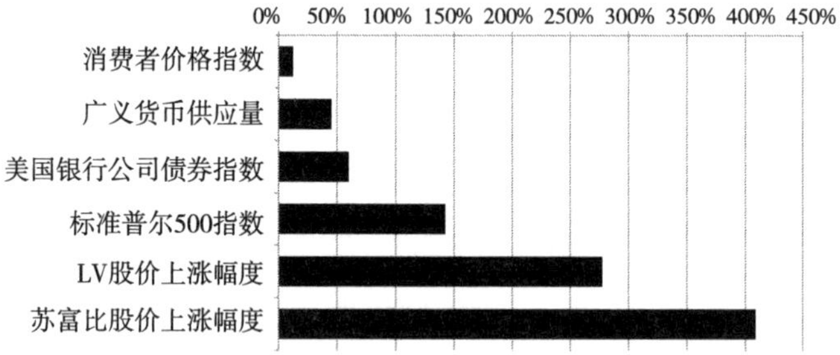

图 5.3　2009—2015 年初消费者价格与资产价格的通胀变化

资料来源：Federal Reserve St. Louis，Bloomberg，Incrementum AG.

通货膨胀是人类最古老的祸害之一，不仅暗中盘剥储蓄者，还导致财富不断流向货币创造中心：国家、银行和大企业。在历史上，统治阶级常常很少能避免使用这种隐蔽的税收，它在为统治阶级谋利的同时不断扭曲经济。因此，对每一个私人投资者和储蓄者来说，最大的威胁仍然是国家。正如最近发生的戏剧性事件所说明的，当今投资策略最重要的考量之一，仍是在长期内保护自己的财富不受政府的影响。

通货紧缩

从奥地利学派的角度来看，通货紧缩作为通货膨胀的对立面，描述的是货币量的减少和货币购买力的增强。与通货膨胀类似，通货紧缩的定义也发生了重大变化。最初，通货紧缩是指流通中的货币量减少；而现在，通货紧缩通常被用来描述一篮子商品和服务的价格水平下降，而这一篮子的商品和服务是人为定义的，并且其质量通常也没有得到适当的考虑。根据前文可以推断，奥地利学派经济学家更认可通货紧缩的原始定义，即货币供应的收缩。尽管大多数央行都有义务防止通货膨胀，但它们似乎更愿意不厌其烦地警告人们通货紧缩的危害，并传递一种通货紧缩一直潜伏于市场中的观点，而“温和”的价格通胀却得到了极大的赞扬。正如约尔格·吉多·许尔斯曼（Jörg Guido Hülsmann）在著作《货币生产的伦理》中对通货紧缩产生的“危险”所描述的那样：

> 通货紧缩之有害性已成为当今货币政策的神圣信条之一。通货紧缩的对抗者通常会提出六条论据来证明他们的观点。第一，在他们看来，这是一个历史经验的问题，通货紧缩会对总生产产生负面影响，进而对生活水平产生负面影响。为了解释这一假定的历史记录，他们提出第二点——由于市场参与者会在价格越来越低的情况下进行投机，通货紧

缩会促使市场参与者推迟购买。

此外，他们还认为：第三，不断下降的价格水平使过去在较高价格水平欠下的债务更难以偿还。第四，这些困难可能导致银行业爆发危机，从而导致信贷大幅缩减。第五，他们声称通货紧缩加上“黏性价格”会导致失业。第六，他们认为通货紧缩可能会使名义利率降低到这样一种程度，即用以刺激就业和生产的“廉价货币”政策将不再可能实现，因为利率不能降至零以下。①

我们所处的经济形势是：通货紧缩只是当前货币体系中的一种潜在威胁，即使发生通货紧缩，它也只会威胁到人为繁荣的持续。因此，对投资者来说，关注各种信贷和货币供应的总规模极其重要。引人注目的是，信贷通胀近年来已经变得疲软。从图 5.4 可以看出，

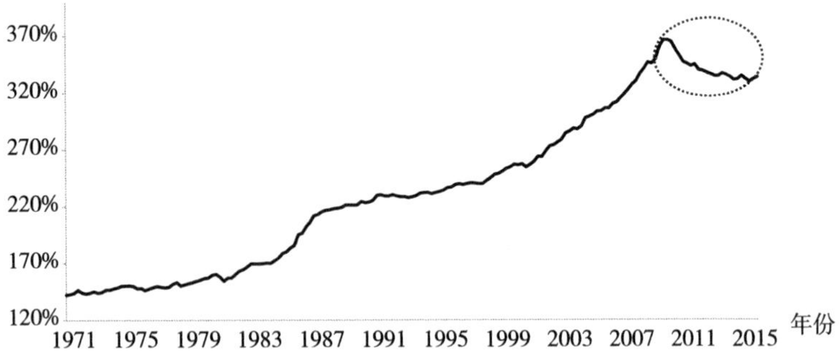

图 5.4　信贷市场债务总额占美国 GDP 的比重

资料来源：Federal Reserve St. Louis，Incrementum AG.

① Jörg Guido Hülsmann：The Ethics of Money Production. Auburn，Alabama：Ludwig von Mises Institute，2008，pp. 65－66.

自2008年以来，信贷市场债务总额相对于美国经济产出一直在下降，信贷扩张的暂停对广义货币供应产生了通缩效应。不过，美联储的干预足以弥补这一影响。

"地壳压力"积累

让我们回到货币创造的话题：央行只是新货币的可能来源之一，理解货币供应动态变化的另一个重要方面在于理解当今商业银行的部分准备金制度。在今天的货币体系中，货币替代品（money substitutes）不再由像黄金这样的真正资产来支撑。通货（currency）部分由央行创造，部分由商业银行创造。路德维希·冯·米塞斯早在1912年就已经解释了这一事实及其所带来的一系列后果，并将不兑现货币称为信用媒介。在现代货币供应中，绝大部分信用媒介实际上是由商业银行创造的，只有较少的一部分是由央行直接创造的（2008年后的危机时代是一个例外）。

因此，商业银行的行为对货币供应量的扩张与收缩具有决定性作用。这意味着不存在始终如一的通货膨胀力量或通货紧缩力量：如果央行希望实现物价水平的上升，而商业银行却在减少信贷余额，那么，两种力量是相互抵消的。这种通货紧缩力量和通货膨胀力量的相互作用可以看作两个地壳板块之间的压力积累：在看似稳定的地表下，压力逐渐增加，随后将以火山爆发或地震的形式释放出来（见图5.5）。这也是地表之下两个板块互相挤压所不可避免的结果。

"通胀还是通缩?"是近年来经济学家持续关注的一个主要问题。在我们看来，奥地利学派为投资者提供了一种比主流经济学流派更为深刻的观点。为了解释"构造压力"现象，我们对当前和潜在的影响因素进行了如下概述（见表 5.1）：

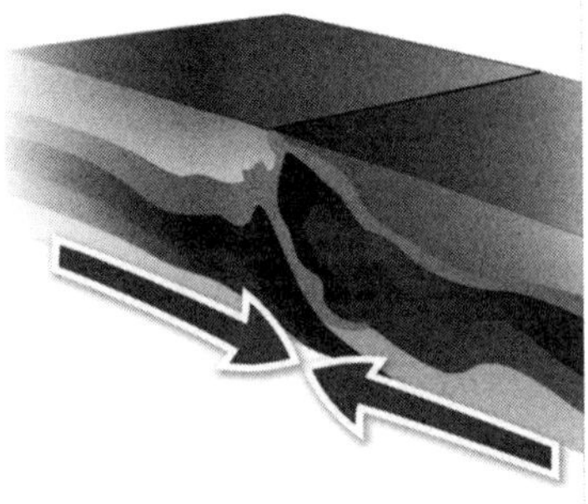

图 5.5　货币构造

资料来源：Federal Reserve St. Louis.

表 5.1　影响通胀与通缩的力量

通胀因素	通缩因素
零利率政策	资产负债表去杠杆化：从危机中复苏的银行不愿放贷
沟通政策（预期管理）	信贷增长乏力：过度负债的消费者不愿借贷
量化宽松	规定：《巴塞尔协议Ⅲ》
扭转操作	较高的代币持有需求（低通胀预期）
货币战	生产率提高
证券抵押品的资格标准（欧洲央行）	违约和内部纾困（欧洲：希腊、塞浦路斯）
	人口结构特征

显然，表 5.1 列出的所有导致通货膨胀的因素都与央行的货币政策直接相关。零利率政策使商业银行基本上可以免费借贷央行资金。而预期管理已成为央行影响金融市场参与者的一个非常

流行的工具。诸如“我们将保持低利率直到 2017 年!”或“只要经济没有持续复苏，我们就不会改变政策!”这种面向未来的声明，试图建立市场参与者的信心，从而改变他们的行为。

由于降息工具现已悉数用尽，美联储只能试图通过量化宽松和“扭转操作”（operation twist）来增加通胀压力。在量化宽松过程中，美联储通过市场购买证券从而直接增加货币供应；而在“扭转操作”过程中，美联储会一边出售所持有的短期证券，一边买入长期证券，其目的在于通过对长期收益率曲线施加压力，从而在降低短期利率的同时降低长期利率。“货币战”一词指的是货币彼此之间不可挽回地竞相贬值。由于本国货币贬值有利于出口，所以人们普遍认为货币贬值是一种经济需要，且央行的独立性名不副实，这又提供了另一个受人欢迎的通胀理由。此外，放宽证券抵押品的资格标准也会促进通胀，这是因为央行向商业银行发放信贷的基础是越来越多的不可靠的抵押品。

2008 年金融危机的开始标志着商业银行资产负债表大规模扩张的结束。在此前的几年里，欧元区的银行资产负债表总额甚至大幅下降——这具有极强的通缩效应（见图 5.6）。许多银行继续遭受结构性问题的困扰：在金融危机中被剥离至“坏账银行”的贷款仍有待减记，而已经偿还的贷款在多数情况下不再产生新的贷款，这使得资产负债表收缩。

与金融危机开始前相比，新增贷款的增长速度要慢得多。在此期间，曾经的潜在借款人如今往往不再符合银行的新标准，而且人们普遍变得更加谨慎，这一点体现在图 5.7 和图 5.8 中信贷的绝对增长和年增长率上。然而，自 2014 年以来银行不再那么倾向于扩大信贷，尤其是在美国。商业和工业贷款的强劲增长虽已经恢复，但

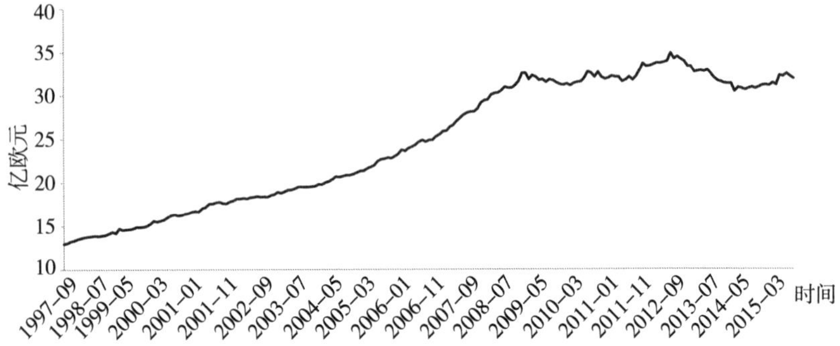

图 5.6　欧元区货币金融机构（不含欧元体系）的资产负债表总额

资料来源：Bundesbank. de.

其中大部分似乎用于金融工程目的，如股票回购和并购活动的融资；相比之下，资本支出的增长仍是不温不火。

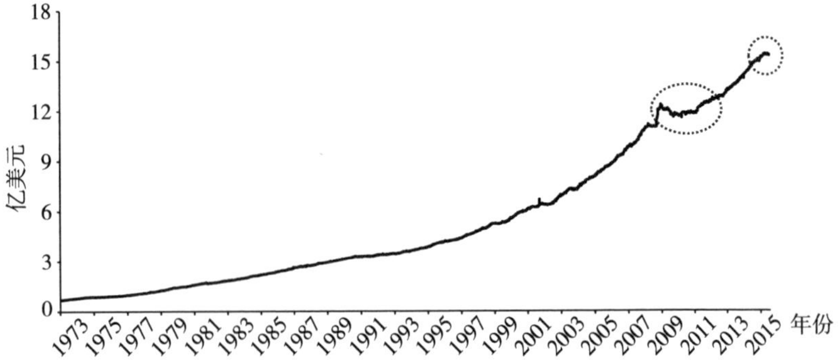

图 5.7　美国商业银行的信贷总额

资料来源：Federal Reserve St. Louis.

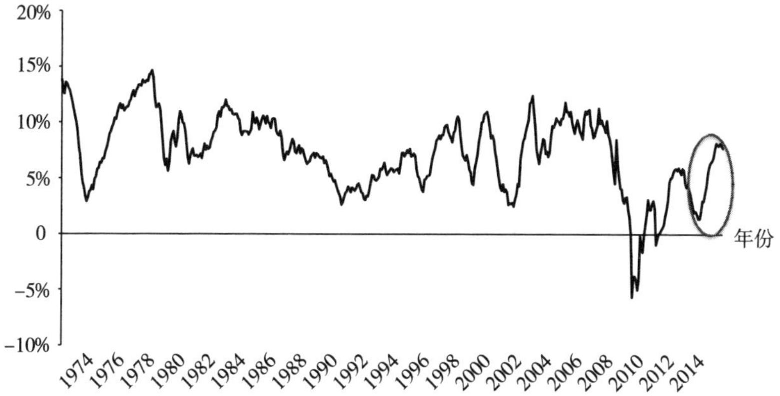

图 5.8　美国商业银行发放的贷款的年增长率

资料来源：Federal Reserve St. Louis.

除此之外，银行监管还受到更严格的指导方针的约束，并将进一步收紧到 2018 年。这会立即产生通缩效应。货币主义者所谓的货币流通速度，其影响与货币供应量的实际变化非常相似，它代表现金余额持有需求的粗略指标。图 5.9 显示了一货币单位在美国的年平均周转率。

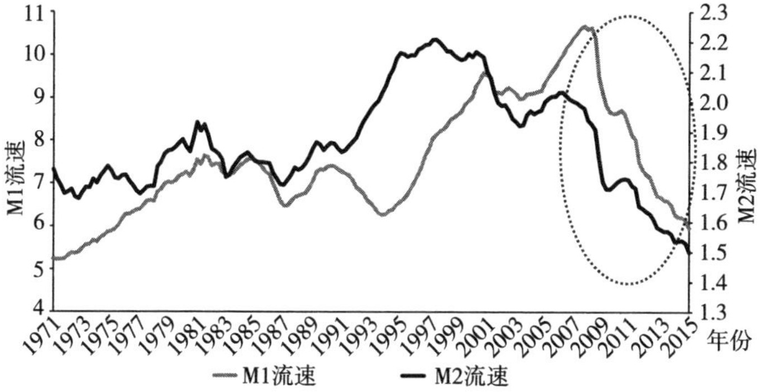

图 5.9　美元流通速度

资料来源：Federal Reserve St. Louis.

正如图中所标注的，自 2008 年金融危机以来，货币流通速度几乎一直在稳步下降。这正在增大通缩方面的结构性压力（见图 5.10）。投资者必须密切关注这种动态变化。需要注意的是，费雪方程中的“货币流通速度”是用货币供应量与经济产出的比值来表示的，它实际上是一个随机因素。所以说，货币流通速度的下降可能仅表示这样一个事实：央行正在大量地创造新货币，但经济却仍然低迷。

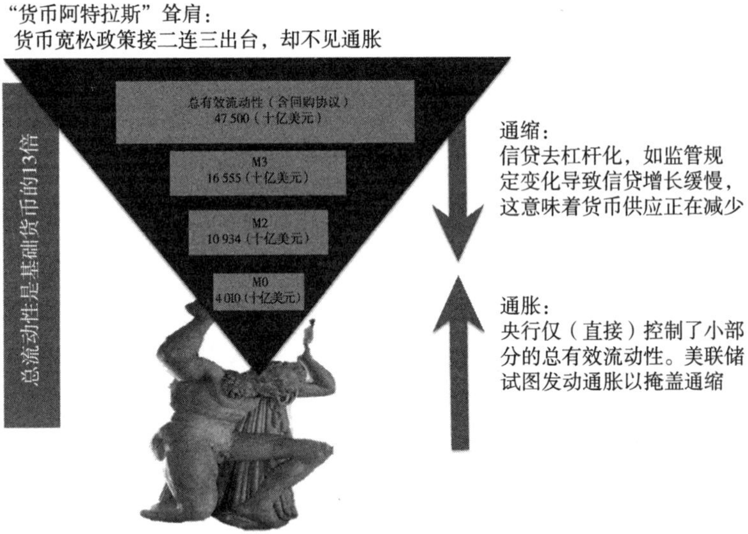

图 5.10　压力增加

资料来源：Nowandfutures. com，UBS Research，Federal Reserve St. Louis.

因此，我们无法肯定地说“货币流通速度”的下降在多大程度上是由对持有现金余额的需求不断增加导致的，又或者在多大程度上反映了通胀的程度。例如，某些股票、艺术品、昂贵的不动产等资产价格的急剧上涨表明，富裕阶层持有现金余额的需求在急剧下降。

表 5.1 列出的其中一个通缩因素是生产率提高。但这并不是今天才有的相关因素，因为我们必须假定人类的努力和经济活动能够不断提高生产力。因此，价格通缩绝不像价格通胀一样，是一种纯粹由货币因素引起的现象，而是在一个不受阻碍的经济体中形成的规律。随着时间的推移，人们可以用同样的钱买到越来越多的商品，这仅仅是因为企业变得越来越高效。

如果没有央行的大规模干预，金融危机将是一个高度通缩的事件，因为 20 世纪头十年投资不当的资本将暴露出来并被清除，这是令人痛苦的。如果没有货币政策措施的抵消效应，随之而来的信贷紧缩和价格通缩将会严重得多。在极具扩张性的央行政策的帮助下，通缩趋势过去成功地得到了遏制，现在仍然如此。这可以从图 5.11 的交叉曲线中看出。这是一个危险的平衡之举，迟早会失败。

图 5.12 将黄金与 20 年期美国国债的比值作为一个性能指标。下行趋势表明通缩压力正在增加。

商业银行对通缩板块施加压力的另一个迹象体现为超额准备金水平。超额准备金与商业银行必须存放在央行的最低存款准备金直接相关。最低存款准备金也就是法定准备金，是央行重要的货币政策工具之一。央行可以通过提高或降低最低存款准备金来影响商业银行的贷款水平，从而使得商业银行在贷款发放方面依赖于央行。

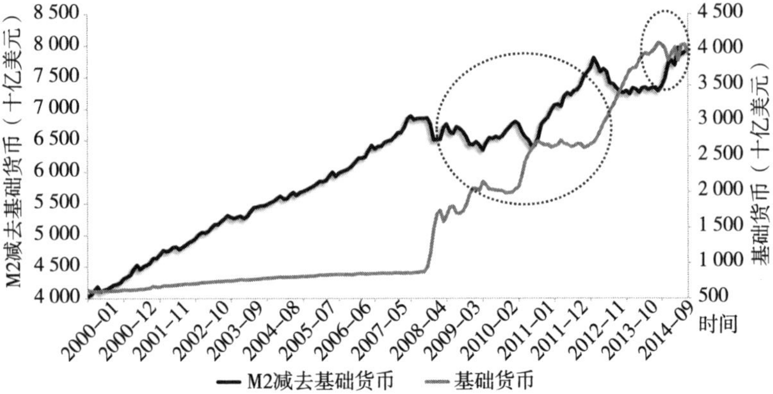

图 5.11　广义货币供应停滞，基础货币扩张

资料来源：Federal Reserve St. Louis.

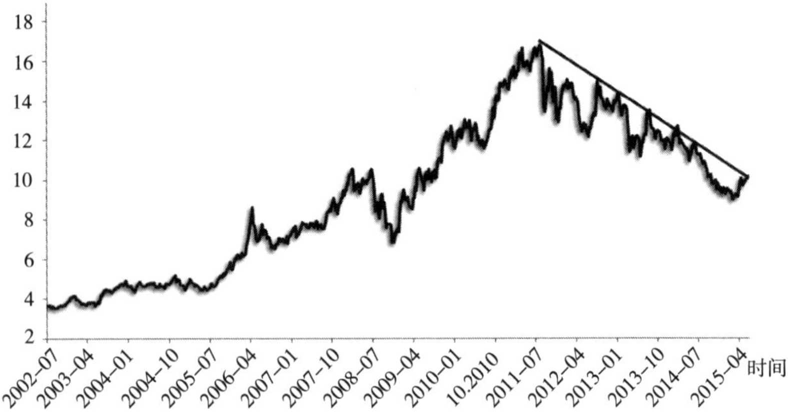

图 5.12　黄金与 20 年期美国国债的比值

资料来源：Paul Mylchreest "Thunder Road Report", Federal Reserve St. Louis.

如果商业银行在央行持有的金额超过了法定准备金的要求，那么该超出部分则被称为超额准备金。它们相当于商业银行在央行的活期存款减去法定准备金，再减去商业银行可供客户提现的库存现金。正常情况下，超额部分是非常少的。就在不久前——雷曼兄弟倒闭之前——实际上根本没有超额准备金。但几乎与此同时，这一数字就增加到了令人难以置信的 2.6 万亿美元（见图 5.13）。

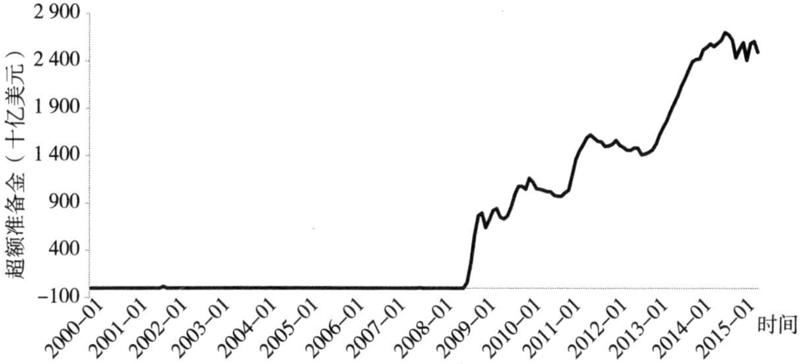

图 5.13　美联储持有的超额准备金

资料来源：Federal Reserve St. Louis，Incrementum AG.

在 2014 年底，美联储开始对法定准备金和超额准备金支付利息。美联储通过与商业银行共享铸币税利润为其创造一项补贴，这促进了超额准备金的大幅增加。最初，美国存款利率是基于基准利率而确定的。自 2008 年 12 月 18 日以来，美国存款利率的情况就变得与欧洲央行一样，由美联储直接确定，并在当天就达到了 0.25%。这明显高于其他短期货币市场利率。

欧洲央行存款机制利率（deposit facility rate）的趋势如图 5.14 所示。可以看出，其存款机制利率在一段时间内一直为零（与此同时，欧洲央行设定了负存款利率）。而美联储之所以决定对存款准备金工具付息，与“零界限”和量化宽松有关。通常情况下，如不出售在量化宽松政策下获得的资产，以大幅收缩资产负债表，美联储就不可能成功地提高联邦基金目标利率。

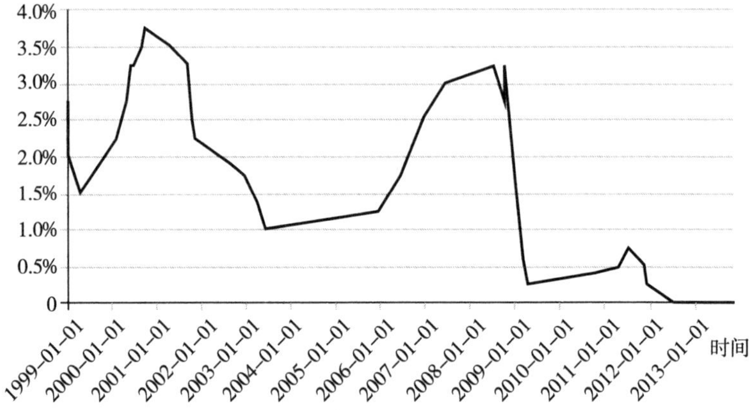

图 5.14　欧洲央行的存款利率

资料来源：ECB.

但这样的资产出售行动将大幅收缩广义货币供应，导致严重的货币通缩，并引发一系列连锁反应，如资产价格崩溃以及经济中所有泡沫活动的终止（各大央行的操作方式略有不同，美联储的量化宽松政策几乎是以美元兑美元的方式创造新的存款货币。因此，量化宽松的逆转也将会减少货币供应）。所以，这种方式不可能在不造成大规模通缩的情况下提高基础利率。

然而，对超额准备金支付利息就可以让美联储绕过这个问题：只要美联储提高超额准备金的利率，就能在不收缩资产负债表的前提下提高联邦基金利率。但可以肯定的是，美联储永远不会积极地收缩货币供应。对准备金的利息支付不仅向商业银行提供了小额补贴，还可以防止它们在联邦基金利率上调后向银行间拆借市场提供大量资金。如果没有这一工具，美联储就无法在不收缩资产负债表的情况下保持对银行间贷款利率的控制。

在欧洲央行最近决定通过新的大规模量化宽松计划再次扩大资产负债表之前，欧元区的超额准备金大幅下降（见图 5.15）。这是迄今为止美元和欧元区之间的主要差异，美联储的超额准备金（采用欧元计价）是欧洲央行超额准备金的很多倍。尽管近年来欧元区的超额准备金已大幅减少，但美联储的超额准备金仍接近历史最高水平。

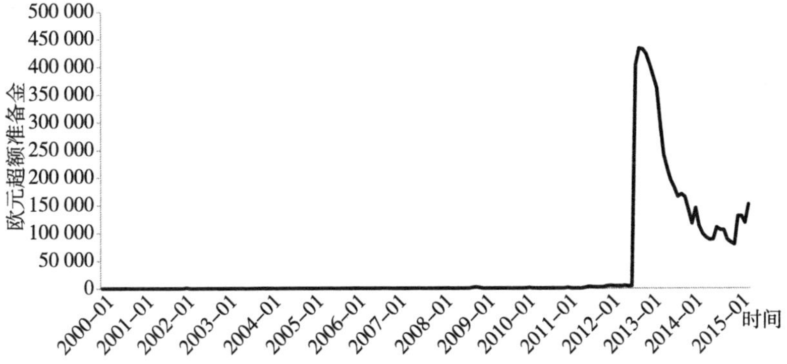

图 5.15　欧洲央行持有的超额准备金

资料来源：ECB.

欧洲央行可以将存款利率调至零上或零下，并产生相应的通缩效应或通胀效应。然而，由于涉及的交易量要大得多，美联储负利率政策的影响将相应变得更大。在欧洲央行和瑞士央行效仿之前，瑞典央行已经将这一利率下调至－0.25％。而美联储还能将存款利率降至零，因此在这方面仍有回旋余地。直到 2014 年，降低超额准备金率的需求一直稳步增长。如著名的市场评论员、美联储前理事会成员艾伦·S. 布林德（Alan S. Blinder），一直在通过媒体施压。[①]瑞典和丹麦已分别在2009年和2012年7月实施了类似措施。并且在欧洲央行行长马里奥·德拉吉（Mario Draghi）回答相关问题表示欧洲央行已“做好了操作准备”后不久，欧洲央行也采取了同样的措施。此外，瑞士国家银行同样对存放于央行的款项实行了严格的负利率，并积极地将3个月期伦敦同业拆借利率设定为负利率。

利用商业银行扩大贷款规模以避免惩罚性利率的做法，最终会带来严重的经济后果——投机泡沫的加剧，如股票、艺术品、大宗商品等市场泡沫。此外，向商业银行收取超额准备金的成本也会转嫁到银行客户身上。最重要的一点可能是——潘多拉魔盒的最终打开——负利率范围将扩大到储蓄存款。这将明显导致人们减少节俭行为，从而对长期资本形成致命的影响。如图5.16所示，美联储和欧洲央行需要新的货币政策工具来促进通胀。

如图所示，货币供应量的增速自2012年以来有所放缓。可以设想各国央行试图积极应对这一趋势，事实上，欧洲央行已经对此采取了行动，欧元区的货币供应增长也相应地明显再次加速。在下一章，我们将讨论为什么央行总是试图避免货币通胀放缓的问题。

关于各大央行做法的差异：如上所述，美联储的量化宽松不仅导致超额准备金规模的扩大，还直接导致经济中的存款货币增加。原因在于，美联储的交易对手是所谓的一级交易商。它们虽

---

① Alan S. Blinder：“The Fed Plan to Revive High-Powered Money”. Wall Street Journal，12/10/2013.

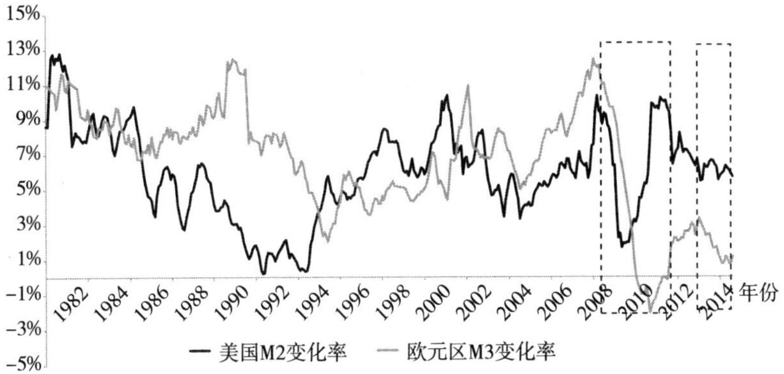

图 5.16　美国与欧元区的货币供应量的年增长率

资料来源：ECB，Federal Reserve St. Louis.

然大多是商业银行的子公司，但在法律上却属于非银行机构。当美联储向非银行机构购买证券时，资金将存入非银行机构在商业银行开设的账户；而商业银行反过来又将到达该机构账户的资金重新存入美联储，在交易结束时，银行准备金和存款都增加了。实际上，美联储通过向一级交易商账户所在的银行中介机构的准备金账户存入资金来为其资产购买“融资”。从银行的角度来看，无论是以准备金形式存在的资产，还是以客户存款形式存在的负债，都有所增加；同样，美联储购买的证券增加了其资产负债表的资产端，而新的银行准备金则代表了负债端的余额。

当欧洲央行购买证券时，它的交易对手也多为非银行机构（保险公司、养老基金等）。事实上，银行不愿向欧洲央行出售优质资产，因为它们需要持有这些资产，这既是出于监管目的，也是因为回购交易需要优质抵押品。其效果也是货币供应量相应增加。当欧洲央行推出第一个“证券市场计划”（SMP）来操纵希腊、葡萄牙和爱尔兰政府债券的利率时，它会通过每周拍卖短期证券来“冲销”其购买，以防止货币供应增加。但由于新量化宽松计划的目的就是要增加欧元区的货币供应，故没有此类限制。此外，欧洲央行将非居民拥有的欧元账户排除在货币供应量之外。因此，欧元区现存货币的实际数量比官方统计数字所显示的要大。

迄今为止，日本央行所持的大部分证券都是从商业银行手中购买的，这些商业银行是日本国债的最大持有者之一。结果是，日本央行的量化宽松操作大大增加了银行准备金（在这种情况下，日本央行的资产负债表扩大了；但对商业银行而言，只是资产端发生了变化，它们持有更多的准备金和更少的证券）。由于商业银行仍继续减少对私营部门的未偿贷款，量化宽松对货币供应的影响不大。换句话说，日本央行依赖商业银行利用其多余的准备金来扩大信贷，但商业银行却没有这么做。

日本央行已成为日本国债的大买家，以至于各商业银行不再愿意向日本央行出售国债，就像欧洲的银行一样，它们需要持有一定数量的政府债券，这既是出于对监管的考虑，也是为了在回购交易中用作抵押品。与此同时，日本最大的几家养老基金采取了一项政策，即购买股票等风险较高的资产，并部分出售其大量库存的日本国债。因此，可以预计日本央行未来也将开始从非银行机构手中购买更多证券。此外，日本央行还在股市上购买ETF，其中多数卖家是非银行机构。因此，即使日本的商业银行仍不愿通过提供新的信贷来增加经济中信用媒介的数量，日本的货币供应增长也可能会开始加速。

另一点与近年来日本央行修订过几次货币统计数据有关。作为“货币持有人”，日本央行的存款包括在货币供应总量中，但是，与其他央行相比，日本央行对所谓的“货币持有人”的定义范围非常狭窄。具体来说，日本央行将中央政府、保险公司和政府附属金融机构、非居民账户以及证券机构和 tanshi 公司（日本主要或专门从事短期货币市场投资的一种经纪公司）等都排除在“货币持有人”类别之外。过去，大多数分析师认为日本的货币供应量 M1 与代表货币供应总量的 TMS（即通货加上活期存款）相当接近。鉴于上述日本特有的统计偏差，这种观点可能需要修正。因此，尽管商业银行减少大量未偿贷款和相关信用媒介已经给日本央行试图引发通胀的努力带来了巨大压力，但日本货币供应增长的实际规模可能仍比迄今为止人们所认为的要大得多。

第六章
经济周期

“哈耶克曾将坎蒂隆效应比作倒蜂蜜，蜂蜜仅从中心向外圈缓慢溢出，而通胀的影响也是如此传递与分布的。靠近货币创造来源的政府和公司会从中受益，因为它们在额外需求引致价格上升之前就获得了新创造的货币。”

经济周期是指繁荣与衰退的循环交替，现在是用于描述经济崩溃和萧条的术语。对于投资者而言，经济周期蕴藏着巨大的风险，所以深刻理解经济周期形成的原因与过程是至关重要的。奥地利学派因对经济周期的解释而独树一帜。奥地利学派的经济周期理论（ABCT）最早可追溯至路德维希·冯·米塞斯的《货币与信用理论》，该理论解释了一个经济体为什么会经历经济周期或周期性的经济危机——它们不是市场经济固有的特征，而是干预主义货币体系的直接后果。或许人们可以根据其他不同的概念来解释这个理论，但我们将从经济的生产结构开始研究。

无扭曲的生产结构

为了理解生产结构的扭曲，我们将首先展示一个存在于非政府统治状态、自由市场货币体系下的正常生产结构。德国经济学家威廉·罗雪尔（Wilhelm Roscher）提出过一个常用来说明劳动分工下的生产结构的例子。因此，我们遵循罗雪尔的思想，追溯到原始社会时期。他认为，一群安家于鱼群丰富的水域附近的渔民，必先历经一段物资极度匮乏的日子。渔民或许能够通过整日在浅水区捕鱼勉强糊口，但这些渔民怎样才能改善他们的处境呢？

在得不到外界帮助的情况下，与世隔绝的渔民必须自己创造提高生产力的手段。然而，这必然会拖累短期回报。假设一名渔民每天能徒手捕到两条鱼，如果他“休假一天”——在这天制作一个简单的工具以提高他的渔获量，那么他必须设法在这两天内每天仅靠一条鱼生存。而这个工具，比如一张简单的网，就是卡尔·门格尔所谓的高阶财货，它相较鱼这样的消费品或一阶财货更为高阶。门格尔所谓之财货，是从人类行为之目标开始的，说明了支配生产的因果关系的反向顺序。在这个例子中，消费暂时减少了一半，但同时创造了更高阶的财货，这增加了捕鱼的总时间（第一天织网，第二天捕鱼）。可以把实现消费回报与生产持续的比值图形化，想象成一个两条直角边不断延伸的直角三角形（如图 6.1），该三角形以奥地利学派经济学家弗里德里希·冯·哈耶克的名字命名，被称为哈耶克三角。

三角形的右边是消费。至于底边，门格尔对处于生产过程末端和目标环节的中间财货做了区分：在消费品也就是一阶财货之后是二阶财货、三阶财货，依此类推。其中，高阶财货（higher order goods）被称为资本品（capital goods）。在一个发达经济体中，资本品的数量大幅增加，生产过程变得更长并包含无数阶段。如果增加了新的阶段，并因此需要较长的时间从头开始完成

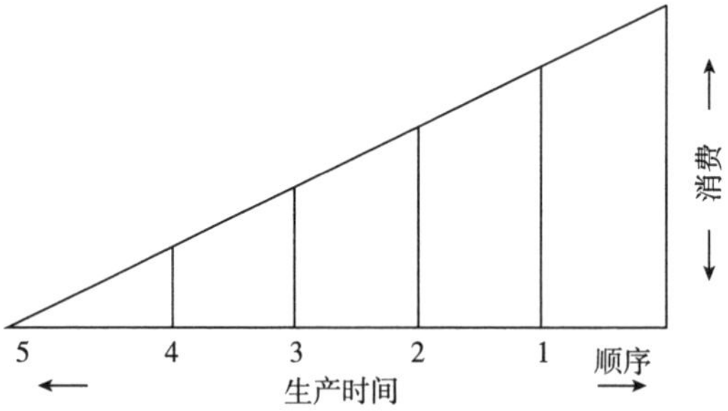

图 6.1　哈耶克三角 I

生产过程，这便是所谓的“生产结构的延长”。

通过使用额外的资本品来延长生产结构，通常会实现更高的产出，包含更多的消费品，比如示例中所讨论的鱼。当然，更高的回报也可能包括消费品质量的提高。这就是所谓的“迂回”生产所增加的回报。每一次生产结构的延长都需要迂回——时间和稀缺资源不再直接用于消费品的生产，而是在生产阶段的早期和中期使用，从而间接对消费品的生产做贡献。

在渔民群体的例子中，延长生产结构的下一步可能包括生产绳索、编织成网，以便提高捕获质量。生产结构的每一次延长都意味着有人得从更早的阶段开始，从而在时间上与最终结果（在示例中是捕鱼）进一步分离。在现代社会中，生产链的第一阶段与其对应的消费品之间可能相隔多年。

迂回生产的高收益并不是确定的。只有最终能够实现更高产出的迂回生产方式才会被选择并得以继续。资本更密集的生产结构通常产出更高。否则，这种生产结构就会被抛弃，因为没有人愿意采取迂回生产方式而不求更多数量或更高质量的产品，而且，如果采取迂回生产方式却不能带来更高的回报，这会危及企业的生存。

由于资本积累，今天“放弃消费”这样的牺牲可以使得未来产量倍增。路德维希·冯·米塞斯在这一背景下谈到了“表面的牺牲”（apparent sacrifices）[①]——放弃消费最初好像是一种牺牲，但从长期来看，它会促进繁荣。米塞斯认为这是一种跨期交换：放弃今天的满足感以成全明天更多的满足感。美国经济学家弗兰克·费特（Frank Fetter）基于欧根·冯·庞巴维克（Eugen von Boehm-Bawerk）的思想，创造了“时间偏好”这个术语。时间偏好越高，说明时间这个因素的价值被视为越重要，也就是说，行为者认为尽早达到目标是很重要的；时间偏好越低，说明行为者为了达到更高的目标愿意等待的时间越长。

生产结构的重组

以上简单例子已经暗示了生产结构的动态变化。在该变化过程中，决定性的一点是：在资本积累之前，必须有行为上的改变。以渔民为例，人们能够通过“表面的牺牲”暂时降低消费并创造储蓄。但这种牺牲只是一种表面的牺牲，因为最终获得的更高回报弥补了这种牺牲。

将生产结构的动态变化过程置于更复杂的社会背景中来看，推动生产结构变化的因素就包括储蓄意愿的变化。在全社会范围内，节俭行为的增加或减少是常有的事。

从经济上讲，每一项行动都要付出代价。人们储蓄得越多，必然导致消费越少。今天，人们非常担心该后果。然而，这种担

---

① Ludwig von Mises：Liberalism-In the Classical Tradition. New York：Foundation for Economic Education，1985，p. 8.

心毫无根据，或者说基于一种虚假经济学——仅仅从静态总量角度进行循环论证，却忽视了该过程中的一系列动态机制。我们仔细分析这一动态过程：消费水平下降首先带来需求下降，但这种下降并不会均匀地分布在整个经济中。消费的减少只意味着对消费品需求的减少。因此，哈耶克三角的右边边界首先出现一个塌陷。零售商无法出清商品，其所从事业务的盈利能力明显下降了。由此会导致什么呢？

让我们观察个人层面上的实际变化。想象一下，有一群企业家聚在一起讨论商业，其中零售商对其损失怨声载道。不过，零售商只代表了一小部分的商业人士，绝大多数人所从事的生产阶段与消费端相去甚远，他们目前并没有经历任何变化。但由于需求下滑，零售商将削减他与批发商之间的下一笔订单，批发商也会相应地削减他与生产商之间的下一笔订单，这样就带动了生产结构的变化。然而，目前只有零售商在抱怨，其他行业的企业家继续享受着旺盛订单。不过，与会投资者或企业家得到了一个明确的信号：避开接近消费端的行业！新进入的企业家现在将更倾向于参与远离消费端的生产阶段，投资由此转移。

然而，这并不是唯一的动态机制，从消费转向储蓄还改变了不同时期的商品供应。由于行为者放弃现有消费，以换取未来更丰富（或质量更好）的商品，更多的当期商品由于资本的形成而变得容易获得。未被消费的当期商品的供应增加，导致这些商品的价格相对于未来商品的价格下降，而这个价格比率由市场利率表示，因此，在长期项目中使用的当期商品会变得更便宜。

此外，消费需求下降的另一直接后果是，许多零售商的一些商品卖不出去，对此，他们将降低销售价格，以将这些商品脱手。当消费下降时，人们就会观察到一个规律，即在其他条件不变的情况下，平均而言，消费品的价格会下降。换一种说法，价格的下跌意味着实际收入的增加。只要员工得到相同数额的名义工资，他们现在就负担得起更多和更好的商品。然而，实际收入的增加也意味着人力劳动相对于资本变得更昂贵，这将导致劳动密集型生产过程被资本密集型生产过程取代。一般来说，劳动密集型生产过程往往比资本密集型生产过程更接近消费端，资本密集型生产过程由于占用更多资本而表现出更大的时间跨度。

上述所有动态机制都指向同一个方向：人类行为的变化导致生产结构的深化，远离消费端的生产阶段逐渐扩张，而接近消费端的生产阶段趋于萎缩。这种变化如图 6.2 所示。除哈耶克三角之外，由奥地利学派经济学家罗杰·加里森（Roger Garrison）所创建的生产可能性边界（production possibilities frontier）也能用来说明上述条件的变化，它说明了消费和投资之间的权衡。①

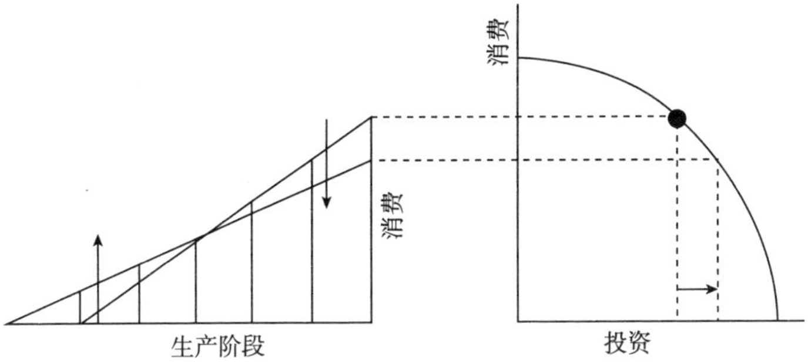

图 6.2　哈耶克三角Ⅱ和生产可能性边界

资料来源：Roger Garrison：Time and Money —The Macroeconomics of Capital Structure. London/New York：Routledge，2001.

① Roger Garrison：Time and Money－The Macroeconomics of Capital Structure. London/New York：Routledge，2001.

生产结构的扩张与产量的增加密切相关。资本积累只发生在那些具有更好回报前景的项目中，从而导致最终更多或更好的消费品被生产出来。资本回报的增长说明：对消费的暂时性限制，最终会使消费的可持续增长成为可能。储蓄并不等同于反对消费，它代表了消费的跨期转移，即限制今天的消费以成全明天更多的消费。

由于这一过程是动态的，生产结构会根据消费者的偏好进行调整。消费者储蓄的决定表明其偏好远期消费而非即期消费。为了满足这种需求，必须形成资本，而创造储蓄才是持续形成资本的方式。如果储蓄率保持在同一水平，这些更高的回报最终会使生产结构进一步深化。这一过程也代表了可持续的经济增长。在生产可能性边界上，这种增长所形成的模式类似于树木的年轮，如图 6.3 所示。

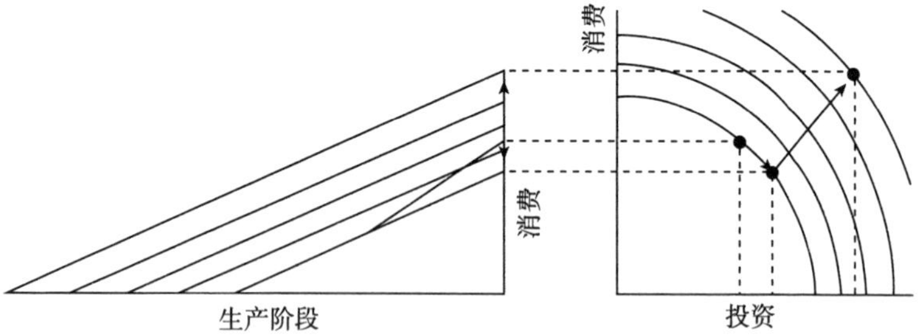

图 6.3　哈耶克三角Ⅲ和生产可能性边界

资料来源：Roger Garrison：Time and Money— The Macroeconomics of Capital Structure. London/New York：Routledge，2001.

资本结构

在某些方面，资本能否被视为同质的？这是有关资本争议的主要话题。奥地利学派的拥护者总是以强调资本的异质性而与众不同，换言之，他们认为不可能将资本标准化或加总。其中，路德维希·拉赫曼（Ludwig Lachmann）是奥地利学派最坚定的追随者之一，他对异质性资本问题做了如下总结[①]：

- 资本异质性是指其使用中的异质性；
- 使用中的异质性意味着多重专用性；
- 多重专用性意味着互补性；
- 互补性意味着资本的组合；
- 资本组合构成了资本结构的要素。

以下将逐一对此进行解释：

资本异质性是指其使用中的异质性。在根本上，资本是实现行为主体之主观目标的手段，故其物质上的特性是次要的。由于同样的资本可用于实现不同的目标，因此可以有不同的价值。资本品从来不是以物质形式来定义的，而是以其如何被使用来定义的。对于同一资本品，如果人的主观目标发生了变化，即使它在物质上没有发生改变，也可能在人们观念转变的瞬间失去其资本功能，甚至完全失去价值。

使用中的异质性意味着多重专用性。资本品的等级越低，即越接近消费端，它就越具有专用性。专用性是指每项资本品只能

---

① Ludwig Lachmann：Capital and Its Structure. Kansas City：Sheed Andrews and McMeel，1978（1956），p. 12.

用于有限数量的用途。资本品具有最高程度的专用性意味着它只能被转化为一种低阶商品。资本品对我们的目标具有不同的作用，这一事实意味着它们只能用于特定目的，但一般来说，目的也不是唯一的。因此，资本品具有多重专用性。

多重专用性意味着互补性。如果两项资本品只能一起转化为低阶资本品，那么它们就是互补的。由于每项资本品只能用于有限数量的用途，它总是与其互补品结合使用。这样就引发了一个问题：即使是积累量最多的资本品 A，如果没有与之互补的资本品 B，那也会毫无价值。因此，资本的“自动”积累只是资本同质性假设下的说法，而这一假设是不切实际的。

互补性意味着资本的组合。不同的特定资本品需要与其互补资本品以一定比例组合起来使用，它们只有形成互补组合才能产生影响。创造低阶资本品，也就是说满足人类的需求和实现人类目标的前提，是资本的适当组合，而不是资本的“总量”。

资本组合构成了资本结构的要素。在漫长生产过程的每一阶段，大多数场合下的资本必须结合起来使用，因此资本必须被视为一个高度复杂的结构，而不是一个简单的衡量指标。而且，资本结构不是自动生成的，而是需要通过人的选择与行动进行预期与组合。

建立资本结构的行为被称为投资。因此，投资是一个资本去同质化的过程。同质资本，即“自由资本”，必须被捆绑起来。结合上述关于资本结构的分析，投资具有不可逆性。现有的资本结构很难在不付出成本和努力的情况下转变成另一种资本结构。在一个生产过程中，生产结构的组成部件往往无法用作他途，在它们的替代性使用中，分别需要完全不同的互补资本品。

“资本是有结构的”这一观点清楚地表明，资本作为一定数量的货币的流行概念从根本上是错误的。投资，也就是资本的形成，就是把货币（当前的、最终的财货形式）去同质化，转变成一个具体的结构，这至少需要做出一部分不可逆转的决定。“投资”（investment）一词来自拉丁语中的“clothing”（investire）。换言之，某人以一种不同的形式投资资本，相当于将其缝制为新的衣服。

生产结构的扭曲

到目前为止，我们所假设的利率是在市场上自由形成的，直接取决于市场参与者的储蓄意愿，也就是时间偏好。据此，它不能被央行操纵。该利率被克努特·维克塞尔（Knut Wicksell）称为“自然利率”。维克塞尔在著作《利息与价格》（1898）中对利息理论做出了重要贡献。他区分了自然利率和货币利率：货币利率是指在金融市场上可以观察到的利率，它代表信用贷款以及各类抵押贷款的利率，完全是一个金融现象。而自然利率是指资本市场在均衡时形成的利率，用维克塞尔的话来说：

> 存在着某种贷款利率，它对商品价格而言是中性的，它既不提高也不降低商品价格。这必然与如果不使用货币，整个贷款的发放都以实际资本品的形式进行时，由供求所决定的利率相同。从本质上讲，这可以被描述为资本自然利率的当前水平。[①]

---

① Knut Wicksell：Interest and Prices. New York：Sentra Press，1898，p. 102.

维克塞尔认为，上述两种利率之间的差异会导致投资需求与储蓄数量不匹配的情况。如果市场的整体利率低于自然利率，经济就会扩张，物价上涨（其他条件不变）。反之，如果市场的整体利率高于自然利率，经济就会陷入低迷。

这种存在着两类利率相分离的思想与奥地利学派的思想相似。奥地利学派的拥护者认为，货币供应的人为增加，会人为地抑制利率，并由此导致经济周期。与维克塞尔不同的是，路德维希·冯·米塞斯和弗里德里希·冯·哈耶克成功地将该理论进一步发展为逻辑一致的经济周期理论，并指出了维克塞尔的错误。维克塞尔认为，如果自然利率和货币利率处于均衡状态，价格就会稳定。该观点在 1931 年受到了哈耶克的特别反驳。①

自然利率可以被视为（未来商品与当期商品之间的）价格比率，因此也像其他价格一样由供求决定。利率在消费与投资之间发挥着具有经济意义的协调功能，因此，其作用不可替代。它传递着某种信息，而非被任意确定的数字。如果它被集中操控，则无法再履行其协调功能，反而会产生误导作用。

这种协调的功能是如何发挥作用的？利率会协调跨期的生产。它使企业家能够分析今天没有得到利用且由此可用于投资的资源，从而判断今天做出的投资决策的未来盈利能力。未被操纵的利率反映了市场参与者的时间偏好。与低利率相比，高利率意味着市场参与者有相对较高的时间偏好。人为操纵的利率影响了偏好的顺序，因此也影响了时间偏好（因为今天的消费成本相对

---

① Friedrich von Hayek：Prices and Production. New York：Augustus M. Kelly，1931.

于未来的消费发生了变化），这种干预还扭曲了时间偏好和利率之间的直接关系。因此，可用于投资的资源与利率之间不再有适当的相关性。

如果一个人在储蓄，他实际上不是在为自己的目的使用它，而是把资源留在了经济中，留给投资者使用。这些资源是无法通过信贷扩张被创造出来的。假设美联储主席珍妮特·耶伦（Janet Yellen）在会见媒体时低调宣称“我会尽我所能将利率降至较低水平”。这种或任何其他货币政策，都不会创造出任何额外资源。经济体的真实资金池一开始完全不受货币政策决定的影响，但随着时间的推移，货币政策带来的负面影响将完全显现出来。当利率被操纵时，尤其是当利率被降低时，会发生什么呢？米塞斯这样描述：

> 现在利率的下降使商人的计算出现错误。现有资本品的数量没有增加，而经济计算所采用的数字只有在这种增加真的发生时才是有效的。因此，这种计算是误导性的。市场利率的下降使许多项目看起来有利可图或可行。而如果基于不受信贷扩张操纵的利率进行计算，这些项目将被证明无法实现。结果，企业家们开始着手实施这样的项目。商业活动受到刺激。繁荣开始。①

央行将利率降至非自然水平，并没有向经济释放额外的资源。然而，在人为抑制利率的环境下，看似有利可图的投资数量

① Ludwig von Mises：Human Action — A Treatise on Economics. Auburn，Alabama：Ludwig von Mises Institute，1998，p. 550.

发生了变化。现在，实际不变的资源池不得不用于实现更多的投资项目。由于不允许形成自然利率，在正常情况下利率所发挥的协调功能现在反而误导了企业家。米塞斯把身陷这一处境的企业家类比为这样的建筑师——他不知道自己所掌握的建筑材料不足以建造出具有他预想中规模和形状的建筑：

> 整个企业家阶层，可以说，好比是建筑师，他的任务是用有限的建筑材料盖一栋建筑物。如果一个建筑师高估可供使用的建材数量，那么对于完成他所拟定的计划来说，他可支配的手段是不够的。他一开始便把地基挖得太深，把基础范围铺设得太大，盖到后来才发现欠缺完成整栋建筑所需的材料。①

自然利率的水平也表明了真实储蓄的稀缺性，可以说，真实储蓄是藏在货币面纱后面的。自然利率体现着“市场参与者放弃当前可能的消费的某一部分”需要付出的代价。经济增长源于资本积累，资本积累是建立在行为变化基础上的，这种行为的变化又是通过一个较低的自然利率来表现的。相比之下，人为抑制的利率并不伴随着市场参与者行为的必要变化，因此也不可能实现可持续的经济增长。

货币政策干预实际上就意味着对利率实施价格控制。商业银行受到央行措施的诱导，发放更多的消费和商业贷款。在部分准备金银行体系的作用下，人为的信贷扩张随之而来。此外，央行

---

① Ludwig von Mises：Human Action－A Treatise on Economics. Auburn，Alabama：Ludwig von Mises Institute，1998，p. 557.

作为最后贷款人的角色，即作为随时准备向商业银行提供几乎无限制的新资本的机构，已导致存款准备金率下降至绝对的最低水平。

由于金融机构只需要以现金储备的形式持有其存款的一小部分，因此，它们拥有从无到有创造存款的法律特权。从无到有，是因为银行可以通过扩大资产负债表来发放贷款，从而创造新的"虚拟货币"（virtual money）。从资产负债表的角度看，这产生了对同一借款人的债权和债务。整个过程的荒谬之处在于，资产负债表上的债权或资产是基于银行自身的负债，而银行还要求借款人支付利息。米塞斯将这些不兑现的贷款称为"流通信贷"（circulation credit）。这种人为的信贷扩张为贷款接受者提供了新的购买力。然而，在整个经济中，这种货币通胀并不能被留存下来的同等规模的实际资源所抵消。

央行扩张性货币政策和商业银行扩大流通信贷的结合，诱使许多公司投资那些最终会被证明是无利可图的项目。从本质上讲，这是由于未来的回报被货币扩张导致的过低利率所折现，从而不可避免地导致长期资本品具有被扭曲的、过高的现值，资本密集型长期项目突然变得有利可图。这反映在日益扭曲的生产结构上——扭曲是因为它"没有纳入市场参与者的实际时间偏好"，从而生产和消费日益失衡。

图 6.4 显示了这种因果关系。人为诱导的货币供应扩张，及其对应的被人为抑制的利率，导致了生产结构链条的延长。然而，与前述生产结构逐渐迂回相比，这并不是储蓄增加的结果。生产结构并未变得扁平，反而逐渐变得陡峭。原因在于，利率下降导致储蓄不再有利可图，市场参与者的储蓄欲望不仅没有增

强，甚至有降低的趋势。因此，随着较高阶段取得的虚假会计利润被分配，越来越多的资金流入接近消费端的生产阶段，尽管该过程常常略有滞后。这些会计利润之所以虚假，是因为它们是基于相对价格的变化而产生的错误的经济计算。很多一开始被认为存在“利润”的项目，后来则会被证明只是资本消耗。生产结构被扭曲，经济周期开始启动。我们现在正进入繁荣阶段：远离消费端的、新的更高生产阶段所需的资源不再被留存，而是正被消耗。相当于一个人试图同时拥有和吃掉他的蛋糕。罗兰·巴德尔以他特有的犀利方式直指问题的关键：

> 在近几十年的纸上信贷狂欢中，我们提前把食物吃了，这将导致我们不得不在未来几十年里忍饥挨饿。[1]

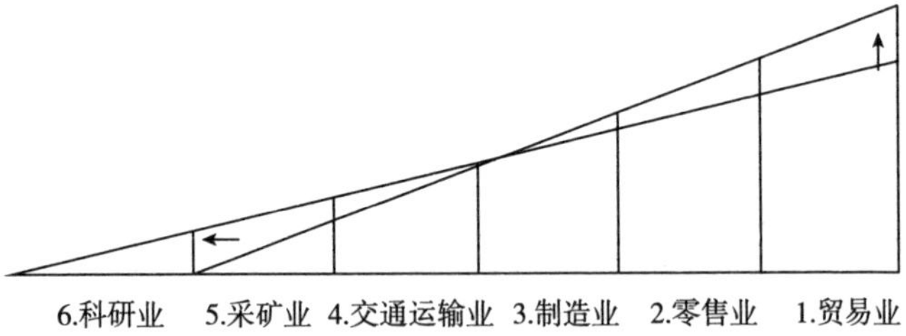

图 6.4　哈耶克三角 IV

进入流通中的新资金造成了储蓄和投资的分裂。储蓄与投资以前是同一枚硬币的正反面，但现在它们不再互为补充。其中的裂缝体现了生产者和消费者之间对蛋糕的拉锯战。

---

① Roland Baader：“Ozeane aus Scheingeld”. Smart Investor，Nr. 8/2010，pp. 26—29.

自然，那些活跃在资本密集型行业的公司，受到这些扭曲现象的影响要大得多。在资本密集型行业，资本长期受到束缚，项目的持续时间也比消费品行业长得多。利率被人为压低，导致按以前利率不会进行项目投资的公司进行了资本配置不当的投资。但由于经济繁荣时期的低信贷成本，上述许多公司看起来坚如磐石、前景光明，并通过自我强化的乐观情绪螺旋式上升，吸引资本市场上越来越多的投资者参与不良投资。关于这一点，西班牙的奥地利学派经济学家赫苏斯·韦尔塔·德索托（Jesus Huerta de Soto）①批评了近年来引入的国际会计准则（IAS）。德索托认为，这些指导方针在繁荣时期传递了一种虚假的“财富效应”，导致人们放弃了传统的谨慎原则，因为上涨的证券价格立即被计为收益，这些收益随后被分配，或被当作人为上调证券价格的理由。然而，2008年的危机带来了一场同样不明智的反方向行动。在资产价格和银行资产负债表中许多贷款的价值下跌后，以前为银行创造大量人为利润的“按市值计价”的会计准则再次被抛弃。德索托认为，资产应按成本或市场价值进行估值，以两者中较低者为准。这种谨慎的会计方法将有助于避免许多问题，但我们却错过了引入它的机会。

央行的扩张性货币政策持续的时间越长，上述扭曲越严重。在正常情况下被视为无利可图的项目投资，只有在不可避免的衰退袭来时才会被揭露为不可持续，并得到纠正。即使是一些忽视货币政策趋势和传统经济关系的典型价值投资者，也会成为人为信贷扩张导致的错误经济计算的受害者。

---

① Jesus Huerta de Soto：“Rezessionen，Reformen der Finanzindustrie und die Zukunft des Kapitalismus”. Liberales Institut，Dezember 2010.

让我们来看看上述奥地利学派经济周期理论的经验证明。图6.5显示了美国经济中生产要素的构成，表明了资本品生产支出与消费品生产支出的比率。该比率的上升表明，资本结构逐渐从低阶向高阶扩张。这种现象主要可以用信贷引发的不可持续的繁荣来解释。尽管这一比率无法显示错配的程度有多严重，但很明显，如果资本品生产和消费品生产之间的关系在几年内出现巨大分野，经济就会越来越扭曲。该比率大幅上升后，一旦出现衰退，短期趋势就会逆转。在这一时期，生产结构根据市场参与者的实际消费和储蓄意愿进行部分调整。然而，由于货币政策通常很快就会对衰退做出反应，对以前因投资不当而产生的资本进行重新配置的过程没有充分完成。与普遍的观点相反，这种繁荣实际上是依靠人为扩大信贷来维持的。

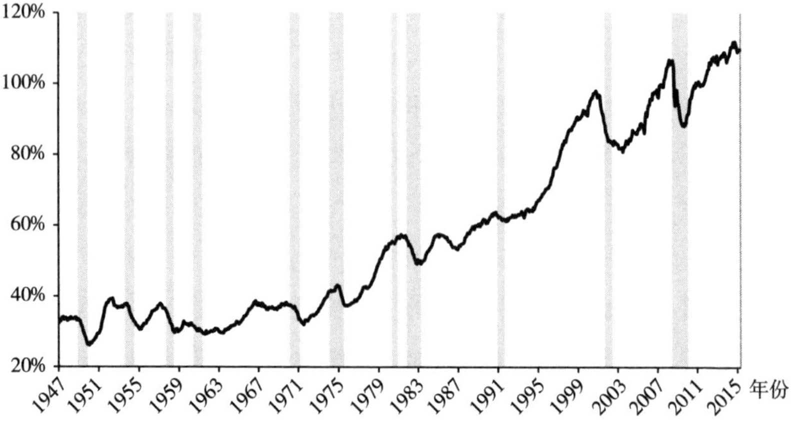

图6.5 资本品与消费品的生产支出比率

资料来源：Federal Reserve St. Louis.

在实践中，投资者可以将这一比率作为一个指标，来判断货币政策是否正在引发繁荣。

经济周期始于货币供应的扩张（见图 6.6 的中间部分）。当繁荣的基础被创造出来，经济周期开始出现。它由新的贷款、不断增加的政府债务所推动。货币供应量的增加开始逐步影响物价水平。不过，这并不一定会导致作为官方统计主要对象的消费品价格的大幅上涨；更多的时候，人们会观察到金融市场中资产价格的上涨。图 6.6 显示了该循环可能产生的结果：一旦不当投资变得明显，根据之前货币供应扩张的持续时间和强烈程度，极有可能发生一连串高风险的连锁反应，它由付款违约并最终破产所构成。这往往会产生通缩效应，并带来两种危险。

一方面，货币供应扩张速度的下降，甚至仅仅是放缓，都可能导致一种影响，即没有足够的资源来完成所有已进行的投资。

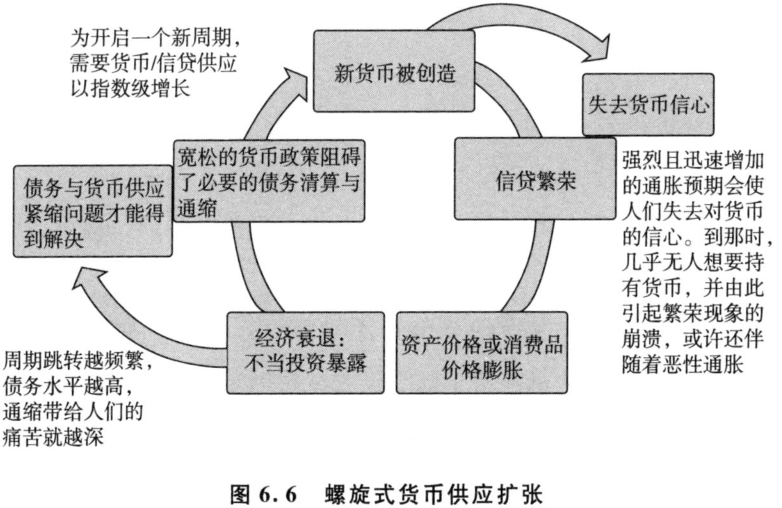

图 6.6　螺旋式货币供应扩张

资料来源：Federal Reserve St. Louis.

另一方面，许多正常的公司或银行极有可能与资不抵债的公司或银行存在业务往来，这导致了额外的呆账。这一过程通常作为实际问题出现在公众辩论中，这往往给人一种印象，即奥地利学派经济学家实际上渴望出现一场危机。实际上，他们只不过是把不可避免且有必要的通缩调整视为这样一个机会：它奠定了实现日益繁荣的基础，且从长期来看，这种繁荣具有可持续性。因此，与主流经济学家相反，他们并不认为经济萧条是一个需要不惜任何代价加以预防的问题，而是把它作为一种“必要的恶”来看待。把繁荣视为上升的错误看法促使货币政策制定者试图避免图 6.6 左下角所示的结果，并给他们保持通胀的激励。毒药被用作良药，且毒药的剂量进一步增加，通缩调整被推迟。对此，哈耶克警告说：

> 通过信贷扩张来对抗萧条，类似于用导致邪恶的手段对抗邪恶：因为我们在生产上受到误导，所以我们希望得到更多的误导—— 一旦信贷扩张结束，这种做法必然会导致更严重的危机。①

繁荣—萧条周期交替得越频繁，市场参与者对央行官员的行为就越敏感，央行官员的每一次皱眉都有可能被解读，从而会影响金融市场的稳定。对于这种情况，我们早已习以为常，不以为奇了。然而，这只是政府制造的不确定性，事实上根本没有必要。市场参与者根据对货币政策决定的预期来使用资源；而这些

---

① Friedrich von Hayek：“Preface to the German Edition Geldtheorie und Konjunkturtheorie（1929）”. In：The Collected Works of F. A. Hayek. Chicago：The University of Chicago Press，2012，p. 55.

预期反过来又会影响决策者。近年来，市场格局发生了根本性变化。自2009年以来，美联储对经济活动的每一次放缓都采取了刺激进一步通胀的措施。由于通胀政策的延续和扩张已被消化，因此可以观察到一个矛盾的情况：

一方面，令人失望的经济数据导致股价上涨，因为之后通胀政策产生的相应扩张已经被考虑在内。

另一方面，好于预期的经济数据往往会导致价格下跌，因为它们暗示了通胀政策可能被放弃。在第一次量化宽松行动开始之前，美联储资产负债表的变化率与标准普尔500指数的相关性为20%。但是，自2009年以来，这种相关性已经上升到86%以上。因此，货币供应扩张甚至超过了企业盈利趋势对股价的影响，现在美联储也承认了这一点。股市对通胀政策的强烈依赖可以从图6.7中看出。一旦通胀政策放缓或停止（或宣布了这样做的计划），股市就会大幅下跌，因此呼吁更多的量化宽松，这种政策的再次实施最终导致市场反弹。

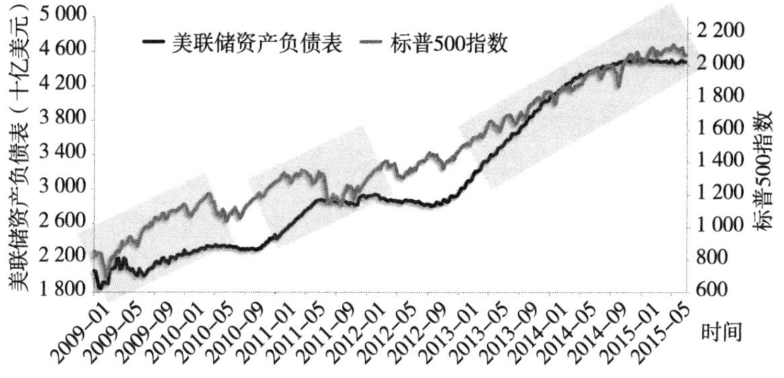

图6.7 美国货币供应量和标普500指数（阴影区域表示量化宽松时期）

资料来源：Federal Reserve St. Louis.

这次股市反弹是人为扩大货币供应所导致的众多影响之一，人为扩大货币供应总是会启动一个经济周期：

> 因此，银行信贷扩张将在经济周期的各个阶段产生：通胀繁荣以货币供应扩张和投资不当为标志；危机爆发于信贷扩张停止、不良投资变得明显之时；而萧条复苏是必要的调整过程，通过这个过程，经济能恢复到满足消费者欲望的最有效方式。①

2001 年的艾伦·格林斯潘（Alan Greenspan）和 2008 年的本·伯南克（Ben Bernanke）为避免短期的痛苦调整所采取的措施，恰恰是以未来出现一场严重得多的衰退为代价，从而阻止了复苏。经济结构不但无法恢复，反而被“止痛药”所淹没。一方面，大量的资金继续被用于无利可图的项目；另一方面，大量投资者持续面临资源短期问题。路德维希·冯·米塞斯曾分析过这种措施必然导致的后果：

> 信贷扩张所带来的繁荣的最终崩溃是无法避免的，唯一能够选择的就是：自愿放弃进一步的信贷扩张，让危机早点出现，还延迟危机的到来，令货币体系最终陷入彻底的灾难。②

---

① Murray Rothbard：America's Great Depression. Auburn，2000，p. 13.

② Ludwig von Mises：Human Action — A Treatise on Economics. Auburn，Alabama：Ludwig von Mises Institute，1998，p. 570.

根据奥地利学派的观点，泡沫的破裂和随之而来的后遗症是此前资本配置不当不可避免的后果，这将在经济衰退中无情地暴露出来。经济衰退的原因是利率水平被人为降低，以及货币供应被央行和商业银行先前为刺激疲软的经济（萎靡的就业数据、低迷的经济增长、接连不断的救助计划等）而人为地过度扩张。从奥地利学派的角度看，与流行的观点相反，经济衰退不是市场经济的负面后果，而是先前实行干预主义所产生影响的必要治愈过程。

繁荣纯粹是一种货币现象，而衰退则代表着一种结构调整。这种结构性问题不可能通过货币政策手段解决。甚至部分主流经济学家也逐渐地认识到了经济增长与货币扩张的因果混淆。罗伯特·卢卡斯（Robert Lucas）（“理性预期”学派的代表）在他的诺贝尔经济学奖获奖演讲中指出，货币扩张只不过是对市场参与者的欺骗。[①] 利率——市场经济的核心价格比率——被伪造，货币作为价值储藏手段的功能逐渐被破坏，这将导致资本错配。卢卡斯认为，货币政策——无论它是扩张性的还是紧缩性的——都无法改变经济产出水平。这也解释了为什么当前存在的问题不能通过货币刺激来解决。有人可能会忍不住认为，这样的经济周期并没有那么糟糕，不过是经济时而表现良好，时而表现稍差。然而，这种观点是完全错误的。不当投资实际上摧毁了真正的财富，而这些财富随后必须被重造。这不仅仅是财富的代际再分配，更是财富被彻底摧毁了。

① Robert Lucas：“Monetary Neutrality”. Journal of Political Economy，vol. 104，no. 4，1995.

坎蒂隆效应

奥地利学派的重要先驱、爱尔兰经济学家理查德·坎蒂隆（Richard Cantillon，1680—1734）是第一个认识到货币非中性的人。他认为货币供应的每一个变化都会改变经济结构。新创造的货币既不是均匀分布，也不是同时分布于个体层面。这意味着，货币供应扩张是一种财富转移，一些人将从价格上涨中受益，而另一些人则受损。较早获得新创造货币的市场参与者，相较于较晚或根本不获得新创造货币的市场参与者而受益。因为前者能够以相对较低的价格购买消费品或资本品，后者则在价格上涨后才能购买。坎蒂隆效应（Cantillon effect）——新创造的货币在特定时刻进入经济并流通——正是货币供应扩张永远不可能是“中性”的原因。

在经济低迷时期，货币供应的扩张很可能无法提高物价。然而，即使在这种情况下，也存在再分配。就算再分配效应并不明显，但事实上，货币供应的增加阻止了价格的下降。如果货币供应没有增加，价格会下降得更严重。因此，一方面，商品价格被人为地保持在高位，生产者受益；另一方面，也正是由于货币供应扩张阻止了商品价格下降和货币购买力提高，消费者受损。**坎蒂隆效应对不富裕阶层的影响最为严重，通胀具有累退税的效果。**

哈耶克曾将坎蒂隆效应比作倒蜂蜜，蜂蜜仅从中心向外圈缓慢溢出，而通胀的影响也是如此传递与分布的。靠近货币创造来源的政府和公司会从中受益，因为它们在额外需求引致价格上升之前就获得了新创造的货币。此外，人们还可以将坎蒂隆效应拓展到国际货币体系。储备货币的发行国——目前为美国——是通胀和坎蒂隆效应的主要受益者。这反映在结构性的贸易逆差上：美国出口美元，又从世界各地进口实际商品和服务来作为交换。

根据奥地利学派的经济周期理论，在通胀过程中，资本品价格上涨（资产价格膨胀）往往先于消费品价格上涨。正如许多例子所显示的那样，目前资产价格膨胀泛滥。近年来，古董、美酒、房地产和股票的价格都大幅上涨。其中，艺术品市场表现最为明显：1980 年，世界上最昂贵的画作交易价格为 640 万美元；此后，价格开始呈指数级上涨，毕加索的《拿烟斗的男孩》在拍卖中最先突破了 1 亿美元的门槛；直到最近，塞尚的《玩纸牌者》又以 2.6 亿美元的价格成为最昂贵的画作；不过，该纪录在 2015 年 2 月被保罗·高更的《你何时结婚?》以 3 亿美元的价格打破。亿万富翁的数量同样也是通胀的一个明显指标：20 世纪 70 年代没有一位亿万富翁；80 年代有 8 位亿万富翁；而根据《福布斯》的统计，目前亿万富翁的数量超过 1 400 人。这种现象的原因在于资产价值的逐渐膨胀以及相关的坎蒂隆效应。图 6.8 也显示了这一点。

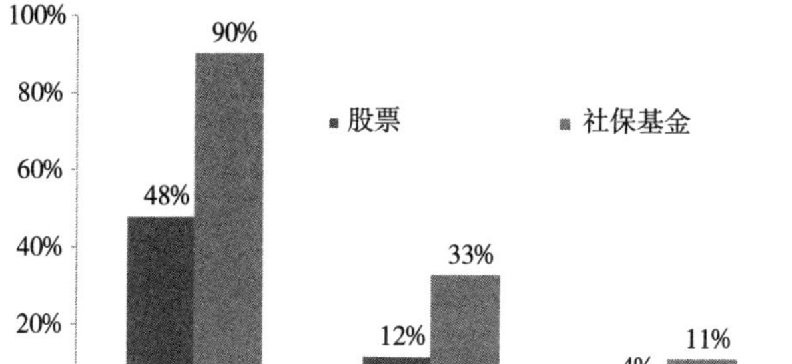

图 6.8 坎蒂隆效应——不同收入阶层的股票持有情况

资料来源：Incrementum AG.

美联储总是用所谓的财富效应来为其印钞计划辩护。美联储官员的观点是，由于股票和房地产的价格上涨，私人财富不断增加，每月收入的很大一部分可用于私人消费。就这样，资产价值的膨胀被当作炫耀性享乐消费的理由。然而，就连凯恩斯也意识到了货币长期贬值的后果：

> 通过持续的通胀过程，政府可以秘密地、任意地没收公民财富的重要组成部分而不被发现。这一过程让绝大多数人变得贫穷，但实际上也让一些人变得富有……体制为之带来意外之财的那些人变成了“奸商”，他们是仇恨的对象……获取财富的过程堕落为赌博和买彩票……列宁当然是对的。要颠覆现有的社会基础，没有比使货币堕落更微妙、更可靠的方法了。这一过程动用了经济规律中所有隐藏的力量，使之站在破坏的一边，并以百万分之一的人都难以察觉的方式进行。①

人们热议的收入分配差距问题正在加剧，并导致社会矛盾日益加剧。从 1979 年到 2011 年，平均家庭收入增长了 64%，而 1%的上层家庭的收入增长了近 300%，20%的低收入家庭的收入仅增长了 18%。这种财富集中度的强劲上升体现于许多国家的基尼系数达到创纪录的高度。这意味着收入水平最高和最低的极端情况变得越来越明显，而传统中产阶级的占比却在下降。

美国目前的基尼系数与 20 世纪 20 年代末大萧条前夕的水平

---

① John Maynard Keynes：The Economic Consequences of the Peace. 1919，ch. 6，p. 235.

相同，但这并非巧合，因为当时快速的通胀导致了一场人为的繁荣和相关的资产价值膨胀。而在当今“大到不能倒”的范式框架下，道德风险（即明知一旦出了问题就会得到救助而投身高风险投资的诱惑）增强，财富再分配的势头进一步增强。不平等程度的加剧也体现在高管薪酬与普通员工薪酬的比率上。1980年，首席执行官的收入大约是员工平均工资的24倍，而目前经理人的工资是员工平均工资的425倍。这绝对是部分准备金制度的结果，尤其是坎蒂隆效应的结果，在经理人的案例中被“晕轮效应”增强。

摩天大楼指数

城市规划者的狂妄能被视为资源错配的可靠警告吗？安德鲁·劳伦斯（Andrew Lawrence）于1999年提出摩天大楼指数（skyscraper index），试图回答这个问题。他在《摩天大楼指数：有缺陷的大楼》中，首次系统地研究了摩天大楼的建造与经济周期之间的联系。[①] 在此基础上，马克·桑顿于2005年对这一理念的进一步发展做出了重要贡献。[②] 他将劳伦斯的思想融入以奥地利学派经济周期理论为基础的经济框架，并分析得出这样的结论，即摩天大楼指数确实代表了一个可靠的警告信号——繁荣幻灭：

① Andrew Lawrence：“The Skyscraper Index：Faulty Towers”. Property Report. Dresdner Kleinwort Wasserstein Research，1/15/1999.

② Mark Thornton：“Skyscrapers and Business Cycles”. The Quarterly Journal of Austrian Economics，vol. 8，no. 1，2005，pp. 51—74.

> 世界最高建筑的建造情况是一个用于判断严重经济衰退是否开始的不错指标。①

然而，许多批评人士认为摩天大楼指数仅代表一种虚假的相关性。那么，世界最高建筑的建设究竟是如何引发经济衰退的呢？当然，摩天大楼本身并不对经济衰退起决定性作用。正如下文将展示的，摩天大楼的建造主要代表了货币供应的强劲扩张、经济周期、城市规划者的狂妄，以及随之而来的金融危机之间的经济依存关系。摩天大楼本身并不是研究对象，它仅仅代表着一种在人为创造的繁荣时期结束时经常能观察到的“症状”。许多摩天大楼项目的盲目性，明显证明了奥地利学派经济周期理论的正确性。如上文所述，正是对利率水平和货币供应增长的干预，严重扭曲了经济参与者的行为动机。通过参考坎蒂隆效应及其推论，桑顿的专著成功地证明了摩天大楼指数在这些行为动机方面的理论有效性。他从坎蒂隆效应中得出了三个进一步的效应，这三个效应与坎蒂隆效应相关，因为它们导致了相同的结果，即实际财富的再分配。这三个效应需要结合起来研究，因为它们不是相互独立的，而是相互加强的。

第一个效应是关于利率对土地和资本价值的影响。由于利率下降导致购买房地产的机会成本降低，房地产更具吸引力。在其他条件不变的情况下，利率的下降将导致对房地产和土地的需求上升。因此，房地产价格将会上涨。

第二个效应是低利率对公司规模的影响。低利率不仅扩大了

① Mark Thornton：“Skyscrapers and Business Cycles”. The Quarterly Journal of Austrian Economics，vol. 8，no. 1，2005，pp. 51－74.

公司的规模，还降低了资本品的融资成本。对资本品的长期投资似乎是可行的，企业家和投机者的信心增强了。随着周期的持续，过度投机和对经济的无知会同时增加。一种“这次一切都不一样了”的心态开始占据主导地位，这最终为建设狂妄自大的项目提供了理由。

第三个效应涉及创新技术与建造更高建筑之间的联系。不仅是越来越高的摩天大楼，资本密集型生产过程也总是需要采用新的方法以成功地在市场上实现。此外，其他一些问题也需要创新技术发展，如工程和施工问题，以及环境、交通和通信问题，如需要建造更快的电梯，或在迄今未达到的高度建造时考虑各种环境影响等。

从坎蒂隆效应分析得出的三个效应为摩天大楼指数提供了一个令人信服的解释。最高建筑的建设说明了资源的低效分配和对未来的乐观评价。在繁荣时期，企业家和投机者的信心、兴奋和傲慢同时达到了顶峰，但由于准备和建设的时间很长，投资和建设的决策往往是在接近或正处于繁荣顶峰时做出的，而建筑的完工往往发生在随后的大萧条期间。

尽管该指数不能精确地预测每一次衰退，如 20 世纪 90 年代的日本危机，但大体上，该指数还是显示出非常高的命中率。借助该指数可以发现令人印象深刻的历史事件之间的相关性。如胜家大楼（1906—1908）和大都会人寿大厦（1907—1909）的建造遭逢 1907 年美国银行业危机；1930 年的克莱斯勒大厦和 1931 年的帝国大厦相继落成于大萧条期间（由于帝国大厦在 20 世纪 50 年代之前一直空置着，它还曾在很长一段时间里被称为“空国大厦”）；纽约世贸中心一号楼和二号楼以及西尔斯大厦

（如今的芝加哥威利斯大厦）相继竣工于 1972 年、1973 年和 1974 年，当时正逢 20 世纪 70 年代的石油危机；吉隆坡的双子塔于 1997 年竣工，此时正值亚洲金融危机开始。表 6.1 总结了这些以及其他的相关例子。

表 6.1　世界最高建筑与经济危机

竣工时间	建筑物	城市	高度	楼层	经济危机
1908 年	胜家大楼	纽约	186 米	47	1907 年美国银行业危机
1909 年	大都会人寿大厦	纽约	213 米	50	1907 年美国银行业危机
1913 年	吾尔沃斯大楼	纽约	241 米	57	—
1929 年	华尔街 40 号	纽约	282 米	71	大萧条
1930 年	克莱斯勒大厦	纽约	318 米	77	大萧条
1931 年	帝国大厦	纽约	318 米	102	大萧条
1972/1973 年	世贸中心	纽约	416 米	110	20 世纪 70 年代滞胀
1974 年	西尔斯大厦	芝加哥	441 米	110	20 世纪 70 年代滞胀
1997 年	双子塔	吉隆坡	452 米	88	1997 年亚洲金融危机

资料来源：Mark Thornton：Skyscrapers and Business Cycles.

还有一些与 2008 年金融危机相关的巧合性事件也同样令人震惊。欧洲最高的三座摩天大楼在马德里建成之际，西班牙房地产泡沫破灭。[①] 当前世界最高的建筑——哈利法塔，开工于 2004

① "Hybris lässt grüßen". Institutional Money Online，1/2010.

年，完工于2010年。尽管迪拜王室最初希望自行出资建成该大楼，但由于其国有企业迪拜世界已开始经历金融危机带来的财务困难，阿布扎比酋长国不得不协助注入资金。①

目前，印度和中国在建设摩天大楼上的计划与行动尤其引人注目。这两国都计划在不久的将来建成大批摩天大楼，以备劳动力流入城市之需。在未来的六年里，仅中国就打算完成目前全球在建的124座摩天大楼中的一半。表6.2显示，不仅是摩天大楼的数量，其平均高度也在不断增加。根据巴克莱摩天大楼指数，中国的摩天大楼除了规模和数量会发生变化，其地理分布也将发生改变。过去摩天大楼主要建在一、二线城市，但未来将主要建在三线城市。

就目前而言，中国最高的建筑是建成于2014年的上海中心大厦，这座耗资24亿美元、高达632米的大厦，同时还是世界上第二高的建筑。在不久的将来，在10座世界最高的摩天大楼中将有5座位于中国，在20座世界最高的摩天大楼中将有14座位于中国（见表6.2）。

表6.2　世界上最高的建筑

序号	建筑物	城市	高度	（计划）竣工时间	用途
1	王国塔	吉达（沙特阿拉伯）	1000米	2019年	写字楼/酒店/住宅
2	哈利法塔	迪拜（阿拉伯联合酋长国）	828米	2010年	写字楼/酒店/住宅

① “Abu Dhabi stützt Dubai in letzter Minute”. Frankfurter Allgemeine Zeitung, 14/12/2009.

续表

序号	建筑物	城市	高度	（计划）竣工时间	用途
3	平安国际金融中心	深圳（中国）	660 米	2017 年	写字楼
4	武汉绿地中心	武汉（中国）	636 米	2017 年	写字楼/酒店/住宅
5	上海中心大厦	上海（中国）	632 米	2015 年	写字楼/酒店
6	麦加皇家钟塔	麦加（沙特阿拉伯）	601 米	2012 年	酒店/其他
7	高银金融 117	天津（中国）	597 米	2016 年	写字楼/酒店
8	乐天世界大厦	首尔（韩国）	555 米	2016 年	写字楼/酒店
9	世贸中心	纽约（美国）	541 米	2014 年	写字楼
10	广州周大福金融中心	广州（中国）	530 米	2017 年	写字楼/酒店/住宅
11	天津周大福金融中心	天津（中国）	530 米	2017 年	写字楼/酒店/住宅
12	中国尊	北京（中国）	528 米	2018 年	写字楼
13	台北 101 大楼	台北（中国）	508 米	2004 年	写字楼
14	上海环球金融中心	上海（中国）	492 米	2008 年	写字楼/酒店
15	国际金融中心	香港（中国）	482 米	2010 年	写字楼/酒店
16	国贸中心	重庆（中国）	469 米	2018 年	写字楼/酒店
17	富力广东大厦	天津（中国）	468 米	2017 年	写字楼/酒店/住宅
18	拉赫塔中心	圣彼得堡（俄罗斯）	463 米	2018 年	写字楼

资料来源：Mark Thornton：Skyscrapers and Business Cycles.

摩天大楼指数的创始人安德鲁·劳伦斯对中国的形势评论如下：

摩天大楼指数在过去的150年中，体现了全球最高建筑与经济衰退之间的良好相关性……对中国来说，该相关性没有理由会发生改变。①

房价与年收入之比在不同地区的情况见图6.9。

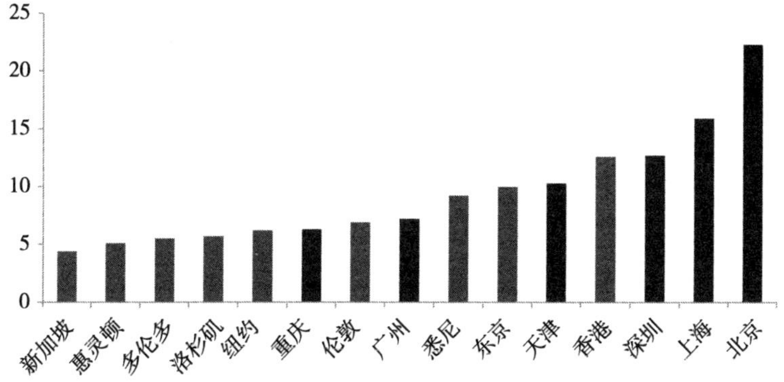

图6.9　房价与年收入之比：中国的房地产泡沫？

资料来源：《全球金融稳定报告：追求持久的稳定》（国际货币基金组织，2012年4月）；Incrementum AG。

在印度，大型建设项目也在进行中：在未来五年内，印度将建造14座摩天大楼；高达718米的印度塔将成为世界上第二高的建筑，尽管这个动工于2010年的工程曾在2011年中断过。

除了中国和印度的项目之外，致力于成为世界上最高建筑的

① Inocencio，Rami. “Could world's tallest building bring China to its knees?”，CNN，08/06/2013，accessed 04/15/2015，http：//edition. cnn. com/2013/08/05/business/china-sky-city-skyscraper-index/.

王国塔和阿塞拜疆塔也备受关注。沙特阿拉伯的王国塔在 2013 年就开始建设了，当时预计在 2018 年底将达到令人难以置信的 1 000 米高。阿塞拜疆塔项目当时计划于 2015 年开工，2019 年完工。该项目虽然仍在规划阶段，但据称其建成高度应该会达到 1 050 米。同时，该建设项目还包括在里海建造 41 座人工岛，而摩天大楼将建在人工岛上。届时，阿塞拜疆将成为“里海的迪拜”。

如果高层建筑是基于对空间的强烈需求和高昂的土地价格而建造的，那么在建筑的整个生命周期中，利润将会非常丰厚。然而，如果这样的建筑只是“一个国家的伟大和骄傲”的象征，它就敲响了警钟。摩天大楼指数不仅揭示了经济衰退与在建摩天大楼之间的相关性，还揭示了经济衰退与摩天大楼高度之间的相关性。因此，中国和印度目前的情形应该成为对投资者的一个警告，即过热的局面将可能到来。在中国，不仅处于规划阶段和在建阶段的摩天大楼的数量在增加，其平均高度也在增加。

在这种背景下，油价尤其值得关注。近年来，石油和天然气价格将保持高位的美梦突然破灭。考虑到阿塞拜疆的石油和天然气行业占 GDP 的 50%，在这种情况下，摩天大楼指数还可以解读为油价的长期预警信号。

第七章
经济现象

“我们被困于人为繁荣、滞胀和衰退这三种潜在经济类型的更新迭代中。如果要回到事物的自然状态，则必先经历衰退过程。在衰退期间，不可持续的资本结构将被清算，从而释放资源以实现更好的就业。”

恶性通胀与恶性通缩

信用媒介的扩张——通货膨胀——不能任意地持续下去。当大多数人在某个时刻意识到货币不再作为价值储藏工具而有用时，收入和储蓄将越来越多地用于消费和投资——这种不再用于价值储藏的货币将被“去储藏”，这会使货币的购买力进一步下降。这时，一种自我强化的螺旋可能会开始运转，货币的流通速度激增——每个人都试图尽可能快地将货币出手，最终导致恶性通货膨胀。即使是最天真无知的人，最终也会意识到，一旦纸币的热值开始超过其购买力，纸币就将开始崩溃。这时，人们或将货币投入火炉，或用作墙纸。路德维希·冯·米塞斯指出：

只有通货膨胀即将结束的观点普遍流行时，通货膨胀政

> 策才能继续下去；一旦通货膨胀不会结束的信念根深蒂固，恐慌就会爆发。①

仅在20世纪就发生了25次恶性通货膨胀。其中最著名的一次发生在1923年的魏玛共和国，第一次世界大战引致的政府破产在印刷机的帮助下被推迟了。与奥地利学派所有的追随者一样，先知般的观察者费利克斯·索马利也希望政府破产，因为通货膨胀类似于永久性的血液中毒，而破产相当于对此进行一次外科手术。我们的近代史证明了这种血液中毒的后果：

> 因此，欺骗储蓄者成了一句爱国格言，在整整一代人的时间里鲜少被中断或被指正；由于通货膨胀，也就是说，没有法律与不受限制的征收，希特勒主义产生了。当我们最初发出警告时，我们被嘲笑为自大的有钱人、卑鄙的金融家，被谴责为悲观主义者。但是，实际后果的可怕程度远远超过了最深刻的悲观情绪。②

我们在历史上发现了这种模式：战争和福利导致政府过度负债，而政府通过保持名义偿付能力和实际没收其债权人财产来避免破产。如果没有通货膨胀政策，大规模的世界大战将可能会因为缺乏资金而不得不在短期内结束。

---

① Ludwig von Mises："Die Goldwährung und Ihre Gegner". Part 1. Neue Freie Presse，12/25/1931.

② Felix Somary：Erinnerungen Eines Politischen Meteorologen. München：Matthes & Seitz，1994（1955），p. 145.

浏览历史书，就会发现历史与现实之间惊人的相似。如果不广泛地分析政府政策，就不能分析货币政策。毕竟，从本质上讲，通货膨胀不是一个经济问题，而是一个政治问题。尼古拉·哥白尼（Nicolaus Copernicus）曾警告说：

> 虽然有无数的祸害使王国、公国和共和国感到脆弱，但最重要的四大问题（在我看来）是纠纷、（不正常的）死亡、贫瘠的土地和货币的贬值。前三个问题是如此明显，没有人不知道它们的存在。但第四个问题涉及金钱，它以某种隐蔽的方式逐渐破坏一个国家，少有人或只有最有远见的人才会考虑这一问题。①

在古代，通货膨胀这个背信弃义的目标是通过降低贵金属的含量或硬币的重量来实现的。因此，最大的罗马硬币的重量从10.5克（公元前20年）下降到0.77克（公元260年）。为了给“面包和马戏”，以及罗马过于庞大的官僚机构和不断增长的军事开支提供资金，银币的含银量也逐渐降低。在公元前1世纪，一德纳留斯银币的含银量仍然接近95％，而到公元286年，含银量仅为0.02％。

低税收时期的古罗马是繁荣昌盛的。然而，随着时间的推移，它的统治者开始通过行贿来获取公民的支持，行政冗余、过度管控以及税收增加逐渐破坏了政府预算。据统计，在罗马人口达到约100万时，有30万左右公民享受免费的小麦和面

① Nicolaus Copernicus：Monete Cudende Ratio－Essay on the Coinage of Money，1526.

包。随着罗马逐渐变成一个福利国家，其通货膨胀程度在 3 世纪达到了顶峰，尤其是戴克里先皇帝（Emperor Diocletianus，284—305 年）竟借助通货膨胀来实现其目的。原本提高税收就是为了给军队提供资金以免受“野蛮人”侵扰；然而，戴克里先通过降低硬币中贵金属的含量，以及发行铜币，大大增加了货币供应量。公元 301 年，戴克里先发布了著名的价格法令，固定了商品和服务的价格（类似于最近发生在委内瑞拉和阿根廷的情况）。任何人若被发现违反规定，即提供超过固定价格的商品或不再提供任何商品，将面临死刑。戴克里先认为投机者和囤积商品是物价膨胀的罪魁祸首，但这一观点很显然是错误的。由于价格上涨的实际原因并未有针对性地得到解决，严厉的惩罚自然收效甚微。

这导致了历史上第一次记录在册的恶性通货膨胀。公元 301 年，1 镑黄金的价格为 5 万迪纳里，而 50 年后，其价格上涨到 21.2 亿迪纳里，上涨了 4.2 万倍；以埃及小麦价格衡量的通货膨胀率在一个世纪内上升了 150 倍左右。在公元 305 年，戴克里先统治结束时，他的价格法令开始被广泛忽视。该法令试图将青铜和铜币的价值提高一倍，并为 1 000 多种不同的商品设定最高价格，也设定了工资。这一法令造成了巨大的经济混乱，尽管当时人们对经济理论不甚了解，但该法令遭到了尼科美底亚（今土耳其境内）的拉克坦提乌斯（Lactantius）的批评，他指责皇帝造成了通货膨胀的局面，并指出对价格的篡改导致了暴力和流血。罗马帝国的衰落证明，日益增长的官僚主义和资源分配不当最终会导致通货膨胀以及彻底的崩溃。

瑞士经济学家彼得·伯恩霍尔兹（Peter Bernholz）在一项研

究中，大量地比较了自罗马时代至今历史上的恶性通货膨胀事件的性质。① 他具体地分析了其中29起恶性通货膨胀事件，并指出一系列的原因：货币供应膨胀、汇率贬值、预算赤字，以及货币替代的各个阶段。伯恩霍尔兹的研究特别强调政治在恶性通货膨胀时期的作用，以及在价格强劲上涨环境下货币替代的阶段模型。根据伯恩霍尔兹的观点，所有的恶性通货膨胀事件都是在纸币体系下发生的，在全球范围内，鲜有央行增加货币供应却没有导致物价上涨（例如日本）。金本位或金银复本位时期的通货膨胀倾向远低于纸币时期。伯恩霍尔兹认为，尽管历史上没有任何例子直接表明，基于过度公共债务而产生的货币创造导致了恶性通货膨胀；但事实上，占政府支出40%的预算赤字几乎肯定会导致恶性通货膨胀。这时，统治阶层陷入了两难境地：一方面他们试图通过额外的货币刺激来“提振经济”，另一方面他们又试图为预算赤字融资。

然而，根据“坦齐定律”（Tanzi's Law），在这一阶段预算赤字往往会迅速增加。即在通货膨胀率上升时，如果税收收入不能以相应的速度增长，那么预算赤字肯定会增长得更快。这是因为需要纳税的交易与税收支付之间往往相隔较长的时间，在高通货膨胀率时期，这些税收收入的实际价值会大幅下降。例如，销售税与所得税的支付通常会延迟几个月，如果通货膨胀率很高，它们的价值就会大幅下降。

与许多其他经济现象相似，高通货膨胀也会缓慢地积累，而一旦达到某个阈值，其趋势就会急剧加速。格雷欣定律（Gresham's

① Peter Bernholz：Monetary Regimes and Inflation. History，Economic and Political Relationships. Aldershot：Edward Elgar，2006.

Law）只适用于通货膨胀的早期阶段，此时政府试图捍卫在金银复本位下的固定价值比率。在后面的阶段，人们通常会逃向实际资产，如房地产（“由混凝土制成的黄金”）或黄金等。根据“蒂尔定律”（Thier's Law），流通速度加快时，一些市场参与者将回归易货交易，膨胀的货币供应的实际价值会迅速下降。蒂尔定律——也被称为“反格雷欣定律”——指出，由于货币贬值的速度越来越快，人们对该货币的接受度会突然下降。但稳定支付方式的缺乏，日益导致贸易和生产的混乱以及使用外币作为支付手段。最终，人们会选择使用他们认为最具稳定性的货币。

如“美元化”就是一个具体的例子，东欧剧变后，美元（或德国马克）的使用增加。又如在津巴布韦通货膨胀的最后阶段，人们只能拿着他们那印着数万亿数字但却毫无价值的货币作为包装纸，最终，津巴布韦币因丧失交易媒介作用而被美元和南非兰特取代，于2009年被停用。

我们目前的体系显然存在“通货膨胀倾向”。这意味着，分散性的刺激措施和选举承诺是扩大货币供应的基本前提。减少货币供应虽然在技术上似乎很容易实现，但在政治上却很难实现。伯恩霍尔兹指出，许多央行行长低估了他们在停止经济刺激措施以及减少央行货币余额时所承受的心理压力。经济对廉价流动性的巨大依赖意味着，一旦刺激措施减少，衰退风险将大幅上升，这反过来又给央行行长带来了政治压力。

如果经济环境稍有改善，民众信心增强，就应迅速加息并减少货币供应。然而，从现实政治的角度来看，来自媒体和民众的压力使得这不太可能实行。与“缩减量化宽松”（美国第三阶段量化宽松政策的逐步缩减）相伴的辩论就体现了这一点。因此，不能排除目前货币体系将以恶性通货膨胀结束的可能性。此外，通货紧缩那令人不安的副作用还将显著增大中期内人们在不兑现的纸币信用体系下采取大量通货膨胀措施以“战胜”通货紧缩压力的可能性。在未来，央行通过商业银行进一步扩张信贷的能力似乎会显著增强。

随着时间的推移，央行将越来越难以控制通货膨胀和通货紧缩之间的平衡。由于货币的“地壳构造”效应，投资者应该为即将到来的更强烈的通货膨胀和通货紧缩的爆发做好准备，以确保每一项投资策略都能灵活地应对通货膨胀制度的变化。

图 7.1 的矩阵对当前的经济情形进行分类，并尽可能多地描述可能出现的发展情景。图中展示了按增长率和通货膨胀率划分的不同经济发展情景。目前，我们被困于人为繁荣、滞胀和衰退这三种潜在的经济发展情景的更新迭代中，不知未来究竟如何。经济发展不可能直接达到自然状态，人为制造的经济繁荣泡沫必将破灭，为此必然先经历衰退。在衰退期间，不可持续的资本结构将被清理整顿，从而释放资源让其得到更好运用。

不过，到目前为止，当政者还是选择了“再通胀”，即用更多新创造的货币来维持人为繁荣。更让人惊讶的是，在该过程中，贵金属价格既没有大幅上涨，也没有间歇性地下跌。通货膨胀和通货紧缩并不是对立的，而是政治干预中相伴而生、相互依存的两个方面。归根结底，黄金和白银的价格下跌只是央行政策引发的通货紧缩的暗流所产生的一个征兆。

这可能显得自相矛盾，需要做出一个解释：只有注入经济的资金真正进入实体经济（real economy），再通胀（reflationary）

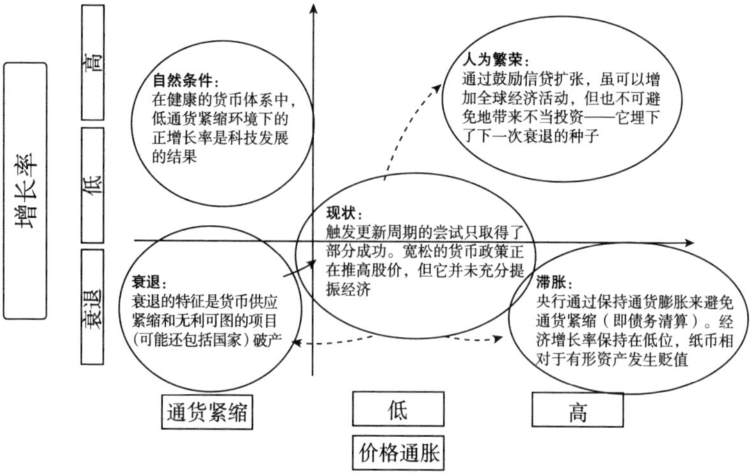

图 7.1　不同经济发展前景及其对通货膨胀和增长率的影响

政策才能实现其目标；暂时性地向市场提供流动性而后又收回，该目标则永远无法实现。正如奥地利学派所精确解释的那样：暂时性地向市场提供流动性有益于实体经济只是央行官员的傲慢观点，货币所造成的扭曲是无法通过中央计划的货币政策来解决的。就像人体会因经常性地暴饮暴食与忍饥挨饿的交替而死亡一样，这种不可持续的货币贪食症也会损害实体经济。

然而，为什么投入货币力量却连短期经济目标都无法实现呢？前面提到只有新创造的货币被投资于流动性较低的具体资本品，它才能到达实体经济。如果这些新资金被投资于高流动性资产，那么这些资金只是“停放”起来，并没有真正进入实体经济。所以理解这一悖论就要认识到：政策的通胀性越强，持有纯金融资产的溢价就越大。如果实际利率趋于零，金融资产的价格似乎就会奔着无限的高度上升。现在货币“停放”不仅不涉及成本，甚至还可以赚取“溢价”，并出现越来越多的“货币停车位”。因此，流通媒介被排除在实体经济之外（这包括囤积实际储蓄），以获得看似无风险的溢价。最终，通货膨胀政策产生了通货紧缩的暗流，将实际资本和实际储蓄吸纳到金融资产中。正如安塔尔·费克特所解释的那样，恶性通货膨胀和恶性通货紧缩只是同一钟摆的两个极端：

> 起初，钟摆朝着无限高的利率摆动，以恶性通货膨胀威胁美元。现在，钟摆正朝另一个极端即零利率摆动，这意味着恶性通货紧缩将与20世纪80年代初无限高的利率一样对生产者造成伤害。我们无法预测破坏者的摆锤摆向一个极端或另一个极端是否会使世界经济崩溃。恶性通货膨胀和恶性通货紧缩只是同一现象——信用崩溃的两种不同形式。争论两种形式谁占主导地位是徒劳的，这只会模糊调查的焦点，并使避免灾难的努力落空。与此同时，破坏者的摆锤还在不停摆动，幅度更大，甚至更有力。①

通货紧缩也可能伴随着某些商品的价格上涨。尤其是那些日益从通货膨胀指数中被剔除的商品，如食品和能源等生活必需品。最终，正如前文所述，通货紧缩和通货膨胀之间会存在一场拉锯战。在大多数情况下，恶性通货膨胀与政府财政即税收的崩溃相伴而行；而恶性通货紧缩则伴随着账面价值的注销和资产负债表的破坏——

① Antal Fekete：“Monetary Economics 101：The Real Bills Doctrine of Adam Smith. Lecture 10：The Revolt of Quality”. Memorial University of Newfoundland，St. John's，Canada 2002.

价格下跌和大规模破产。央行能以比泡沫破裂更快的速度吹起新的泡沫吗？没有经济学家能回答这个问题。在具体情况下，人们最多只能遵循经济指标。这些指标展现了人为制造波动的邪恶。

滞胀

“滞胀”一词是“停滞”和“通货膨胀”两个词的合成词，指经济停滞（经济增长率下降，失业率高）和通货膨胀（物价上涨）同时发生的经济状况。该词被创造于20世纪70年代持续的经济危机期间，当时美国同时经历物价飞涨和经济收缩。在此之前，大多数主流经济学家认为经济停滞与通货膨胀同时存在的经济现象是不存在的。

然而，早在20世纪60年代，英国和美国就出现过滞胀现象了。当时，美联储认为失业率和通货膨胀之间存在着稳定的反比关系，其货币政策的目标就是刺激人们对商品和服务的整体需求，以及维持低失业率。因此，在当时的经济学家眼中，唯一需要权衡的就是通货膨胀率上升——尽管程度可控。

事实上，由高通货膨胀（代表家庭和企业之间工资和物价上涨的调整过程）引起的工资-物价螺旋并不是20世纪70年代严重滞胀的导火索。十年间，通货膨胀率急剧上升，这种转变实际上对资本市场和投资者的实际回报产生了严重影响。由于20世纪70年代的货币通胀（以及随后的价格通胀），这十年的债券和股票回报低于平均水平，而大宗商品和贵金属收益则出现了反弹。持续的通货膨胀导致人们在1979—1980年纷纷逃离美元，当时在国际上还很年轻的纸币美元遭遇了严重的信心危机。直到新任美联储主席保罗·沃尔克领导货币政策改革，才成功化解了这场货币危机。但又由于沃尔克大幅提高利率，美国经济遭受了自大萧条以来最严重的衰退。

根据主流经济学，滞胀通常是供应冲击（价格冲击）的结果，由于成本压力的上升，供应冲击会影响价格的总体水平。大幅上升的投入成本（如能源价格）促使企业家提高了销售价格。在整体需求保持不变的情况下，销售就会开始下降，最终导致产量下降，从而导致企业解雇员工。在凯恩斯经济学理论中，菲利普斯曲线假定经济增长（对应失业的减少）与通货膨胀之间存在正比关系：当失业率低时通货膨胀率上升，失业率高时通货膨胀率下降，强劲的就业与经济增长齐头并进。因此，根据该曲线，高通货膨胀率会导致强劲的经济增长，滞胀是不可能发生的。

凯恩斯主义的一个替代性概念是货币主义。凯恩斯主义经济政策常被称为需求导向的经济政策，而货币主义的代表性政策是供给导向的经济政策。货币主义者用货币供应过剩而不是需求影响来解释通货膨胀，借助欧文·费雪的数量方程，他们认为，货币供应量的增加确实会导致价格通胀与高失业率同时出现。货币主义者强调，货币供应量的增加既有价格效应，也有数量效应。如果一个经济体中存在闲置的产能，货币供应量的增加就会导致这些产能被利用（数量效应），企业为此雇用新的工人，失业率下降；但如果没有闲置的产能，货币供应量的增加则只表现为价格水平的上升。

可以观察到，目前的形势与滞胀刚开始之际有部分相似之处。一方面，日本的经济史可能预示着未来经济增长的停滞。日本的情况表明，过去实施的凯恩斯主义财政政策不仅无法缓解持续的经济停滞，反而使日本政府积累了巨大的债务负担。在这种不成功的情况下，现在人们竟试图“用魔法打败魔法”——利用凯恩斯主义的逻辑（这种逻辑认为，凯恩斯主义方法本身是正确的，只是没有被恰当地运用），通过采取由宽松货币政策支持的更大规模刺激计划（这被称为“安倍经济学”）。另一方面，欧洲外围国家的高失业率也可能预示着其他国家将面临高失业率。而这些失业率正是信贷扩张所造成的人为繁荣的结果。

我们观察到，尽管历史上前所未有的大量额外资金被注入市场（美联储的量化宽松，欧洲央行和日本央行的证券购买），但价格指数目前尚未显示通胀上升。这可能是因为官方价格指数不包括经济的重要部分（房地产和资本市场）。当下各个部门的高负债率（政府、银行、家庭和企业）与人们对通缩的恐惧叠加，表明货币供应将更大幅度地扩张。因此，不能排除滞胀的威胁。一旦政府债券利率上升，加上经济增长普遍疲软、失业率居高不下，届时美梦将破灭。

那么，在滞胀时期，投资者该如何找准定位？以史为镜，表7.1所示的1966年至1981年（此处年份与表7.1不一致，怀疑原文有误——译注）滞胀时期不同类别资产的名义回报率与实际回报率，或许能够帮助我们找到相应的重要信息。

表7.1　1966年至1982年滞胀时期不同资产类别的名义回报率和实际回报率

	名义回报率	实际回报率
标准普尔500指数	5.90%	−1.10%
长期公司债	2.90%	−4.10%
长期国债	2.50%	−4.50%
国际政府债券	5.80%	−1.20%
国库券	6.80%	−0.2%
通胀率	7.00%	

资料来源：Datastream.

如前所述，在滞胀时期，失业率上升很可能导致人们对商品和服务的需求下降，且高通胀率往往超过了大多数投资的回报率。投资者最重要的任务就是彻底分析哪些证券的收益率能够在这样的环境下跟上通胀率，甚至可能超过通胀率。因此，那些能够安然度过危机甚至能从危机中受益的公司将极具吸引力。它们往往分布在生活必需品行业，包括石油、电力、食品和医疗保健等。这是因为，这些行业的公司能够在危机时刻根据通胀率调整其价格，而不必担心需求的下降，从而预计将能安然无恙地度过危机。在确定行业之后，第二步就是基本面分析，即从潜在的候选公司中挑选出那些资产负债表良好、增长潜力良好、价格合理的公司。尽管不动产（房地产等）常被认为是一种天然的通胀对冲工具，但我们也应该用批判的眼光加以审视。因为滞胀不仅包含通胀，还包含高失业率和增长停滞，那些主要用于工业生产的商品——特别是木材、铜、锡和铝——将会面临价格压力。

黄金也可以被视为一种天然的通胀对冲工具。由于工业生产中黄金的使用量相对较少，我们认为它将产生比上述商品更好的回报。然而，在严重的危机形势下具体会发生什么情况是很难评估的。一方面，黄金可能会恢复其货币功能，另一方面，对石油、化肥和种子等生存所必需的大宗商品的需求可能会超过对黄金和白银等贵金属的需求。

ETF（交易所交易基金）和反向 ETF 提供了另一种可能性，前者有助于在滞胀期间从重要商品可能的价格上涨中获益，后者则有助于从弱势公司股价的下跌中获益。至于通胀保值证券（inflation protected securities，TIPs），我们持保留意见。尽管它们的优势在于其收益率的增长与通胀率的上升保持一致，表面上看起来是提供通胀保值的投资。然而，其缺点是主要的。这是因为其收益率与核心通胀率的趋势密切相关，而核心通胀率不包括食品和能源，但在滞胀环境中这部分商品的价格往往上升得特别强劲。此外，资本保护功能只适用于债券到期时。在中间阶段，价格往往会出现重大的波动，导致这些债券有时能以远低于面值的价格交易。最后，通胀保值证券对私人投资者来说通常是昂贵的（买卖价差较高）。

金融抑制与强制征税

鉴于过度负债，政策制定者面临着大幅削减支出（“紧缩政策”）、增加税收或金融抑制之间的选择。“金融抑制”一词本质上描述的是一种经济政策，即政府和央行利用资本管制和监管，有针对性地扭曲资产价格。该政策的重要目标之一就是通过为银行和保险公司等机构制定激励和惩罚措施，使它们越来越多地投资于政府债券，以缓解财政融资约束，从而避免实施增加税收和削减开支等不受欢迎的措施。因此，财富从债权人向债务人转移，相当于悄无声息地没收了债权人的财产。同时，该政策还将限定投资者的投资机会，使原本会流入不同资产类别的资金被重新导向政治所希望的渠道。

为了增强机构购买政府债券的动机，政府和央行有各式各样的手段，例如，引入严格的投资法规：《巴塞尔协议Ⅲ》和《偿付能力标准Ⅱ》。当欧洲政府债券的监管风险权重被设为零时，这些债券的流动性指标极具吸引力，因此，欧洲政府债券可以在没有任何资本储备的情况下被购买。如果这种方法失效，还可以引入强制性债券。

金融抑制的另一重要支柱是利率，其目的就是使名义利率低于通胀率。例如美联储的扭转操作等措施就是通过干预收益率曲线来实现的。由于大部分政府债务的名义利率是固定的，当货币贬值时，政府的名义税收收入就会按比例增加，其债务负担的实际价值就会下降。这就解释了为什么过度负债的国家往往对低于通胀率的名义利率更感兴趣。根据世界银行的研究，目前有 23 个国家的实际利率为负，债权人每年损失近 1 000 亿欧元。此外，人为设定利率的上限也将导致长期利率远低于正常情况下的水平。其他的工具包括政府对经济的干预，如国有化或直接控制信贷发放和资本管制。资本管制的情况也发生在巴西，该国目前对流入本国的外国资本征税。

金融抑制时期往往伴随着政府直接干预，如葡萄牙、波兰和法国等国为将投资导向政府债券而采取的养老基金干预等措施，以及发生在塞浦路斯的银行存款减记情况。此外，实现金融抑制的另外两个支柱则是禁令与税法。通过禁止“不必要的”交易行为如无货沽空（naked short selling)，或禁止持有贵金属等类型的资产，政府可以进一步限制投资机会。而通过特别税或提高现有税收，如推出金融交易税、各种形式的财产税或提高金银销售税，也能够达到类似的效果。历史上，各国政府已经多次采取金融抑制措施以减轻其财政负担。例如，战后的美国就是利用了金融抑制从而减少公共债务。在 1945 年至 1955 年期间，实际利率为－0.8％，通货膨胀率为 4.2％，政府最终将其总债务量从占 GDP 的 116％降至占 GDP 的 66％。然而，人们不能忽视这样一个事实：**在很大程度上，经济增长**

要归功于生产结构的重建，私人债务的缓解则要归功于有利的人口结构。

政府在金融抑制方面的“创造”还表现为混淆实际通胀率，在这方面阿根廷就是一个典型的例子。其官方宣布的通胀率为10%左右，但实际上，该数字应该更接近25%。即使按照“巨无霸指数”（big mac index）——一个能够进行全球购买力平价比较的指标，该数字也应为20%，这导致基什内尔总统对麦当劳施加压力，要求降低汉堡包的价格。

这些金融抑制的历史案例所提供的经验教训令人担忧。这样的政策只是以非常高的代价将问题推迟到未来。由于几乎没有进行必要的结构性改革，最终没有产生长期的增长，只为了稳定做出了短暂的努力。总而言之，金融抑制政策会对未来产生损害，并导致本应被应对的危机进一步恶化。金融抑制是许多国家都会采取的一项政策，我们必须预期，上述类型的措施将来会变得更加普遍。目前，最常被讨论的是作为政府新收入来源的财产税，即政府对纳税人的储蓄、证券，甚至可能对房地产强制性征税。尤其在国际货币基金组织发布了相关主题的报告之后，公众的辩论进一步加强。财产税的基本思想如下：

> 众多国家公共财政的急剧恶化，重新激起了人们对将“资本税”（对私人财富所征的一次性税）作为恢复债务可持续性之特殊措施的兴趣。这项税的吸引力在于，如果在避税之前就征税是可能的，并让人们相信这项税不会重复征收，那么它就不会扭曲经济行为（甚至有些人可能由此认为财产

税是公平的）。①

在该辩论中事实逐渐浮出水面。媒体迅速抓住这个提议不放，并引起了巨大的不确定性和骚动。因此，国际货币基金组织感到有必要缓和其声明的影响，以保证这仅仅是一个纯粹的理论提议。然而，各种有影响力的智库和研究机构已经接受了征收资本税的计划，并将其作为解决政府财政问题的可能选项进行讨论，这一事实表明该提议并非单纯的思想实验。例如，德国央行已经声明：

> 考虑到这一特殊背景，下文概述了对国内私人净财富，换句话说，对扣除负债后的资产征收一次性税的各个方面。从宏观经济的角度来看，资本税，甚至是永久性的财产税，不仅原则上存在相当多的问题，所涉及的必要行政支出及其与经济增长路径相关的风险都很高。然而，在主权违约悬而未决的特殊情况下，征收一次性资本税可能比其他可行的替代方案更有利……如果课税对象是过去积累起来的财富，并让人们相信这项税仅征收一次，纳税人在短期内很难避税，那么它对就业和储蓄意愿的有害影响将是有限的，这与永久性的财产税是不同的。②

继德国央行之后，德国经济研究所（DIW）也开始研究这个

---

① International Monetary Fund：Fiscal Monitor. Taxing Times. October 2013，p. 49.

② Deutsche Bundesbank：Monthly report. January 2014.

话题。DIW发表声明称，强制债券（compulsory bonds）将是防止过度负债的有效手段。然而，这一工具在历史上通常用于资助战争。对超过25万欧元的财富征收10%的强制税，将为德国公共财政带来2 300亿欧元的收入。波士顿咨询集团高级合伙人丹尼尔·斯特尔特（Daniel Stelter）认为，像塞浦路斯一样仅对银行存款征税是不够的。他提议复合性征收资本税、财产税和遗产税，根据他的说法：

> 很明显……那些拥有资产，且在这些资产仍能完全兑现，并得到完全清偿的幻想下不再劳动的人，应该被征税，这种方式可以被视为聚会结束后的清理，也就是说，清理过去30年的遗产。①

可以看出，一些政策制定者已经在尝试为即将到来的财产税铺平道路。为了打消批评者的疑虑，他们把这种潜在的财产税称为“百万富翁税”。然而，人们应该对此非常谨慎，并应永远将前欧元集团主席（现为欧盟委员会主席）让-克洛德·容克（Jean-Claude Juncker）的著名言论铭记于心：

> 当我们决定一些事情时，往往在提出后先按兵不动，看一下会发生什么。如果没有发生大的骚动和动荡（因为大多数人甚至不知道什么已经被决定了），我们就继续前行——

---

① Radio interview with Daniel Selter（BCG），interviewer：André Hatting. Deutschlandradio Kultur，04/20/2013.

一步一步地，直到踏上不归路。[①]

征收财产税改变了储蓄行为，将对资本形成有长期的负面影响。为了避免未来的财产税，人们将减少储蓄或以其他的形式储蓄。资本结构将被扭曲，资本积累将变得更加困难。尽管过去储蓄是在资本市场上积累起来的，但现在为了避税，人们将寻求其他途径。如果不是因为财产税，人们也不必寻求新途径，而这种新途径一定是效率较低的资本形成方式，否则它们在之前就被使用了。政府债务的实际问题并不能通过征收财产税从根本上解决，相反，这项税所惩罚的是那些本不应对错误负责的无辜的市场参与者。

作为全球货币的特别提款权

另一种推迟国家货币问题的可能方式是将其上升到国际层面。货币体系的下一步发展可能是法国前总统瓦列里·吉斯卡尔·德斯坦（Valery Giscard d'Estaing）所称的"货币毒品"（monetary LSD）——特别提款权（special drawing right，SDR）。经济学家詹姆斯·里卡兹（James Rickards）曾预计，国际货币基金组织将会介入下一次重大金融市场危机。里卡兹认为，由于西方央行的资产负债表在2008—2009年危机期间已经严重受损，在不让人们对纸币失去信心的情况下，额外的货币救助行动的实施空间将很有限。根据他的观点，下一个更权威的机构，即国际货币

① Interview article with Jean-Claude Juncker. In：Der Spiegel，52/1999，12/27/1999，p. 136.

基金组织，将不得不介入以使通货系统再次膨胀：

> 但问题是，美联储在没有发生流动性危机的情况下印了数万亿美元。当我们真的遇到流动性危机（我们预计在未来几年内将会发生），即2008年的恐慌再次出现时，它又会怎么做呢？印6万亿美元？还是印9万亿美元？它能做的是有限的。因此，在某种程度上，这一任务将被移交给国际货币基金组织。国际货币基金组织将不得不印特别提款权，也就是国际货币基金组织的世界货币。目前没有一家央行的资产负债表是干净的；它们看起来更像是对冲基金。①

特别提款权是国际货币基金组织在1969年引入的一种不通过外汇市场交易的人工会计单位。特别提款权由四种最重要的货币组成：美元、欧元、日元和英镑（在人民币被纳入该货币篮子之前——译注），其汇率每天都会更新。国际货币基金组织理事会一旦决定提高资本市场的流动性，就会在成员之间分配特别提款权。这代表着在国际货币基金组织的存款，可用于偿还对债权国的债务。根据国际货币基金组织的章程，所有成员都有义务接受特别提款权形式的支付。但鲜有人知的是，特别提款权已经在许多地方得到使用。如它在国际索赔和与空运、海运以及石油有关的事故中常被用作会计单位，还被用于支付国际邮政服务，以及计算苏伊士运河的通行费。

衡量一种货币在特别提款权中所占权重的最重要指标是发行

---

① Jim Rickards：Interview with Peak Prosperity，09/21/2013.

方在全球贸易中的份额，以及国际货币基金组织成员持有的外汇储备。特别提款权货币篮子的权重每五年重新确定一次。自2011年1月起，一单位特别提款权包含的金额分别为0.66美元、0.423欧元、0.111英镑和12.1日元。表7.2显示了随着时间的变化，特别提款权货币篮子的权重变化。

表7.2　特别提款权货币篮子的权重变化

时间	美元	马克	法郎	日元	英镑
1981—1985	42%	19%	13%	13%	13%
1986—1990	42%	19%	12%	15%	12%
1991—1995	40%	21%	11%	17%	11%
1996—2000	39%	21%	11%	18%	11%
时间	美元	欧元		日元	英镑
2001—2005	45%	29%		15%	11%
2006—2010	44%	34%		11%	11%
2011—2015	41.9%	37.4%		9.4%	11.3%

资料来源：IMF.

在目前的国际货币体系构成中，特别提款权是一种纯粹的不兑现纸币，也就是说它既无担保也不可赎回。特别提款权诞生于1969年布雷顿森林体系后期，一度被称为“纸黄金”——里卡兹称这是“有史以来最自相矛盾的说法”。越来越多的人认为，应该本能地以金属或农产品作为基础，以建立对特别提款权的信心。尽管从我们的角度来看，这没有多大意义。然而，越来越多的著名人物对这些建议表示了支持。例如，经常被称为“欧元之父”的罗伯特·蒙代尔（Robert Mundell）提出，各国央行应该固定美元和欧元之间的汇率，以创建一种被称为“欧洲美元”（Eurodollar）的货币锚；由于“欧洲美元”区占全球经济产出的近50%，该做法将是朝着创建统一的全球货币迈出的决定性一步。随着特别提款权的复兴以及人民币的加入，欧洲美元有可能成为国际货币INTOR的基础，“Int”代表国际，“or”代表法语中的黄金。

越来越多的新兴市场代表也要求扩大这种人为货币的作用，并将其与黄金挂钩，使其成为一种“超国家”储备货币：时任中国央行行长的周小川称特别提款权是“国际货币体系改革隧道尽头的光”，并在《关于改革国际货币体系的思考》一文中指出，应当建立以特别提款权为基础的超国家全球储备货币，并增大人民币的权重。① 此外，俄罗斯也希望黄金能在全球货币体系中获得更高的地位。克里姆林宫的首席顾问表示，俄罗斯将支持把黄金纳入一种新的全球货币的加权篮子。国际货币基金组织的特别提款权应该是新货币的基础，不过，卢布、人民币，尤其是黄金也应该在其中扮演更重要的角色，这是合乎逻辑的。②

下一次大危机可能会导致国际货币体系的重组。从奥地利学派的角度来看，关于加强使用特别提款权的大多数提议似乎没有多大意义，因为一般民众对特别提款权的接受度和信任度可能较低。特别提款权是衍生品的再衍生品，因此，民众是否会对这种工具充满信心是值得怀疑的。然而，人们不应低估这一想法背后的政治意愿。特别提款权的扩大以及国际货币基金组织发展成为全球中央银行，不仅符合东西方中央规划者的想法，而且从他们

① China Daily：“China Eyes SDR as Global Currency”，March 2009.

② The Telegraph：“Russia Backs Return to Gold Standard to Solve Financial crisis”，March 2009.

的角度来看，还有一个好处，那就是政府可以继续用隐蔽的通胀税为其各种项目融资。此外，“特别提款权”听起来比“货币改革”舒服得多，而且可以通过“走后门”实现这样的改革。这种解决方案在政治上也是被渴求的，因为在通胀失控的情况下，没有人会被真正地追究责任，因为对大多数人来说，国际货币基金组织就像 QE、LTRO 或 OMT 等术语一样是无形的。

第八章
奥地利学派的投资理念

“节俭本身不是目的，而是一种手段，让我们能够以迂回的方式为我们的生活注入更多的品质与意义。如果人们认为节俭不再有必要，那就说明这恰恰是最需要回归节俭的时刻。那些最美丽、最有价值的东西，往往不是瞬间就能买到的，需要我们耐心等待。”

“把投资资金分为三份。当周围的一切都平和稳定时，使用第一份资金；对第二份资金的使用必须足够谨慎和保守；第三份资金只能在拉响“红色警报”的时候使用。”①

“在通货膨胀的环境下，最好的投机机会是投资者在炒作出现之前，就对炒作有所察觉。一些属于“宏大叙事”（big narrative）的行业很可能出现炒作行为。在后现代时期，人们对这种“宏大叙事”尤为向往。”

---

① Roland Baader：Gold：Letzte Rettung oder Katastrophe? Ebmatingen/Zürich：Fortuna Finanz-Verlag，1988，p. 212.

因为无法预知未来，所以我们应该尽可能地让自己的投资决策不受未来发展的影响，但又必须尽量考虑各种可能的情形。由此可见，把所有鸡蛋放在同一个篮子里肯定不是一种合理的投资策略。我们必须建立一个比较多元化的投资组合。从奥地利学派的主观主义视角来看，在考虑选择什么样的投资组合之前，必须仔细思考自己的个人目标。可以说，一个人必须先明确财富积累、财富投资和财富使用等维度，进行了这些哲学思考之后，才能开始进行经济上的投资组合活动。

面对不确定性，拥有不同目标的个体总是会选择不同的方式与手段。所以我们无法提供适用于所有人的正确答案。不过，有些答案具有普遍的重要性和参考性。理想的投资策略会获得满意的投资结果。但好的投资结果只不过是理想投资策略中的一部分。我们日常见到的大多数投资者不是有天赋的风险投资家，即有能力在任意时间节点，将任意数量的流动资金投入安全的项目，并获得非常高的回报。

如果有人问“如果我想增加自己的储蓄，那我该把储蓄投入哪家企业呢?”那么提出这个问题的人已经找错了方向。投资活动固然是一项成功投资策略的核心部分，但并不是它的全部。从奥地利学派的视角来看，价值投资（价值导向型投资）必须和价值存储、价值导向型消费以及价值导向型捐赠基金相辅相成。相对于狭义上的投机活动，投资活动不是用自己的流动资金去冒险，守在屏幕前寻找各种新鲜出炉的更好的投资秘诀。投资是对自己经济生活方式的一种思考，其中包含五个方面。投资者必须思考这五个方面并对它们加以区分。不过话又说回来，人们为什么要储蓄呢?

储蓄的道德

通常来说，“投资”是通过合理的方式，让自己的收入高于支出，从而创造长期价值。很多人过于关注这句话本身，而忽略了其中包含的两个决定性因素：收入和支出。人们通常把收入逐渐高于支出的过程称为“储蓄”。“储蓄”在词源上表示“保持安全性和健全性”，意为“拯救”。经济学入门的第一要义就是关注收入和支出。

从时间维度上看，投资决策和一般的购买决策有所差别。投资决策是面向未来的。这就是节俭的本质。奥地利学派把节俭称为一种美德。正如当初卡尔·门格尔这样教导他的学生王储鲁道夫（Rudolf）：

> 我讨论的是一个国家的产业和经济：节俭、工作和以体面的方式谋生是真正的公民道德。它能为物质生活和非物质生活水平的大幅提升提供坚实的基础。①

低利率政策以及货币贬值让储蓄变得越来越没有必要。通货膨胀是对储户施加的一种稳定的、隐蔽的掠夺。可以说，现在还在储蓄的人其实是个白痴，是个无可救药的理想主义者。他并没有认清这个时代的标志。他放弃消费，选择储蓄，把钱留到以后而不是今天就消费掉，却无法从中得到回报。不仅如此，他的储

① Carl Menger，Erich W. Streissler（pub.）und Monika Streissler（transl.）：Carl Menger's Lectures to Crown Prince Rudolf of Austria. Aldershot：Edward Elgar，1994，p. 104.

蓄因为通货膨胀而面临巨大的危险，通货膨胀正不知不觉地让他的储蓄不断贬值。所以，在现在这个社会，如果一个人能够理解这一点，即便他本来愿意储蓄，也会不情愿地选择消费。他会购买他不需要的东西，购买他原本买不起的东西。欢迎大家来到这个依靠债务支撑的消费主义世界。

“消费主义”本身带有负面含义。消费是不道德的吗？不管是消费还是债务其本身并不关乎是否道德。那么为什么在这个消费与债务凌驾于储蓄的时代，会同时出现道德败坏呢？从罗马帝国的覆灭到现在的通货膨胀时代，历史能够为解释两者的相关性提供大量的证据。背后的原因很简单：过度消费让人们只注重当下。“哪怕死后洪水滔天，又与我何干”。一切问题都暴露无遗，所有道德约束都被人们丢弃。乔万尼·薄伽丘（Giovanni Boccaccio）在短篇小说集《十日谈》中有过令人印象深刻的描述。面对即将因为瘟疫而死亡的威胁，只要能多活一天，人们就及时行乐。一方面，消费活动不断增加；另一方面，道德的约束力日渐式微。当时的人认为，抗击流行病最好的“药物”是：

> ……纵情饮酒，享受生活，载歌载舞，交谈甚欢。尽自己最大的努力满足每一种本能的冲动。对所发生的一切都付之一笑……他们夜以继日地从一家酒馆出来，进入另一家酒馆，大吃大喝。即便是在别人的家中，他们的行为也是最放荡不羁的……①

---

① Giovanni Boccaccio：Decameron. Prima giornata (la peste a Firenze).

马泰奥·维拉尼（Matteo Villani）在他的编年史中这样记载：

> 人们……越来越不克制自己，表现得越来越可耻。他们放任自流，支离破碎的状态让他们沉浸于贪食之罪、狂欢之恶。他们进入小酒馆，沉湎美食，耽于赌博。他们不假思索地投入欲望的怀抱。[①]

“道德败坏”究竟是什么意思？谴责消费欲望的增强难道不只是资产阶级的偏执吗？当传统与宗教都无法让人拥有持久的信念，因而无法提供足够的导向性时，人们就会怀疑道德是否受到了意识形态的驱动。但是，伦理学是实践哲学的一部分，也是理解世界与人类行为的一部分。

古典伦理学谴责自我放纵，暗示人的行动存在不平衡性。消费欲望与储蓄意愿是相互关联的。一个人选择现在消费，但必须以一种受约束的方式进行消费。这样，他才能在明天同样拥有消费或投资的选择权。如果一个人只考虑当前，他就会通过借债进行消费。如果债务螺旋式地增长，负债就“失去了平衡”。过度负债意味着个体失去了全额偿还债务的可能性。例如，光是偿还利息就已经消耗了他所有的收入。

这种“不平衡性”从一开始就是时间问题：一方面，与未来产生的后果相比，当前行动的迫切程度被严重高估了。经济学家将这种行为描述为高时间偏好。另一方面，如果时间偏好过低，人们不再珍惜当下，让时间不断流逝而一去不返，人们将永远为

① Matteo Villani：Cronica di Matteo Villani，vol. 1，ch. 4.

不确定的明天做计划。如果从埃里希·傅立特（Erich Fried）的诗歌或者卡尔·古斯塔夫·荣格（Carl Gustav Jung）的心理学来看，这是一种“没有生活痕迹的生活”。虽然人们一直赞美眼下的生活充满活力，但我们也不能忽略人类尤其是西方世界中的一大部分文化建立在低时间偏好的基础之上，是一种超越当下的、精神的、抽象的事物。人类既有热情的活力，又有目标性；既拥抱感官享受，又追求精神世界。我们必须在两者之间找到适合自己的位置。

过度沉迷和专注于眼前的生命本能，会给个体带来文化和生理上的后果。许多的人类目标，尤其是那些非常复杂的人类目标，通常只有依靠迂回的方式才能实现。正如奥地利学派经济学家欧根·冯·庞巴维克所说的那样，迂回性能够带来更高的生产效率。在某些特定的时期，我们只能勉强使用手头可用的东西。通过适当的节俭以及丰富的自然世界，我们可以满足自己的基本需求。但作为人类文化本质的、更高层级的目标却那么遥不可及。自人类从事种植活动开始，文化才逐渐出现。农业文明也是人类取得的第一个需要通过跨时间的精打细算才能完成的文化成就。

“文化”一词只是一个标签。我们现在已经很难对它达成一个统一的认识。道德也是如此。即便是最为价值中立的研究方法也会包含以下认识：如果人类一直追求层级较低的目标，那就很难实现层级较高的目标。这是从文化角度对人们过度关注眼前目标的一种反驳。

从生理学的角度来看，人会逐渐变老，赚取收入的能力也会不断下降。因此，节俭是非常有必要的。人是受到时间限制的生物。如果我们不为自己的老年生活提供保障，我们的生命要么会被悲惨地缩短，要么会给年轻人带来过重的收入压力，使他们的生活受到极大的限制。

所有“道德败坏的迹象”仅仅超出了积极的生命本能原有的范围，从享受生活变为夸张的暴饮暴食或者酗酒。储蓄、消费和信贷实际上并不是相互对立的，而是相互依存的。如果能正确理解储蓄和消费，那就能发现两者都是为了让人更好地生活。从政治上割裂储蓄与消费的联系会对人类的生活造成危害。它会让我们在行动中变得短视，在经济活动中变得不理智。罗兰·巴德尔曾经苦苦相劝不要让货币贬值。他哀叹道：

> 每个参与其中的人都在无休止地追求更多的收入，试图以此抵消货币购买力降低造成的影响。在这个过程中，人们在增加公共债务、依靠负债维持生活、使用不负责任的金融手段等方面已经没有道德上的约束了。①

对个人来说，要想平衡纪律性与生命本能已经不是一件容易的事情了。对整个社会来说，这显得尤为困难。因为我们都有模仿他人的倾向，从而形成巨大的强化效应。一旦某种行为占据主导地位，并且支撑该行为的基础消失，人类就会朝着相反的方向夸张地前进。储蓄的持续贬值导致人们过度地追求内在需求，比如青春、欲望、激情和左派思潮。然而，危险的反面情绪会逐渐产生。虚幻的价值观阻碍了储蓄的意义，它的人为膨胀产生了一种

---

① Roland Baader：Money-Socialism—The Real Cause of the New Global Depression. Bern：Johannes Müller，2010，p. 36.

矛盾和毁灭性的后果，那就是快乐的贬值，并由其引发了一种守旧的强烈抵制。

然而，正是道德败坏的第二个特征，才使得第一个特征如此具有破坏性：社会解体。“道德”一词（源自拉丁语 moralis）指的是一个社会的传统和习俗。这意味着，人们需要关注的不仅是今天，还要关注明天和后天；不仅要关注自己，还要关注邻居和其他人。所以，人类需要具备责任感、诚实品质、自制力、勇气以及合理的判断力。如果一个人无法对他人形成基本稳定的预期，任何社会都不可能存在。如果社会面临解体的威胁，人们就会对此前的过度扩张产生慌乱的反应。历史上不乏这类发人深思的证据。斯蒂芬·茨威格描述过最后一个大规模货币贬值时期的状况：

> 那些年是多么狂野和毫无秩序，以至于难以相信那是真实存在的。在奥地利和德国，随着货币价值的降低，其他所有的价值都开始不断降低。这是一个充斥着精神癫狂以及丑陋诡计的时代。动荡与狂热奇怪地混合在一起。通灵学、神秘主义、招魂术、梦游学、人智学、手相学、笔迹学、瑜伽和炼金医学，只要能带来新的、更强烈的刺激，每一个不受约束的奇异想法都会受到人们的追捧。麻醉剂、吗啡、可卡因与海洛因有着巨大的需求和市场。在舞台上，人们表演乱伦和弑父；在政治上，法西斯主义深受青睐。而原本正常且适度的行为却被无条件地禁止。[1]

---

① Stefan Zweig: The World of Yesterday — An Autobiography. Lincoln/London: University of Nebraska Press, 1964 (1943), p. 301.

就在不久之前，人们还依然坚信自己生活在“安全的黄金时代”。一旦个人的储蓄变得不安全，任何事物都变得不再具有确定性。

因此，投资始终是一项长期努力，具有深远的道德后果和基础。**节俭本身不是目的，而是一种手段，让我们能够以迂回的方式为我们的生活注入更多的品质与意义。**如果人们认为节俭不再有必要，那就说明这恰恰是最需要回归节俭的时刻。那些最美丽、最有价值的东西，往往不是瞬间就能买到的，需要我们耐心等待。留给我们的时间不多了，这对于人类来说似乎是一件很痛苦的事情。但只有依靠节俭，我们才能发掘自己的潜能。实践、经验、获取的知识、记忆和可以储存人类能量的物质财富，只能随着时间的推移慢慢让人类社会变得繁荣。储蓄是保障我们未来各个时间点安全的一种尝试。节俭实际上不是当下有意识生活的反面，而是这种意识的表达，这才是对节俭的正确理解。

相比之下，消费主义是想要立即拥有尽可能多东西的欲望。为了没有欢乐的短期兴趣，为了没有开拓的刺激，**消费主义意味着“拥有”（having）而非“成就”（being）**，它浪费了一个人的生命。奥地利学派的主观主义研究范式呼吁每个个体都要有意识地重塑自己的生活，谨慎地对待生活，感激和欣赏生活。狭义的金钱投资，即物质财富的积累只是节俭的一个方面。最关键的问题在于：一个人如何以超脱于当前的眼光，改进自己每天的努力，利用好自己的生命。

利润和利息

货币革命之后，在债务呈螺旋式上升的过程中，往日对利息的责难之声又出现了，就连利润也越来越遭到人们的质疑，毕竟损失越来越社会化了（指社会上越来越多的人遭受损失——译注）。银行救助运动，让债权人两手空空的破产清算运动，因为玩忽职守而迟迟不公布公共财政和许多银行破产的事实，许多公司依靠不诚实来获取利润，以及各种利率套利、杠杆投机和负利率，这些在许多普通人看来，恰好成为攻击利息的依据。追求利息和利润是否道德？人们越发频繁地提及这个问题，对利息和利润的批评也会持续增加。所以我们必须对此做出回答。毕竟，如果不追求利息和利润，那么投资就是一项毫无必要的行为。一听到我们即将梳理思想史，很多读者已经表现出不耐烦了，但是读者们应该注意到，在 20 世纪的经济泡沫中，即使是最优秀的投资者也会因为缺乏思想史的熏陶而被打得措手不及。

利润或者说企业利润之所以会存在，是因为人会犯错误，并且现实中的经济并非自动处于均衡状态。市场是一个发现的过程。我们周围的世界在不停地发生变化，正如我们人类本身也在不断演变。这是一件好事，因为停滞不前就意味着死亡。人类会学习，而且总会犯下新的错误，所以未来不是预先确定的。几乎每一种知识、文化和技术的进步都和新犯下的错误有关。有些错误非常严重，以至于根本没有进步可言，这是人类自由的代价。在如何应对这些变化的问题上，存在两种非常夸张的观点，它们都受意识形态的驱动。这两种观点经常相互强化。一种是对变革表现出恐慌，固守现有的秩序，渴望被诗化的旧时光。另一种是对技术表现出极端的乐观情绪，希望技术的进步能够将人类从所有的缺陷和邪恶中拯救出来。对投资者而言，必须关注这两种趋势。因为后者会让公司的股价走高，这也是进步主义时代的常见现象；而前者则表现为人们渴望拥有更简单、更现实的事物。

因为其他市场参与者会犯错，所以他们就会在经济结构中留下某个空缺。当一家公司成功填补了这个空缺，它就能获得利润。新增加的价值并不是以其他要素（如劳动力）价值的减少为代价。它仅仅是一种信号，表明某些要素尚未得到市场充分的价值评估。随着时间的推移，利润往往会趋于消失。因为利润本身就是传递给公司和投资者的信号，激励他们纠正市场中的错误，并让相关要素的价值尽可能地增加。发现市场空缺最大的激励因素就是个体为自己的行为负责。但在一个政治化的世界里，即便不具备这种直觉，企业还是有可能获利。比如因为存在特权，其他企业在进入市场时受到限制；还比如，那些更容易获得信贷的企业能够实现更快速的增长；又如，当某些企业和政府签订合约，或一部分风险或损失由政府担保时，这些企业将从事更具风险、利润更高的项目。

但从长远来看，这些扭曲的行为最终会让企业家丧失对变化所具备的直觉，让他们不再为未来的不确定性承担责任。因此，这类企业存在明显的周期性特征：上升到最高点，然后快速跌落。就长期而言，这些获取通胀收益的企业最终会面临亏损。但是政府财力雄厚，可以想尽办法从国民手中捞取财富。这个过程的时间跨度比较长，很少有投资者会如此耐心地等待。因为他们更希望追求短期的回报，所以，一旦出现必要的修正，他们会认为这只不过是一个“黑天鹅”事件。

通胀政策本身会让利润虚高。货币革命之后，人们永远无法确定一家企业的利润高是否只是因为这家企业正快速地消耗自身的资本。经理人越来越脱离企业的所有权结构。经理人的奖金随着公开的企业收入的增加而增加。所以很可能存在消耗资本的动机，并且这足以毁灭一个企业。这个问题在股东群体庞大的大型企业显得尤为严重。

但是，对高利润的怀疑不应该变成对企业利润的鄙视。企业是创造价值的手段。企业的利润导向性不应该被低估为仅仅是一种纪律性工具（disciplining instrument）。以利润为导向会让企业小心翼翼地对待委托给它们的资金，利润也会激励它们为人们创造出尽可能多的价值。相比之下，许多表面上为公共利益服务的非营利机构反而可能是在浪费资金，或是变成为自己谋取私利的渠道。

相比利润，利息更容易受到人们的批评。“利息”这个术语混杂了非常多且相当复杂的问题。在思考利息是否具有合法性之前，人们应该先思考一下利息所代表的真实现象以及利息出现的原因。过去的人只从道德的角度批评利息，而不去思考利息的经济学基础，所以对利息的批评非常失败。

利息并不是因为使用或租借某物而支付的费用。相反，利息是从债权意义上来讲的，或者说它是借出同质可替换财货的额外支付。两者的区别在于：在第一种情况下，租金是因为使用了某财货（不考虑损耗）而支付的费用，并且该财货最后会以同样的形式返还给原主人。承租方在借用期间暂时成为财货的使用者，而出租方仍保留完整的所有权。但在第二种情况下，利息是借出财货（通常是货币）时收取的费用，以确保借入财货的人未来兑现承诺——归还同种财货（只需要同种即可）。在这个过程中，使用权和所有权都被转让了出去。

这类似于借用别人的炒锅和“借用”别人的手帕之间的区

别。这里的引号指出了我们在语言上的偷懒，毕竟我们能肯定别人不会把用过的手帕还回来。在这个例子的基础上，我们会面临这样一个道德方面的问题：在借给别人手帕之后，我应该要求对方把使用过的手帕还回来还是不要求归还？让他给我一块新手帕？或者要求他给我两块新手帕？手帕的价值比较低，所以在现实生活中，人们并不关注这个问题。而一旦涉及大额资金，还继续如此的话，结果就完全不同了。他不可能在花钱的同时，又保留这笔钱。

当人们有意识地选择不支付利息时，利息或者看上去和利息类似的事物同样会出现。这是经济学或者说奥地利学派经济学的一个重要见解。原因在于，随着时间的推移，人们的价值评估会发生变化。这在汇票贴现和租赁资产估值的过程中表现得格外明显。汇票是一种承诺支付的票据。简言之，汇票的转让相当于根据承诺交换货物。这个过程也可以表示为当前商品与未来商品之间的交换。汇票类似于只能从特定日期开始兑换的代金券。我们可以在市场中发现，互不认识的人为了进行互利交换而联系在一起，代金券的价格并不完全等同于承诺交换的商品的价格。

让我们举一个简单的例子（但是这个例子并不符合历史上有关汇票的惯例）来详细说明这个现象。一位农夫发行了一张代金券，上面写着："无论谁把这张代金券交给我，都可以得到我明年收获的 100 斤小麦。"他用这张代金券支付助理工资。然而，这位助理今天就想吃到面包，不愿意等待 1 年。农夫告诉他的助理："没问题。你可以去市场上出售这张代金券。因为大家都知道我，所以我的承诺有很高的可信度。"助理拿着代金券的确在市场上找到了买家。但这些买家并不愿意给他正好 100 斤的小麦，或者其他等值的东西。这是什么原因呢？一方面，对农夫的承诺的确存在信心问题。也就是说，1 年之后能否兑换 100 斤小麦是不确定的。但是，即便确定代金券能够及时、足额地兑换，当前商品的价值与未来商品的价值之间仍然存在数量上的差异。现在可得到的 100 斤小麦在市场上的价值显然高于未来 100 斤小麦的价值。即便绝对确信未来能换到 100 斤小麦也是如此。造成两者差异的原因是什么呢？

正如上面所举的例子，类似的现象在租赁资产的估值过程中也会出现。我们同样可以简单地举一个例子：一块土地每年能产出 100 斤小麦。我们仅讨论实物租赁，以免货币贬值问题给我们带来麻烦。通过努力工作并结合相关知识，这块土地可以产出这么多数量的小麦。如果不考虑市场的不确定性，那么买这样一块地应该需要多少小麦？

这个购买行为代表了为换取收入而进行的财富转移。任何地方的人几乎每时每刻都在从事类似的活动，以便自己的晚年能够得到供养。只要一个人有工作的能力，他就会用一部分收入购买资产。一旦这个人无法继续从事工作，这些资产足以弥补他因为失去工作而丧失的报酬。其中一种可行的方式是用储蓄购买房产，在退休的时候房产能够产生租赁收入。这种收入不是利息，而是租金。在对租赁资产进行估值时，我们会遇到以下问题：如果未来 100 斤小麦的价值完全等同于当前 100 斤小麦的价值，并且假定土壤肥力不变，始终有佃农租赁土地，那么这块土地的购买价格将变得无限高。当然，不确定性不可能与其他因素完全割裂开来。但在这个例子中，即使掌握了完全的确定性，我们也不能假设价格会变得无限高。即使我们预期能够安全地获得收入流，买方和卖方的报价仍然是有上限的。就这块土地而言，买方（储蓄者）应该支付预期收入的多少倍，而卖方应该收取预期收入的多少倍才算合理?

这个现象可以用时间偏好来解释。时间偏好表示的是一个人为了更好地满足未来的需求而放弃当前需求的意愿。这种偏好因人而异，并不是一成不变的。时间偏好高则表明行动所发生的时间节点被赋予较高的价值。

我们应该往后退一步，以便更仔细地考察今天被称为“资本市场”的怪异市场。显然，我们看到资本市场上有人出售大量的货币。但奇怪的是，为什么要通过出售货币来换取货币呢?从经济学上讲，当我们理解了这些货币交易的另一面时，才能发现其中的意义所在。实际上，在这些市场中交换的是承诺，即支付承诺：通过无担保债券（debenture）信用凭证，也就是可以在法律上强制执行的、要求对方在未来支付的债权形式，让交易具有可行性。这种承诺的交易增加，是现代才出现的现象。越来越多的人不从事现货交易，而是从事未来商品的交易。这恰好说明时间偏好是在不断改变的。如果从积极的角度来看，这代表人们的眼光逐渐面向未来；如果从消极的角度来看，这表明人们目前的生活正在以消耗未来为代价。在思想史上，承诺的交易增加，与进步主义意识形态的扩张紧密联系。进步主义对科技进步抱有极大的信心，并努力克服当前的困难以实现理想化的未来。沃尔特·白芝浩（Walter Bagehot）在他有关伦敦银行业系统发展史的知名论述中证实了两者之间的关联。他阐述了承诺的交易增加与代表英国进步主义势力的辉格党人有着密切的联系。

> 起初，英格兰银行不仅是一家融资公司，它本身就是辉格党人的一项“杰作”。急需资金的辉格党人创立了英格兰银行，并得到了主要由辉格党人组成的城市居民的支持。[①]

人们为什么愿意购买“承诺”？因为这是一个从已储蓄起来的财富中获得收入的额外机会。但这和农业以及依靠真实资本产生的资本利得有显著的差异。根据定义，真实资本和货币完全不同，但事实是，在这种情况下，货币被认为是用来产生货币收入的。只有一种方法能让已储蓄起来的一定数量的货币产生货币收入，那就是“减少囤积”，也就是耗尽储蓄。货币市场在这个方面没有任何作用。因为 100 单位的货币永远不可能比 1 单位货币的 100 倍多。奇迹般的收入增长是因为这一事实，即既要求收回当期收入（利息支付），又要求收回全部本金。在这种情况下，个体不需要耗尽储蓄也能长久地依靠储蓄生活。但这是如何实现的呢？

唯一的方法是通过借款人将这一笔货币转换成资本。用这些资本进行高效率的生产，不仅能产生高于所需利息的经常性收入，而且还能赚回本金。

如果货币供应量保持不变，公司股票将比无担保债券更受欢迎，因为公司股票可以产生额外收入，与此同时，所购买的股票本身又可以作为一笔固定资产。这并不一定是由货币组成的，因此也不需要从公司中匆忙转移。在企业家借贷问题上，有一个非常重要的观点是支持它的：允许使用外部融资手段，这意味着企

---

① Walter Bagehot：A Description of the Money Market. 1873，p. 47.

业家面临的干预会少得多。但是，因此获得的自由是一种虚幻的自由。这时所面临的不是投资者的干预，而是一个冷酷无情的资本提供者的干预，他同样冷酷无情地只关注自己的收益。为了应对不断加重的付息压力，企业家必须实现必要的平均回报，而这个平均回报只有依靠信用媒介的扩张才能实现。

那么对消费贷款收取利息又是怎么回事呢？前文提到了消费主义的横行，许多消费贷款其实都是有问题的。所以在这种情况下收取利息会显得特别不道德。但是，这些利息的收取在原则上等同于向一个延期付款的商户收取滞纳金。从传统的角度来看，这些利息也是完全合法的。筹集的支付款会被转移到某个收款机构，这个收款机构于是突然拥有了贷款的功能。把对利息的批评与这个过程联系起来是完全没有意义的。并且，一般情况下我们也不建议人们使用消费贷款。

当然，除了无法耐心等待，希望短时间内实现自己的需求之外，人们使用消费贷款的另一个动机是应对紧急情况。这是使用消费贷款最重要的动机。这也解释了为什么历史上人们一直把批评的火力集中在利息上。因为利息费用的存在让原本紧急的情况变得更加糟糕。为了降低紧急事件的严重性，一些神职人员尝试建立特殊的典当行。现在，我们不仅还能看到这类典当行，在法国，就连这类典当行的名称都被保留了下来，叫作 Mont de Piété，意为仁慈之山（Mountain of Mercy）。但我们不能从字面上理解“mountain”。因为 Monte 曾经是慈善基金组织使用的名称。

如果我们回顾一下这些典当行的历史，就会发现一个令人非常不安的现象，同时也证明了头脑清醒的经济学家是对的。一开始实行无息典当的典当行很快就破产了。问题就在于这些典当行根本没有资金弥补自己的各项间接成本。在如今的小额贷款中，我们仍然能看到同样的现象。发放小额贷款的费用非常高昂，以至于传统银行业根本不愿涉足这一领域。小额信贷运动试图依靠自愿参与以及能够承受的资金源来弥补这一点，但主要是通过资金回收方式方面的创新来实现。然而，小额贷款的利率仍然惊人地高。

所以，基督教的典当行同样允许收取利息，以维持运营。这种对现实的让步可能也是压垮利息禁令的最后一根稻草。因此教会在很大程度上也不再在信贷限制问题上发出警告。典当行受到支持的理由在于，这种方式至少能为有需要的人提供利率较低的贷款。

但就连这个理由最终也被发现是错误的。时至今日，典当行收取的年化利率仍然高于银行利率。在现代信贷扩张，也就是凭空创造廉价的信用媒介之前，以利润为导向的典当行就有能力削弱以慈善为导向的典当行。由于该行业中企业家之间的竞争日益激烈，以消费贷款利息为生这样“不道德的”目标让利率变得越来越低。这可能是人们对利息感到如此不满的另一个原因：利息始终无法被彻底铲除。如果人们打压利息，它就会在别的地方出现，且变得更高。

我们可以参照伊斯兰国家的经济来做一个对比。近几十年来，伊斯兰国家经历了巨大的经济繁荣。伊斯兰国家的金融市场多年来始终保持两位数的高速增长，并且似乎仍然保有很强的发展潜力。只有6%的穆斯林使用符合伊斯兰教法的投资和银行服务。仅德国就有350万穆斯林，他们坐拥约200亿欧元的财富。

穆斯林的经济能力因此增强了吗？

伊斯兰国家的融资形式从字面上看是“构建”的，部分来看其复杂性是非常高的。一般而言，其复杂性在于为了避免出现利率现象而设计出各种迂回的手段。但因为利率现象是不可避免的，所以这些措施只是在表面上避免收取利息。同基督教教义类似，伊斯兰教教义在利率方面存在很大的问题。尽管《古兰经》没有对利率进行负面的表述，但是《圣训》（先知遗留的传统）对 Riba（即过度的交易所得）有过非常严苛的批评。惯常的利息是否已经代表这种过度的交易所得或者仅仅是高利贷，这个问题被反复讨论过。大多数古典法学家和当今学者认为，Riba 指的是任何形式的利息。所以伊斯兰国家不管是对利息的收取还是对利息的支付都有严格规定。

对信贷交易的一种可能的替代是被称为 murabahah 的折扣购买。银行在法定时间内成为投资项目的“次级合法所有者”（legal second）。它可以要求借款人成为自己的代理人，代表自己购买需要融资的投资项目。借款人需要分期偿还项目价格加上事前约定的利润。

Murabahah 作为一种商品储蓄行为既有其优势，也有其荒谬之处。在这种情况下，购买的不是特定的投资项目（那样会让贷款的使用变得非常不灵活），而是一种商品。如果把黄金作为货币替代品，那还是太明显了，所以最常用的是铂或钯。使用金属来交易和普通的贷款形式并没有什么差异。

但在许多伊斯兰教法学家看来（如果他们真正了解实际发生的事情），这些伎俩会把事情弄得太过火。在东南亚遵循实用主义的伊斯兰教经常对这类行为视而不见。但在中东，学者们的要求更为严格。马来西亚伊斯兰学者对此抱有很大的宽容度，他们的理由也很有趣：应该避免对商业活动背后的意图进行任何猜测，因此只能从形式方面来对融资活动进行评估。

在人们的印象中，伊斯兰国家的金融活动就是为传统的金融产品取一个响当当的阿拉伯语名称，然后成立一个由伊斯兰学者组成的名为“伊斯兰教法委员会”的代理性“监督委员会”。到了现代，从20世纪60年代开始，人们才认真思考伊斯兰国家的金融活动。在伊斯兰国家，经济活动和经济科学有着悠久的历史。但在伊斯兰文化衰落的过程中，关于经济学话题的学术探讨逐渐萎缩。在当今的伊斯兰国家，经济科学常常被那些从现代西方引进的灾难性思想所主导。据估计，在全球范围内，目前能成为伊斯兰教法委员会成员的人仅有50名左右。考虑到有关伊斯兰国家经济法的知识与实际的金融活动脱节，出现这类现象似乎也是合理的。

伊斯兰国家的金融为何突然繁荣？一切都要归功于西方世界的银行发明的类似于“道德投资基金”的市场营销诡计。大多数伊斯兰经济学家是西方世界的银行雇员。挖掘客户和追求收益是否会突然引起人们对道德与宗教的反思？就像最正经的人把不雅照片放在扉页上增加图书的发行量，银行家也在重新塑造道德与宗教。因此，人们会发现一个自相矛盾的结果：丝毫不受宗教影响的西方银行家热衷于追求一种不同的“伊斯兰化”。竞争的无形之手会激励不同的银行相互超越，试图比别人更严格地解读和遵循伊斯兰教法。这就使得标准越来越收紧，从而信贷活动的构建（“创新”）也越来越复杂。这样做的一个问题在于，在个人金融服务方面过分虚伪地强调伊斯兰化，指责自己的竞争对手沉浸于“非伊斯兰”的行为，最后导致极其严重的两极分化并出现非常荒谬的竞赛。

在所谓的“道德投资”领域也能看到类似的问题。道德投资基金导致人们对竞争性的产品以及经济活动本身产生普遍的道德怀疑。一旦受到道德怀疑，只有通过支付赎罪金才能解脱。“道德专家”以及“伊斯兰教法专家”欣然接受这些赎罪金，并提供相应的服务。所以，要在这样的领域内赚钱，经济学上的能力变成了一种障碍，而不是一种先决条件。

我们必须了解经济科学的悲惨境地，以及包括神学家在内的大多数学者毫无经济学修养，在这样的背景下才能明白这种批评的尖锐性。被恰当解读的宗教应该而且能够为经济活动提供指导。但是，有的机构引入宗教因素所提供的是非常肤浅的标准，它的目标仅在于营销，是一份给各种胡言乱语提供背书的没有良知的营生。对这种营生来说，要想增加收入，越没有良知越好。我们只需要看看道德投资基金所采用的荒谬标准就能了解一二。显然，这些标准只是简单抄袭了构思粗劣的伊斯兰国家的金融模式，而这些标准本身非常武断并且时常令人感到困惑。比如，基督教道德基金禁止投资葡萄酒，就好像圣礼用酒本身就是不道德的，而不是说只有个人酗酒才是不道德的。

从原则上讲，伊斯兰教对贸易活动表现出了友好的态度。和从无风险利息中不劳而获相反，伊斯兰教认为互相承担风险是一种理想的经济活动。银行被认为是一个可以不向即期存款（on sight deposits）支付利息的受托人（Wadiah 原则）。

伊斯兰经济学家对贵金属保持着高度的重视，因此他们注定能识破当前金融制度中的利率操控问题。所以他们不应该把伊斯兰国家的金融活动留给西方商业银行打理。迪拜大宗商品交易中心（DMCC）受人追捧的黄金基金采取了一项令人欣慰的措施：作为提供资金的回报，投资者能够以黄金的形式获得收益。阿拉斯泰尔·克鲁克（Alastair Crooke）针对伊斯兰国家的报道引起了人们的注意：

> 一段时间以来，伊斯兰教徒一直认为M3的大规模注入引发了消费热潮，也造成了金融系统非常危险的失衡，威胁到金融系统的稳定性。同时，伊斯兰教徒也认为，宽松的信贷文化……导致巨额债务问题的出现，进而产生剥削和经济系统内现代化的奴役形式……伊斯兰教徒希望建立起某些标准，例如过去能限制中央银行的货币创造行为，并且禁止部分准备金业务的金本位制度，并在此基础上重新建立一个金融系统。①

让我们重新回到经济学和利率是否道德的问题上。利率作为估值的差异，是人类偏好的结果。但这些并不必然导致人们对货币贷款收取利息。至于消费贷款，我们必须认识到它会让借款人陷入某种依赖关系，并且让他原本挺高的时间偏好进一步提高。因此，将自己的储蓄提供给别人用于消费，同时获得一份长期无担保债券以期在未来收取还款，不论一个人是否因要求利息而使借款人的情况恶化，这在道德上都是有问题的。超前消费本身就是一种危险的诱惑。

---

① Alastair Crooke：Resistance—The Essence of the Islamist Revolution. London：Pluto Press，2009，p. 127.

当他人遇到紧急情况，更合适的救助方式是提供无须偿还的慈善捐赠，更优的方法则是依靠资本积累的帮助。金融手段在这种情况下起到的作用是最小的。和单纯的贷款相比，成立一家合资企业能为双方提供更好的激励。除了偿还本金之外，以货币的形式收取利息［而不是权益资本（equity capital）份额］，会让生产活动关注短期的收益，并最终导致企业解体或者借款人过度负债。

利息的复利效应（compounding effect）会带来非常沉重的负担。但这并不意味着只要负债就会自然而然产生这样的结果。只有当一个人依靠举借新债来偿还旧债的利息，才会产生复利问题。只有政府才会基于一个长时间维度来做这件事情。所以复利不是反对利息的证据，而是一个对过度负债问题的警告。许多现代国家都认为自身陷入了强迫性增长（compulsive growth）。但是复利不会引起强迫性增长，而强迫性增长会引起过度负债，最后导致复利的不断累积。过去所有的法律都禁止自动收取复利。到今天，这变成了银行的一项法律特权。债务人在推迟偿还债务、支付额外的利息费用之前申请破产是一个合理的举动。正因如此，复利只不过是再投资的一种表现。再投资的收益可以提供类似的行动激励，让成功的企业实现内部融资的增长。

如果认为我们今天面临的问题是利息导致的，那就是根本没有认清现实。以牺牲未来为代价的生活态度不可能依靠禁令得到改变，而只能通过优秀的榜样和悲惨的经历加以改进。人们受信贷和利息的支配是现代才出现的现象。其根源在于银行和政府追求信贷扩张。但由于这种扩张是不可持续的，过度负债的负面性最终会沉痛地暴露在人们的面前。依靠信贷建立起来的自由与独立是虚无缥缈的幻象。在债务的束缚下，它最终会破灭。

债务的恶果

债务是投资哲学中一个基本的问题。近几十年来，许多极其成功的投资者和企业家都尝到了信贷融资的甜头。许多人通过杠杆赚了很多钱。奥地利学派的支持者从不否认信贷对一个高度发达的经济体的重要意义。但如今看来，有必要给人们敲响警钟：债务问题使借款人更显著地受到人为经济波动，或者用奥地利学派经济学家的话来说经济周期的影响。所以我们必须严格审视个人的贷款情况。

今天，最普遍的信贷形式就是消费贷款。即便人们常常把耐用消费品视为一种投资，但它们代表的主要是对尚未储蓄起来的资金的消耗。获取消费贷款最重要的原因是消费者希望能够平衡自己一生的消费活动。为什么必须等到自己年迈的时候才能买房子？只有自己老了之后才能尽情地享受劳动成果吗？顽固地坚持依靠自己的储蓄为生活提供资金支持，而不提前使用未来的收入，这看上去是一种极低的时间偏好。在我们最不需要储蓄的时候，储蓄的存量反而是最大的。这就使得通过信贷的方式为购买郊区的房子或者汽车提供资金支持看上去相当合理。于是，投资的首要任务就是找到最有利的信贷条件，对不可预见的事件采取预防措施，并在长期内依靠个人的储蓄偿还债务。

这种观点并非完全错误，只不过暗藏着许多危险。特别是当我们参考其他历史事件后，能够非常清楚地认识到，看似合理的个人策略最终将积累成一场经济和政治变革的征兆。房子和汽车是战后资产阶级生活的经典象征，也是子女向父母展示其成功的证明。但因为当代的年轻人几乎不可能买得起房子和汽车，所以消费贷款似乎成为他们必然的选择。他们在尚未衰老之前，提前用自己未来的资金来获得资助，这是一个国家快速陷入贫困的证据。但因为被人为繁荣的幻象以及服务于政治利益的统计手段所蒙蔽，我们没能发现这个问题。毕竟实际的税收负担水平最高可达70%，房地产价格也在飞速增长，这也就没有什么可奇怪的了。

曾经作为“资本主义”银行业之都的英国伦敦，如今已沦为信贷主义之都。一套可供一家人居住的两室公寓的平均售价目前已经达到了100万英镑。而英国目前的平均储蓄每月只有42英镑。这当然是一个极端的例子，但此时此刻，类似的案例在世界各地随处可见。如果没有父母的资助，想让一个新组建的家庭通过自己的储蓄购买住房几乎是一件不可能的事情。

但是，依靠贷款获得资金最终会被债务牢牢束缚住。“债奴”是一个带有强烈色彩但又反映现实的术语，显示了负债个体对经济形势的依赖。由于贷款融资的增加，民众的利益在发生转移，因为债务人总是希望货币能够贬值。此外，人们逐渐依赖“经济增长政策”，让名义收益的增长速度高于实际价值的增长速度。在不知不觉中，民众将对那套从一开始就让他们产生依赖性的政策更为依赖。这就是货币革命总能不断地制造出新的恐慌的原因，同时也是货币革命的高明之处。然而，这场货币革命的一个重要结果就是增加了经济的波动性。在信贷扩张时期，人们内心虚假的安全感得到强化。之后，这种安全感会突然崩塌。因为每月需要为房贷和车贷支付月供，人们被牢牢捆绑在工作岗位上，在由人工加速的经济跑步机上进行激烈的竞争，以更快的速度奔跑。

即将退休的一代人有幸经历了迄今为止时间最长的繁荣期。自第二次世界大战结束以来，政府通过不断制造通货膨胀的方式，把一场场剧烈的经济修正转变为新的经济泡沫。不幸的是，现在这一代人所经历的繁荣建立在一个非常脆弱的基础之上。因为他们正在毫不知情的情况下被掠夺。今天，年轻人常常被人们扣上为了工作不择手段的帽子。但是这种批评完全没有抓住重点，因为它并没有理解社会的真实情况。当今年轻人处理事情的方式也被误导了：假定他们反抗“体制”，这听上去跟他们的父母一样。最近，一则电视广告设计了一句恰如其分的结束语：“长大之后，我也想成为一个古板守旧（square）的人！”保守而又紧张的革新时代（non-squaredom）已经结束了。这不只关乎青少年的叛逆，他们父母一代自己所谓的不墨守成规形象存在一个重大缺陷。今天的青少年本能地感觉到，父母一辈的反资产阶级理想只是装模作样罢了。

祖父母一辈因为财富被掠夺而陷入困境，父母一辈终获成功。但是，这份账单最终会传递给目前的年轻一代。年轻人怀疑且不相信，等到自己衰老的时候，会有足够多的财富留给他们。他们不肯停歇，一直奋斗在工作岗位上，尽管这看起来空洞而无趣，但背后有其行动的动机：趁着稍纵即逝的美好岁月尚未结束好好努力一把。罗伯特·穆齐尔（Robert Musil）在他的书中描述了一个父亲这样质问叛逆的女儿：“如果我不是资本家，你要靠什么生活？”女儿回应父亲的话也是当代年轻人反意识形态实用主义的体现：“如果我不把事业放在第一位，你会靠什么生活？”不拘一格是合法的。但在那种情况下，如果打算古板守旧地生活却是非法的。现在的年轻人正在反抗父母的双重标准，正如父辈们曾经反抗自己的父母一样。只是年轻人和他们的父母一样，再一次夸大了两者的对立性。

消费贷款背后的压力往往在于手段与目的之间的混淆。为了在年轻时期过上资产阶级的生活把自己变成债奴是否值得是个体的决定。对某些人来说，答案是肯定的。但从长远来看，对很多人来说，成为债奴是一个错误的决定。为了让生活能过下去，债务人一般会把债务往后延长，直至所有债务清偿。所以债奴们常用的借口是：退休之后，我就有充足的时间去做那些让我感到快乐的事情。

在货币革命之前，年轻人还能通过其他的方式实现那些现在只能通过负债才能满足的目标。归根到底这源于一个符合人性的事实：年轻人的收入高但财富少，老年人的收入少但财富多。所以问题就在于如何将收入转化为财富或者把财富转化为收入。因为这两个目标是兼容的，所以一个经济体应该协调这两方面，让年轻人和老年人都能得到满足。在传统中，这个转化过程是在家族内部完成的。后来，资本市场也参与进来。自从储蓄和贷款之间的联系断裂，这个社会系统就被破坏了。一个优秀的投资策略总会试图以最少的负债实现收入和财富之间的转化。所以，我们的目的在于将收入转化为财富，然后选择、建立并维护好资产，以期在未来能够产生收入。

负担债务的第二个原因是希望在生产性贷款的帮助下创造收入。利用外部资本为企业融资有很多的优势。有些优势是通过政治手段人为创造的，而另一些则是根据经济学原理产生的。但利用外部资本融资的缺点和消费贷款的缺点比较接近。在经济周期中，企业变得更加脆弱。此外，由于利息负担加重，人们更加关注如何让短期收益最大化。这有可能损害长期收益。这是资本消耗的其中一个方面。在繁荣时期，不利用杠杆似乎是很愚蠢的行为。对部分企业来说，放弃使用杠杆的代价太高了。但是人为的经济繁荣不可能永远持续下去，肯定不会再持续整整一代人。对一项明智的投资策略而言，“一代人”是自然的、最短的持续时间了。

因此，正如奥地利学派经济学家所建议的那样，在经济周期时代进行投资的第一步是偿还债务，这也是流动资金最明显的用途。债务的减少能降低个体对扭曲的经济周期的依赖性，并在病态的经济结构中让生活质量有些许的提高。

一些批评通货膨胀的人建议使用杠杆来对通货膨胀放手一搏，这个建议非常鲁莽。当然，目前没有任何证据表明政府会放弃货币贬值政策。而且，考虑到负债的程度，每种政治制度显然都依赖于债务人而不是债权人的支持。但是，现代经济远远没有诸多“专家”所认为的那样可控。它保持动态且非常复杂，并且往往包含众多矛盾。任何人都不应该利用自己的基本生存手段来押注具体的经济结果。

任何背负债务的人都不应该进行进一步的投资活动。对这类人的行动建议只有一个：尽快偿还债务！2008 年危机之后，我们可能不需要对那些以外币计价的贷款发出警告。货币革命的其中一个后果就是汇率的剧烈波动。受外汇和利率波动的影响，应该尽快重组风险比较高的贷款。因为经济周期存在人为制造的波动，所以我们不能排除利率出现大幅变动的可能性。在减少债务这个目标背景下，必须提醒人们的是，它常常和税收最小化这个目标相冲突。所以我们需要根据实际情况进行权衡。对于那些仅仅因为税收优惠政策而产生的，并且完全能靠自己的财富偿还的债务来说，上述反对意见当然并不适用。

如果个体在所有必要支出和债务偿还之后还留有剩余资金，那我们要恭喜你。这样的人属于少数群体，且数量仍在不断减少。只有这样的人才能进一步考虑投资的问题。奥地利学派的投资理念会对囤积、投资、消费、捐赠基金以及投机五个方面进行区分和审视，它们构成了“奥地利学派投资者”的投资理念组合。

囤积

货币囤积是一项长期投资策略的第一个方面。许多知名经济学家谴责货币囤积行为伤害了经济发展，并且认为只有不顾一切地消费才能挽救经济。奥地利学派经济学家则捍卫货币囤积的必要性。它能够保存流动资金，让个体拥有行动的能力。因为不确定性始终存在，所以人们有必要持有流动资金。一个明智的投资者不可能在任意武断的时间点以任意武断的数量进行投资。

货币囤积常常因为所谓的没有增加任何实际价值而受到攻讦。而有人则认为囤积起来的货币“确实有用”。今天，仅仅实现价值的维持就已经是一项壮举了，而这也是投资活动的先决条件。在任何一个可持续的经济中，持有预防性资本都是一项传统的基本原则。在一个动态的世界里，不确定性、错误、波动和变化是必然存在的。囤积的货币能够起到重要的平衡、协调和促进作用。在任何一个不局限于实现个体温饱的经济中，囤积的货币都承担起了一部分货币功能。随时间变化而发挥的平衡作用是货币最重要的功能之一。在最理想的情况下，它能够保存人类的资源。所以囤积货币的需求完全是合法的。和直接消费相比，货币囤积在任何情况下都不应该受到质疑。

另外，囤积货币和生产并不冲突。货币是一种交换媒介。货币价格让人们能够进行理性的经济计算。如果没有理性的经济计算，人类不可能建立起现代复杂的经济体系。但是，货币本身并不能为生产提供帮助，生产最终需要依靠实体财货的支撑。那些在远离最终消费端的生产阶段工作的劳动者需要解决温饱、购买衣物及支付租金等问题。这些支出活动远远早于他们的劳动变成最终的消费品。所有在这个生产过程中需要用到的财货都必须提前储备好，或者在同步生产的过程中抽取出来。如果有数万亿美元但没有足够的面包，劳动者会饿死。即便是把自己得到的每一美分都藏在床垫下的守财奴也不会损害经济。因为如果他想得到能够囤积的货币，他必须通过个人的生产活动为经济的真实资金池生产做出贡献。这个守财奴没有行使他对真实资金池的索取权，只是把交换得到的货币囤积起来，没有进行消费。他对经济的贡献仍然如同储蓄被用于生产活动，所以并没有神秘地“消失”于经济。

在其他条件不变的情况下，货币囤积的唯一作用就是提升现有货币存量的购买力（在当今世界，它仅仅是一种抵消因为货币供应量稳定扩张而产生的贬值效应的力量）。生产不会受此影响，它只会根据货币购买力的变化进行调整。但是，要让一个冗长的生产结构对完成整个生产过程所需的财货的短缺做出调整，那是非常困难的。

要建立起能够创造真正价值的经济结构，需要有流动资金的储备。适销性是描述流动性的另一个术语。卡尔·门格尔把这个概念引入了经济科学之中。他写道：

> 但是，直到现在人们仍然很少关注不同财货不能以同样便利的方式相互交换这一事实。然而，财货在适销性上的明显差异是一个有着深远实际影响的现象。生产者和商人的经济活动能否成功，在很大程度上取决于是否正确地理解财货的适销性。从长期来看，经济科学不能不对财货适销性的性质与原因进行精准的研究。①

门格尔把面包视为一个具有高度适销性的例子，而以梵文书写的作品则是适销性低的例子。一种财货拥有的潜在市场越大，财货的同质化程度就越高，销售这种财货的交易成本就越低，适销性就越高。正如我们在前文提到的，高适销性表现在出价和要价之间的价差很小。面包作为一种易腐坏的财货，尽管一开始有很高的适销性，但它的适销性会随着时间的推移而急剧下降。由于技术的进步，家用电器也出现了类似的情况。目前一部苹果手机一年之后仍然比其他厂商的手机拥有更高的适销性，也就是买卖双方的报价更加接近。但它的适销性维持不了太长时间，无法保障持久的流动性。几乎每一种消费品在被购买之后都会损失很大一部分转售价值，所以不适合充当具有适销性的囤积品。一个人的囤积行为必然包含了对自己使用的一部分消费品（如食品）的囤积。

如果一个经济的运行已经远远能够解决人们的基本生存问

① Carl Menger：Principles of Economics. Auburn，Alabama：Ludwig von Mises Institute，2007，p. 242.

题，那么囤积适销的财货——如囤积交换媒介——的意义会变得更加重要。如果人们逐渐重视囤积易腐坏的财货，则可以作为陷入贫困的证据。因为在经济周期中通常出现的流动性困境意味着供给困难，所以囤积消费品必然是实际生活中长期投资策略的一部分。这也说明在瞬息万变的环境下保值是非常困难的。作为经济学最古老的形式，家政经济学的核心就在于如何有效地管理囤积品。它教导人们必须对无风险利息收入以及其他“安全”投资的承诺持谦虚和怀疑的态度。

目前，对大多数西方国家的居民来说，他们的收入远远超出购买基本必需品所需的水平。所以囤积的食品只不过是个人囤积品中极小的一部分。但如果囤积品的重要性上升，用于应对短缺问题的食品的适销性上升，上述现状就有可能发生变化。就目前的状况而言，流动资产肯定还会发挥更大的作用。根据定义，适销性最高的财货就是货币，而最简单的囤积形式就是建立现金储备。如今，人们忘却了流动性的重要性，因为电子支付的普及以及人们自以为处在现代西方世界的历史终结点与顶峰，正在共同幻现出一种完全不符合现实的市场确定性。直到房地产危机爆发，许多美国人才懊恼地发现，缺乏适销性的资产原来代表的仅仅是虚假的账面价值。

图 8.1 显示的是不同类别的资产及其相对应的不同程度的流动性。从底部一直往上，表明资产的流动性逐渐降低。

根据卡尔·门格尔的理论，安塔尔·费克特对适销性的两个方面进行了区分，即“大规模的适销性”和“小规模的适销性”。[①]

① Antal Fekete：“Monetary Economics 102：Gold and Interest”，2003.

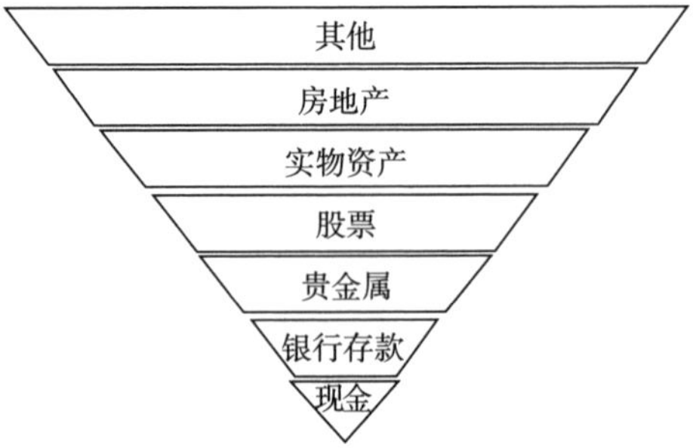

图 8.1　不同投资资产的流动性

他分别称之为适销性和可囤积性。如果在市场上大规模出售的情况下，某商品买卖双方价差的增速比其他商品慢，说明该商品具有大规模的适销性。从历史上看，牛特别具有适销性。也就是说，即便出售的牛的数量非常庞大，卖方也可以以相对较小的损失出手。原因在于牛具有可移动性和灵活性，所以区域性市场不太可能出现饱和状态。而如果许多房产所有者在同一时间和同一地点出售房子，饱和效应会导致房价大幅下跌。除非卖方愿意降低价格，否则无法出售房产。

当某种商品在市场上的供应数量逐渐减少，买卖双方价差的增速比其他商品越慢，则囤积该商品越有用，它的小规模适销性也越高。当牛被切割成块，它们就会因为死亡而丧失移动能力。所以牛一旦屠宰了，价格上会出现巨大的损失。相比而言，烟熏牛肉、腌制牛肉或者风干牛肉比牛本身更容易囤积。虽然在历史进程中，在大众开始使用货币之前，牛是最适销的财货，但盐被认为是最常被囤积的财货。尤其是对于奥地利而言，它的繁荣在很大程度上要归功于盐的货币化（也就是盐发挥了部分货币功能）。这个国家至今仍然保留了很多跟盐有关的地名。印度-日耳曼族的繁荣则要归功于牛的货币化。我们从印度-日耳曼语系最古老的词源中也能领略一二。

历史上，人们常常选择囤积的商品还包括小麦、烟草、糖和酒。费克特指出，一般而言，政府都会通过保护主义、销售禁令或者垄断等手段对这些商品进行管制。这绝对不是一个巧合。当市场超越部族的边界，黄金和白银就成为两种适销性高且人们乐意囤积的商品。因为白银的购买力比黄金低，所以更容易被当成囤积品，并用于普通人的日常生活。而黄金则作为商人或者国家交易用的货币。我们今天所使用的技术更容易把黄金切割成小单位，所以白银也逐渐退出舞台。但是黄金的购买力依然很高，以至于无法用于日常的购物和交易。今天人们最有可能囤积的货币形式是银行存款和现金，然后再依靠银行存款和现金囤积其他财货。

最初意义上的现金如今早已不复存在。现在的现金其实是一种债权，并且其数量可以随意增加，这就导致囤积变得非常具有挑战性。即便是现金，如今也成了一种极具投机性的资产，因为现金完全暴露于人为的政治行为之中——政府甚至可以直接禁止使用现金支付。因此，人们在囤积货币的时候不仅要考虑流动性的问题，还要考虑不同资产的自主性问题，也就是考虑某种资产是否相对不受人为贬值及各种负担（burdens）的影响。从历史上看，虽然贵金属表现出相对较强的自主性，但更具自主性的是天赋、技能、人脉、思想和知识等智力资产。图 8.2 根据自主性对不同种类的资产进行了细分。

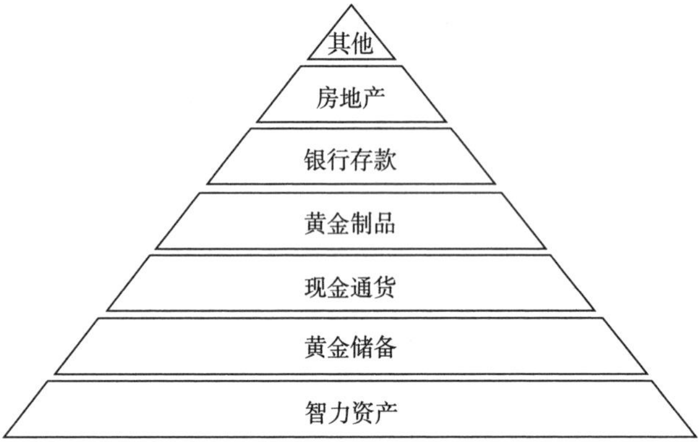

图 8.2　不同资产的自主性

今天，人们的存款一般放在银行里。流行的电子支付方式和越来越多的自动取款机使得银行存款成为流动性很高的资产，但这种流动性可能会突然受到限制。在最近发生的希腊和塞浦路斯的银行危机中，或者更早之前的阿根廷危机中，我们可以看到人们为了获得流动性而出现恐慌性争抢。人们耗费一整天的时间开车从一个分行赶到另一个分行，试图拿到一部分存款。通常来说，只有和政治阶层或者银行卡特尔保持良好关系的人才能在这种情况下获得自己的资产，这些人往往提着装满钱的手提箱前往国外。由于部分准备金制度，人们只需挤兑百分之几的银行存款，就足以引发银行的流动性问题。银行存款的自主性非常低，因为和人们一般的认识不同，这些存款并不是储户的财产，而是转化成了对银行的所有权。银行存款在法律上只不过是提供给银行的一项贷款，这也是人们会从存款中得到利息的原因。

如何权衡流动性与自主性是一个个体决策问题，我们无法给出一个安全的建议——和大多数投资决策一样，这是一个不幸的事实。本书所能做的只是指导读者做一些必要的思考。囤积的初衷一定是让自己的财务有盈余。囤积是以填补之前的债务和减轻个人负担为前提条件的。一旦一个人摆脱了债务，其首要任务就是为自己预期的支出建立储备。**流动性储备至少要能够应对自己一整年的支出。如果一个人还没能建立这样的储备，那就无须进一步考虑投资的问题。**罗兰·巴德尔曾推荐对投资资金进行以下划分：

> 把投资资金分为三份。当周围的一切都平和稳定时，使用第一份资金；对第二份资金的使用必须足够谨慎和保守；第三份资金只能在拉响“红色警报”的时候使用。①

历史上当“红色警报”拉响时，现金（通货紧缩时期的本国货币，通货膨胀时期的外国货币）或者贵金属都已经证明了自身的价值。以贵金属为例，我们通过比较买卖价格就能轻易分辨出它们的流动性：它们的形式越标准化，流动性就越高。只要“周围的一切都平和稳定”，活期存款就是日常支付中最具流动性的资产形式。但是银行业结构性的流动性不足表明，明智的做法是在任何情况下，都不应持有相对于人均储蓄量而言数量过多的存款，以及不要超过所谓的“存款保险”的门槛。当紧急事件发生时，政客为了获得大多数人的支持，总是会冻结、没收超过某个临界值的存款，或者让这些存款贬值。

继现金、贵金属和银行存款之后，投资货币市场显然成为一

---

① Roland Baader：Gold：Letzte Rettung oder Katastrophe? Ebmatingen/Zürich：Fortuna Finanz-Verlag，1988，p. 212.

种囤积手段。如果没有市场扭曲，这类投资必然成为我们极力推荐的囤积方式。所以这类投资活动的前提也是“周围的一切都平和稳定”。对于那些最多拿出三分之一的资金用于囤积的人来说，他们可以采纳当地银行家的建议，在货币市场上做一些投资。这取决于个人与这些银行家的亲密关系和信任感。由于现在的利率很低，所以这类投资的激励性并不高。在扣除各种费用之后，获得的收益可能并不足以弥补自主性问题带来的损失。

囤积是奥地利学派投资策略的一个部分。它是一种极其缓慢且长期的投资。一个人穷其一生如果能做出五个好的投资决策，那他就已经是一位幸运儿了。所以对于奥地利学派投资者来说，一定要有足够的耐心和坚强的性格。如今，现金并不是一种好的囤积品。在实际操作中，奥地利学派的投资艺术在于抓住好的机会，同时避免在面对各种“小小的困境”时感到绝望，并避免因为不耐烦而陷入其中。优秀的投资者必须在面对压力时克制自己抛售的冲动，或者在贪婪蔓延的情况下克制自己购买的决定。投资者只有时刻关注流动性，才能在投资决策过程中稳定发挥。

投资

一个人清偿了所有的债务，并且囤积了足够多的流动资金，他就可以进行投资了。投资是一项既有趣又充满挑战的活动。在奥地利学派看来，为投资而储蓄的过程和资本积累是一样的。资本和货币是两种截然不同的事物。积累资本就必须花费货币。从奥地利学派的视角来看，通过节俭保值，然后合理地承担风险，在迂回的生产方式中，将流动资金用于生产具有更高价值创造潜力的资产，是实现可持续的资本积累，因此也是实现财富积累的唯一途径。消费不是实现繁荣的原因，而是繁荣的结果，这也是价值创造的最终目标。

资本是一个由财货、知识、决策、劳动和人的预期组成的复杂网络。不幸的是，由于人为制造的繁荣景象，全球资本结构已经发生了扭曲。这意味着大量的投资活动与消费者实际的偏好、消费者长期的支付意愿以及支付能力并不一致。由于政策干预，必要的修正过程被一再推迟，这导致情况不断恶化。在这样的环境下，投资就像赌博。如果考虑自始至终都存在的不确定性，包括因为政治决策（政权的不确定性）而人为制造的不确定性，投资的危险性比赌博要高。由于通货膨胀，公司常常高估自己的利润，致使实际的资本存量在不断减少。

无论在哪个领域，如果一个人的洞察力比其他人更敏锐，他的资本积累就更容易取得成功，这就是他自己的价值创造。如果只关注被过度渲染的股票交易所以及人为制造的波动性，人们很容易被误导。投资意味着延长资本结构，从而实现更高价值的创造。这使个人在自己的价值创造过程、自己的专业领域中更容易取得成功。很多企业之所以成功，是因为它们的创始人一开始就在该领域拥有丰富的经验。有的创始人甚至本身就有一个客户群。

即便不愿意自己创业，个体也能够在自己有可能实现价值创造的领域进行投资。投资是一种为了在以后的阶段提高自己收入水平的支出，比如人们在学习深造方面所做的投资。不幸的是，教育是扭曲最严重的部门之一，因此所有文凭、证书、政府激励措施和各种认证项目并没有足够的指导意义。更明智但也更困难的是以下传统解决方式：寻找某个领域内的大师，用合适的方法说服他花费一些时间给予指导。在此期间，你可以思考可能存在的问题，向这位大师请教，并请他评价自己努力的成果。

投资也是对收入的放弃。例如，投资相当于购买时间，你可以集中利用这些时间进行高阶的培训、思考和实验；或者接受低薪甚至无偿的工作，以便培养自己的新技能。如果没有别人的指导，工作 10 000 小时似乎是一个没有尽头的苦差事。但有目的地工作 10 000 小时是真正掌握技术的前提条件。在税收变得越来越可怕的今天，你应该问自己以下问题：什么事情更有可能让你取得成功？是花费一年的时间存下 10 000 美元，然后在扭曲的市场中为这 10 000 美元寻找有利可图的投资项目，还是把赚这 10 000 美元的时间节省下来，建立一项有利可图的事业？当然，这些问题没有标准答案。我们的任务是提出恰当的问题。如果认为一个人只需要知道怎么做就可以轻松、简单地在他可控制的风险范围内，通过轻点几下鼠标做出正确的决策就能发家致富，而无须付出任何有责任心的创业努力，这种想法必然是一种幻觉。如果你不能从这种想法中逃离出来，可能会对本书的内容感到失望。

投资是一种企业家活动。它需要个体承担不确定性，并在未来帮助其他人实现价值创造。从奥地利学派主观主义的视角来看，一种商品或服务必须满足以下四个前提条件，这样对那些打算购买它的人来说才意味着价值：（1）它能够满足人的需求或实现人的目标；（2）它在满足这一需求上必须有用，或者说能够帮助人们实现他们的目标；（3）人们必须知道存在这种商品或服务；（4）在合适的时间与地点，人们能够买到这种商品或服务。要想创造更大的价值，可以通过以下方式：（1）发现尚未被满足的需求，也就是为解决人类的问题、实现人类的目标提供更好的方法；(2) 对现有的解决方法进行改进；(3) 向人们传授现有解决方法的知识；(4) 让更多的人有机会获得这些解决方法。

从我们所列举的条目来看，实际上只有较少的一部分价值创造活动需要依靠技术创新。大多数人不相信自己能够成为企业家，因为他不相信自己拥有足够的独创性，能够提出前人完全没有想到的新观点。这是对经济的重大误解。人们可以通过阅读奥地利学派关于企业家精神的作品来纠正这种错误观念。我们这个时代不缺少想法和手段，缺少的是阐明相关的目标，在海量的提议中提出指导意见，并且克服懒惰和墨守成规，以防止更好的解决方法被忽视。

对企业家来说，关键的问题是人们明天需要什么。一个人自己的需要、愿望和目的，以及由于自己的职业和生活经历而最熟悉的情况，是一个人选择合适的方法、开启新事业的逻辑起点。如今，可以预见，在那些扭曲现象最为明显的领域，人们的需求与实际的供给之间存在巨大的缺口，因为这些领域是靠不负责任的补贴和偏袒来维系的，而不是靠个人的责任建立起来的，这些领域包括：安全、教育和媒体、健康、货币生产、退休保障，特别是财富的保护等。

能让自己创造价值的潜能得到提高的两个重要投资机会是劳动分工和使用更好的工具。由于比较优势法则（或者说协作法则）的存在，即便自己能把简单工作处理得更好，把这些简单工作分派出去对自己而言仍然是有利的。通常来说，一个人20%的工作量会产生80%的收入。通过结构调整，可以把剩余的工作量转移给其他人，尽管这种转移需要付出不少的企业家努力。

对劳动力的荒谬征税是阻碍人们转移工作机会的一大障碍。这就是为什么这类劳务外包投资总是出现在低工资岗位或者影子经济中。美国的程序员可以作为一个极端案例：美国的程序员可以把自己所有的工作外包给中国的程序员，而工资则是中国程序员的5倍。凭借这一结果，他甚至可以在公司内部得到一个最高的评分。可惜的是，这位美国程序员并没有把争取到的时间用于相关的投资活动，而是在工作场所毫无意义地上网或观看视频。[①]

投资资本品，例如投资制作更好的工具，其目的是借助更好的手段来提高自己的生产力。不幸的是，大多数工作岗位并不能激励员工提高生产力。因为工作效率高的员工被迫花费和工作效率低的员工一样的工作时间。这是错误的成本价值论导致的结果，也是奥地利学派早已拒绝的价值理论。在当前这个以短期为导向的时代，许多人低估了通过更好的工具提高生产力所产生的长期收益。例如，现在许多工作需要坐在电脑前完成。这就涉及开发更好的软件以及人体工程学方面的改进。与其纠结于把自己存下来的5 000美元投到什么地方，不如研究一下把一部分定制宏命令的开发工作外包出去是否能够为自己的新项目创造出更多的时间和闲暇。这样既有可能让自己目前的工作取得进展，又有可能创造新的收入来源。

今天，除了过度征税导致实际创造的价值被消耗殆尽之外，企业家活动面临的最大问题就是货币不稳定引起的经济计算的困难。由于企业无法免受政策的影响，企业家在经济计算过程中一次又一次地被迫犯错，这些错误在危机爆发时被发现。以企业家

① http：//www.theregister.co.uk/2013/01/16/developer_oursources_job_china/.

的方式解决这一问题有望产生巨大的回报。在强调经济计算问题的同时，奥地利学派还强调价值投资。我们将在后文对价值投资本身以及相关延伸内容进行详细探讨。对公司的投资其实就是对未来价值创造的投资。当然，参与到其他人尚未完全建立起来的价值创造结构中也是合法且重要的。投资哪家公司也是一种企业家决策。也就是说，这种风险是他必须承担的，任何他人的“建议”都无法使他免于承担这一风险。

在货币贬值期间，人们普遍关注物价上涨。虽然有人可能在通货膨胀过程中成为赢家，但从长远来看，这个方法是错误的。1950 年，把 1 美元投到股票市场，产生的股息收益将是资本收益的 8 倍。股息占所有长期股市回报的 70%。

只有投资盈利的公司才符合狭义上对投资活动的经济定义。追逐利润当然不是唯一的目标，奥地利学派也一直在强调这一点。但追逐利润也不应该受到谴责，它是根据人类价值排序和价值判断尽可能最优地利用资本的先决条件。

投资意味着资本的积累，也就是用收入产生财富。只有囤积品、消费活动或者非经济的项目才不会产生收入，对此我们将在后文进行讨论。与囤积相反，投资活动的最大困境是无法将一个人的资本分成无限小的单位，而政府管制则进一步加剧了这个问题。和需要创造性地降低交易成本的小额贷款所面临的困境一样，大多数小投资者都面临着“小额资本”的问题。股份制作为一种制度，显著解决了小额资本的问题。但货币革命创造出来的大部分虚幻的价值往往会流向股份制公司，所以小投资者不太可能以合适的价格购买这些股票以获得企业家收入。如果仅仅因为预期价格上涨才购买公司股票，那么从狭义的角度来说，它并不能称为一种投资，而应该被视为投机行为。

不幸的是，因为当前存在的市场扭曲，情况会变得更加复杂。一方面，人们的收入受到税收的影响；另一方面，短期主义被人为地助长。因此，即便是用于分析投资的经常性收入也不能为投资决策提供充分的参考基础。在这种环境下，人们往往没有别的选择，只能赌自己投资的是潜力股。但这需要区分是发生了实际的增长，还是单纯的股价增长。成长型企业是那些具备极高盈利能力的企业。但它们并不会把利润分配出去，而是把利润再次投到自己的业务活动中。只要增长是可能的，这种投资的回报就倾向于使价格上涨，这时可以通过卖出部分股票来实现货币化，而不是等待分红。但不论是在自然界还是在任何企业家活动领域，永恒的增长都是不可能实现的。

一项正确的投资策略总是循序渐进的。当储蓄达到一定水平，除了自己的公司，几乎没有好的机会可以对其他公司进行明智的投资。对于一个典型的小投资者来说，投资股票就是被敲诈勒索（rip-off）。他们是证券交易所庞大需求的一个组成部分，并常常被专业交易员嘲笑为“愚蠢的资金”。比尔·邦纳（Bill Bonner）和威尔·邦纳（Will Bonner）直指股票骗局的核心：

> 目标就是把公司股票兜售给那些对公司一无所知的人。对公司有所了解的人都觉得这个价格太高了。否则他们为什么要卖掉他们的股票呢？①

---

① B. und W. Bonner：Family Fortunes-How to Build Family Wealth and Hold on to It for 100 Years. Hoboken，NJ：John Wiley & Sons，p. 96.

如果一个人买得到普通小投资者买不到的股票，并且实际上能够购买未上市公司的股票，那么对其他公司的投资就尤其有趣。在这种情况下，奥地利学派的投资策略就是极有耐心的价值投资，这是以注重长期的企业家活动为特征的。我们会在下文进一步讨论这个概念。

从狭义的奥地利学派视角来看，当前许多被称为投资的活动其实并不是真正的投资。正如我们之后会谈到的，很多只不过是消费决策。做出这些消费决策同样既合法又困难，“投资”自有房产就是一个例子。通常而言，这些决策涉及物品囤积，以期对抗贬值问题。例如，囤积黄金和白银当然不属于投资。在曾经的“黄金时代”，每个人都能进行黄金投资。即使是今天，黄金合约依然存在，但它们是少数人在扭曲的市场中使用的金融工具。如果一种事物不能带来生产性回报，那么从经济学的意义上说，它就不属于资本。投资产生的回报不一定仅限于货币，但必须能产生回报，即产生一定的附加值，否则大费周折进行投资是没有意义的。投资就是将流动性置于风险之中，以期发现那些生产率更高的迂回生产过程。

消费

在努力积累财富的时候，不能忽略积累财富的目的。这恰恰是许多成功的投资者经常犯的错误，即把守护和增加财富本身视为目的。这个错误导致个人名义财富在增加的同时出现了相对的贫困。经济繁荣的幻象弥漫开来，人们的行动本末倒置，手段决定了最终目的。这是因为手段被看得愈发重要，繁荣效应也因此消失了。根据主观价值理论，人们只有在使用价值较低的手段实现价值较高的目的时，才能够创造出真正的附加值。如果一个人过于注重手段（例如一个人的银行存款），他就再也无法实现自己的目的了。要想变得富有当然需要付出很高的代价。仅仅过了三年，四分之三的彩票中奖者的境况都比中奖之前更加糟糕，他们也变得更加不快乐。从这个意义上来说，人们倒不如希望自己的投资活动惨遭失败。

要想减轻手段与目的混淆所产生的危害，可以多花点时间与精力，像思考手段——属于传统的投资领域——一样思考自己的目的。**消费是一个人通过优先次序表达目的的主要领域**。现在，扭曲的消费主义有可能导致人们谴责消费活动本身。正如那些厌恶人类的人，会谴责人类对环境产生的每一种影响。但是，常常被用来反对人类影响的“自然”，其最大的组成部分正是文化景观。当政客们人为推行消费主义，进而对自然和文化产生了难以置信的破坏之后，随之而来的是严格的政治管制以及消费限制。这意味着人类的生活与生存最终都由政治决定。

消费是一种与自然的互动，在这种互动中，人们使用稀缺的手段来创造利益。对于这些手段，人们要么会立即把它用完，要么会长期使用。对人类来说，时间是单向流动的，如果没有持续地施加秩序的尝试，事情就会变得混乱与败坏，所以人们不得不做出决策。每当我们没有做好决策，让期待的事情发生并为己所用，那么时间就会在不断流逝中被浪费掉。

消费有两个维度：一方面是获取和使用非耐用消费品，另一方面是获取和使用耐用消费品。两个维度的消费都包含托尔斯坦·凡勃伦（Thorstein Veblen）所说的“炫耀性消费”，即消费本身是一种实现社会地位的手段。凡勃仑这样写道：

> 在任何高度组织化的、工业化的社群中，实现良好声誉的最终来源是金钱实力。显示自己的金钱实力，以此获得或保持好名声的手段是闲暇以及对商品的炫耀性消费。①

正因为人类想要给他人留下深刻的印象，消费主义才得以存在，并且自相矛盾的是，这也是人们愿意被征税的原因。如果获得的额外收入和自己需要付出的额外努力不相符，许多人宁可放弃额外收入。炫耀性消费的问题在于它的效果会发生快速的逆转：依靠金钱购买的声望很难永久存在，如果一个人无法维持炫耀性消费的水平，他最终会被别人看不起。彩票中奖后突然有了很多朋友。一旦花光了奖金，酒肉朋友也就消失了。

从奥地利学派的视角来看，消费方式的确立是一个缓慢而长期的过程。和投资品一样，要让消费品的价格和价值之比维持在一个恰当的水平上是很重要但又非常困难的。那些廉价的商品往往无法实现这一点，而极其昂贵的消费品则更不可能满足要求。一般而言，消费者只有选择那些质量上乘，且价格还未受到潮流、社媒和炫耀性消费的影响而走高的消费品才能最大限度地满足自身的需求。

有人觉得人生短暂，所以屈从于高时间偏好并且在当前时期尽可能地获得想要的东西。这是对有限的生命最糟糕的利用方式。高时间偏好的一个后果是产生“占便宜就是酷”的心态。如今，占便宜和浪费结合在一起，已经成为一种非常普遍的现象。人们强烈渴望自己尽可能多、尽可能快地获得收益，而又希望为

---

① Thorstein Veblen：The Theory of the Leisure Class. Oxford：Oxford University Press，2007（1899），p. 59.

这种“刺激感”承受尽可能小的代价。这就导致人们购买流动性非常差的产品。因为对人们而言，购买这些产品本身就是一种“刺激”，并且它的持续性并不长。这些产品的一手价和转手价之间的差距非常大，以至于它们最终的归宿只能是垃圾桶。在一本关于贫困的书中，亚历山大·冯·勋伯格（Alexander von Schonburg）描述了在普通公寓中发现大量毫无用处的家庭用品。

> 虽然今天的社会拥有成百上千种不同类型的财产，但在所有社会阶层中，实际上只有极少数人拥有真正的价值，但即便是这个拥有价值的社会阶层也在日益萎缩。对一个身处中下阶层的人来说，他的收入可能非常多。例如一个熟练工，他一生可以赚到超过100万欧元的收入，但他个人的永久性财产通常只占其收入的极小一部分。因为他把自己大部分的收入浪费在毫无价值的垃圾产品上，通过做没有意义的事情来消磨时间。例如去塞舌尔旅行，购买用劣质软木板拼接成的酒瓶架、奶酪火锅餐具、华夫饼铛、俱乐部会员、制冰机、酸奶机、凝胶凉鞋、活动背包、混合材质夹克衫、旅行用洋葱切碎机、体脂秤、镀铬切肉机、带可拆卸垃圾盒的剃须刀、电动按摩装置、塑料袋热封机、两台榨汁机、摆动式理疗仪、设计师款平底锅和磁性记忆海绵枕头。①

浪费型消费活动与持续型消费活动之间的差异可以用享乐（fun）和愉悦（joy）之间的差别来描述。心理学家埃里希·弗洛

① Alexander von Schonburg：Die Kunst des Stilvollen Verarmens. Wie Man Ohne Geld Reich Wird. Reinbek：Rowohlt Taschenbuchverlag，2007，p. 172.

姆认为享乐是一种被动的欲望满足感。它会产生刺激，但不会带来持续的愉悦。因此，生活中不能带来愉悦感的事物增加后，人们会渴望更多的享乐，并分散更多的注意力以寻找可替代的满足感，而愉悦则和人们的活动有关。

> 愉悦伴随着生产活动而出现。它不是一种突然达到高潮又突然结束的“峰值体验”。它让人们处于一种稳定的情感状态。同时，个人的基本能力也有明显的提升。愉悦不是一时的狂欢，而是人类在生活的同时散发出的光芒。高潮过后，快乐和刺激褪尽，悲伤随之而来。因为个体还没有成长起来刺激就已经消失了。一个人的内在力量并没有因此增加。①

创造愉悦的消费品越耐用，质量越高，越经历时间的洗礼，这种消费就越接近投资。个人的一部分消费可以成为一种价值储备，另一部分消费则可以成为一种投资形式。有四种方式可以让消费变成一种投资：第一种是长期储蓄。它和“小事聪明，大事糊涂”的说法恰好相反。如果人们能够以这种方式降低自己的长期成本，它就相当于一种投资活动。第二种是如果个体能够挖掘消费品的潜在用途，为自己的同胞创造价值和长期性的收入，这种消费品就能变成投资品。在我们所谓的富足社会中，这种情况很少出现，但还是有转变的可能。第三种是改善自己的健康状况，提高一个人的长期创造力。一个人的饮食和所处环境会产生不可低估的作用。可持续消费就是尽可能地减少伤害，并让自己

---

① Erich Fromm：To Have or to Be? New York：Continuum，2005（1976），p. 95.

更健康。第四种也是长期性的，也许应该把它归为创造而不是消费。我们现在面临一个充满扭曲、陷阱和幻想的世界，这是许多个体决策的结果，其中最主要的就是消费决策。毕竟，我们的消费决策对我们的经济结构产生了决定性影响。所以从这个角度看，消费决策本身就是投资策略的一部分。奥地利学派经济学家维克多·马塔亚（Victor Mataja）这样描述消费的道德性：

> 不论处于什么领域，为了获得称职的能力，我们都要激励自己，不停地寻找，并为此付出代价。①

在做每个消费决策的时候，我们都影响特定的企业家、结构、部门、政客、阶层、思想、行为和生活方式。和其他任何经济学理论相比，奥地利学派更加强调个体的责任。路德维希·冯·米塞斯把消费者视为经济活动的主权所有者：

> 人类不是因为有酿酒厂和葡萄园才饮酒的；人们酿造啤酒和葡萄酒，种植葡萄，是因为有对酒精饮料的需求。“酒精资本”创造的饮酒习惯并不比它创造的祝酒歌多。如果人们需要的是精神产品而不是麻醉精神的产品，入股酿酒厂的资本家就会更喜欢入股专门出版信仰书籍的公司。不是“军备资本”造就了战争，而是战争造就了“军备资本”。②

---

① Victor Mataja: Die Reklame. Eine Untersuchung über Ankündigungswesen und Werbetätigkeit im Geschäftsleben. München/Leipzig: Duncker & Humblot, 1916, p. 12.

② Ludwig von Mises: Socialism — An Economic and Sociological Analysis. New Haven: Yale University Press, 1951, p. 446.

因为巨大的市场扭曲、货币与实际价值的脱钩，所以从今天来看，这些已经不再完全正确。美国的奥地利学派经济学家弗兰克·费特仍然认为每一分钱都是一张选票。[①] 但这些选票几乎没有什么价值，小面额的货币已经因为滔天的美元洪流而变得一文不值。然而，有很大一部分原因和消费者有关。一方面，许多人高估了引起市场变动所需的消费者数量。例如，失去 10 个老顾客会让多少企业停摆，1 个好顾客能让多少企业出现，等等。另一方面，**消费不仅包括购买商品的决定，还涉及把我们的时间、注意力和鉴赏能力用于什么地方。**

奥地利学派强调人的行动。因为奥地利学派知道，在需要承担责任的时候，只有通过行动使用具有稀缺性的财货，才能真正承担起责任。在这种情况下，经济学家区分了口头表达的偏好和实际的偏好展示之间的明显差异。因为口头上的偏好表达几乎是没有成本的，所以人们很容易哀叹环境、寻求替代方案或者批评别人的行为。因此，积极主动的消费行为和投资活动一样，也需要头脑、智力和创造力。

捐赠基金

有些投资的时间跨度非常长，以至于我们自己几乎看不到它们的回报。但这些投资通常会带来丰厚的收益，因而也是最为重要的投资，因为这些投资可以实现漫长、复杂但有利可图的迂回生产。一项投资的期限越长，越难预测未来哪天它会让谁受益。

① Frank Fetter: The Principles of Economics. 3rd ed. New York, 1913, p. 394.

在那些经历几代人积累和保护财富的古老家族里，这样的投资显得更为重要。“可持续发展”如今已沦为政客口中的空话。但它最初来源于贵族的家族林业管理。它的文化经济不能仅用后代享有的利润来衡量，更是超越了纯粹的经济意义：长期的林业管理在人迹罕至的自然丛林和过度开发导致的沙漠侵蚀之间划出了一条界线，这些丛林宛如一座座具有丰富的生物多样性的岛屿，自然与文化在这里相互交流。

弗里德里希·冯·哈耶克提出自发秩序。自发秩序的产生并不依从某个个体的计划，而是各种人类行动共同产生的伟大结果。人类社会因为自愿协作才有了可持续发展的可能。它是一个有机体，介于组织和混乱之间，或者说介于文化的规划、自然的限制与法律之间。人类单靠自己是无法生存的，只能利用文明来弥补自己身体上（physical）的缺陷。我们的生活质量在很大程度上取决于可以利用的资本。在大多数情况下，我们生活质量的提升只有极其微小的一部分是我们自己努力的结果。实际上，这是投资的一个重要方面。正如格言“宁在富国当穷人，不在穷国当富人”。当然，单个个体对这些框架条件几乎没有影响。但是，仅仅抱怨政治是不够的。每个国家出现什么样的政客，最终都是它应得的。当然，“民主”是一场闹剧。政府代表的只是少数群体，并且支持率也降到了历史最低值。然而，人类决策还产生了其他的结构。法国哲学家艾蒂安·德·拉·波埃西（Etienne de la Boétie）是一位奥地利学派的先驱，他认为即使是暴力结构也是由无数的行为构成的，这些行为包括延续过去、保持沉默、合法化，甚至更多的是利用小的优势及避免可能的劣势等：

> 我不要求你亲自动手推翻暴君，只希望你不要再支持暴君。然后你会看到这个残暴的统治者像一座被抽离了基底的巨型雕像，受到自身重力的影响摔个粉身碎骨。
>
> 乍一看你会觉得这似乎不可信，但确实只有四五个人维护独裁者，四五个人使得整个国家都受制于独裁统治。五六个人总是能在他身边吹耳旁风。或是自愿跟随他，或是被他召唤过去，成为他残忍行为的帮凶，与他一同寻欢作乐，迎合他的情欲，狼狈为奸，帮助他肆意掠夺……这六个人底下有六百个受益的帮手……这六百个人又豢养了六千人，给他们职级……如果你想清解乱麻，会发现不止这六千人，还有十万甚至数百万人都依附于这个暴君……
>
> 简言之，当通过大恩小惠让臣服于暴君统治的人获得或大或小的利益，人们会发现那些认为暴政对其有利的人和那些认为自由更加有利的人几乎一样多。[①]

古希腊人把人称为“政治动物”（zoon politikon）。这个表达后来被深深地误解了，因为今天的政治学与古希腊时期的术语没有任何共通之处，在很多方面甚至是相反的。“政治动物”表达的是人是一种社群性的存在体。也就是说，一个人要想释放自己的潜能，获得美好的生活，需要保证其他人生活在非暴力的合作与和平竞争的稳定结构中。这样的结构不是自然而然形成的。在促成社群的过程中，个人往往渴求自己被认可，这就导致了群体性思维，从而使得大多数人容易被操纵。古希腊人认为政治是最

---

① Etienne de la Boétie：The Politics of Obedience－The Discourse of Voluntary Servitude. Auburn，Alabama：The Mises Institute，1975（1548），pp. 48，71－72.

困难的艺术，即反对暴力、愚蠢、同侪压力、意识形态和其他妄想对人类社会的持续破坏。对于每一个政体（commonwealth），人们要想在其中享有充分的自由与稳定，以发挥自己的潜能，则需要面向长远未来的公民——他们愿意为不能在短期内带来回报的事物承担代价。

这种努力，无论如何都不可能仅仅依靠税收或者捐款来实现。一方面，一直以来，税收都是滋养暴力与政治团体利益的温床。税收国家最大的危险在于，公民会以“反正有人会交税”为由，逐渐丧失公共精神与奉献精神。另一方面，我们通常不会向以营利为导向的组织捐款。不幸的是，利润不足并不能说明必然会有可持续的价值创造，实际上恰恰相反。利润往往被隐藏了起来，它们会以工资或者佣金的形式存在。唆使募捐是一项大生意，这需要出卖自己的良心。然而，良好的意愿并不一定能产生正面的效果。募捐的效果通常并不明显。奋斗的目标越是遥远怪异，募捐的效果就越差。社会组织部门因为政府补贴、意识形态的影响而发生严重的扭曲。

因此，在一个社群中，为了美好生活的框架所进行的极其长久的投资活动，应该被称为“捐赠基金”（endowment）。税收和捐款都会被用完，而捐赠基金从最原始的意义上来说，它指的是资本的积累。由于税收政策的影响，如今合法的捐赠形式，如信托已经成为人们的避难所，是他们出于预防而进行的自我剥夺，目的是逃避国家的控制。这一工具很少与可持续的资本积累联系在一起，尽管它适用于这一目的。大量资金涌入信托会导致鲁莽的行为，律师和董事会尸位素餐，违背创始人的意图且浪费和滥用资金。创始人去世之后，大多数大型基金会和信托都会偏离创始人的价值观。它们相当于被冻结的账户，最后留给代理人处置。

积累资本以持续地支持良好的框架条件是一项非常艰巨的任务，它和培养一家公司较为相似。不同之处在于，前者的目的不是通过价值创造获得直接的收入，而是在不能直接货币化或者根本无法货币化的领域创造价值。这些领域包括所有那些受益者缺乏支付能力的领域，或由于过于超前而缺乏支付意愿的领域，或者受益者无法直接确定的领域。最后投资必然还是需要获得回报，否则就谈不上资本了。人类文明的很大一部分就是依靠修道院、院校、大学、神圣或宏伟的建筑、图书馆、秩序、聚居区及城镇、奖金制度、学术机构、节日活动、体育设施及竞赛、孤儿院及医院、施粥铺及收容所等建立起来的。

所有这些原则上也可以通过以营利为导向的公司或者依靠税收补贴的机构来实施（正如今天我们所看到的一样）。然而，在这种环境下，由于扭曲的存在，市场和政治都是目光短浅的，以至于公司和政府所做的工作都阻止不了社群遭到破坏，文化和社群的破坏甚至变得越来越严重。例如，作为重要的文化机构，如今的大学已经被彻底破坏了。依靠税收维持的政治机构和依靠债务维持的私人学位生产商篡夺了大学的位置。而前文提到的那些机构和领域几乎面临完全相同的问题。至于这些丑陋、错误和对社群有害的东西的生产商，到底是由银行资助还是由政府资助，已经没有太大区别了。

捐赠基金的目的是建立一个可持续的框架结构，它不会让个人立即获得收益，却能产生远超于此的价值。通常，对于捐赠基金而言，更明智的做法是专注于一项或者少数几项工作，并且在这个过程中共同承担起企业家责任。从法律的角度来看，慈善事业并不排斥所有权责任，毕竟慈善公司也是存在的。国家主义者武断地提出“共同利益”或者“公共利益”，这成为很容易被意识形态的盲从者利用的术语。关于这一点，我们也无法提出适合每个人的建议，但我们首先要做的就是正确地认识问题。正如我们讨论的那样，追求利润与捐赠基金并不冲突。只是重点不在于收益分配。因为要么在一段时间内根本没有利润，要么利润被重新用于投资。

投机

在泡沫经济时期，所有人只关注投机活动。现在很多人依然认为，投资就是购买合适的金融工具，然后在它们上涨的时候高价卖出。投机和投资不同。前者是依靠价格变动寻求利润，而后者追求的是资本回报。

和灌输给大众的观念不同，投机本身并没有任何非法性或者破坏性。奥地利学派是为数不多的认同和捍卫投机活动的经济学流派之一。因为所有行动都包含了不确定性，因此所有的行动都是投机性的。成功的投机者能凭借套利活动平衡价格差异，揭示各种错误，将经济中分散的知识更好地传播给其他人。如今的投机活动如此猖獗，人们纷纷涌入证券交易所。这并不是道德败坏的结果，而是所有的资产价格都受到人为因素的干扰而出现膨胀。纸币的扩张开启了一个传销模式：人们购买资产不是为了获得生产性回报，而是期望自己能够找到更愚蠢的傻瓜，让后者以更高的价格接盘。

依靠自己的方式，诚挚地投身于投机活动是一种重要且光荣的行为。因为真正的投机能够发现市场中的错误。从社交媒体上获得“信息”之后进行大规模的购买，这种成功纯粹是巧合而已，就好像购买了一张所有条款都非常荒谬地偏向于银行的彩票。否则从哪里才能花10万美元购买一张承诺中100万美元头奖的彩票？（这种极其少见的价格10倍于原来的股票是每个人做梦都想得到的）。人为制造的持续性的货币贬值使得价格反复出现暴涨，从而产生“赌场资本主义”，它相对来说与资本几乎没有什么关系。

如果投机活动能够像其他职业一样为投机者带来特殊的知识、经验、直觉和才能，那么投机活动就可以实现合理的经济功能，并为投机者创造平均的正向回报。相信通过投资技巧（tips）可以在这条道路上找到捷径是幼稚的。今天的信息洪流当然包含了足够多的“技巧”，但投机是关于买卖时机的正确决策。潜在的资本收益伴随着风险：如果确定未来必然出现上涨趋势，那么除去低利率环境导致的微小贴现，较高的未来价格已经被考虑在当前的价格之中了。

如果把辛辛苦苦赚来的积蓄大规模地用于投机活动，这种嗜好几乎等同于玩忽职守。但在当前的环境下，驱使人们这样做的原因，除了贪婪，还有对货币贬值压力的恐慌。实际上，现在就连囤积也变得和投机行为一样了，可能两者只在意图上有所差异。投机需要不停地观察价格，以免错过时机。囤积则是一种长期的积累过程，一种用于长期建设性活动的投资行为。但不论是投机还是囤积，都要求人们尽可能忽略当前的名义价格，并且保持足够的理智。

小规模的投机活动也可以作为一种对冲工具，为囤积和资本提供一小部分额外的保障。不过，外行人往往会选择投资基金来实现这个目的，毕竟积极的管理是必不可少的。如果一个人的使命在别的地方，那么他的努力与回报通常就没有关系。观察市场需要耗费人们的时间，如果人们将这些时间投资于自己的事业，那么获得的回报通常会更高。

对于一般性的储户来说，投机活动的一个主要功能是非常有趣的，这个功能就是它的教育价值。然而，只有当个体以非常谦逊的态度参与市场，不被短期经历中产生的过度自信冲昏头脑时，参与市场活动才会给个体带来启发。要想比市场聪明几乎是不可能的。但在市场环境中审视自己，可以让人们了解我们这个时代的波动性。有些人很可能会发掘自己非凡的才能，并且因此拥有新的使命。对于纯粹的投机教学，市面上有很多免费的模拟器，即虚拟的证券账户。但是在虚拟世界里，既没有亏损也没有利得，所以人们很少会认真地对待，以至于表现出不一样的行动结果。在最糟糕的情况下，这些证券模拟游戏会让人们的自信心过度膨胀，然后在现实世界里采取致命的冒险行动。所以，如果人们想在现实世界中进行投机，就应该用有限的一部分资金作为投机资本。我们不能用投机代替储蓄和投资，而应该从个人的消费预算中挪出资金用于投机。毕竟，就连精挑细选的消费品，如果找到合适的销售时机，也可以在未来的某个时间点实现更高的售价。但在大多数情况下，高名义价格只不过是货币贬值的结果罢了。

在通货膨胀的环境下，最好的投机机会是投资者在炒作出现之前，就对炒作有所察觉。一些属于“宏大叙事”（big narrative）的行业很可能出现炒作行为。在后现代时期，人们对这种“宏大叙事”尤为向往。这些宏大叙事把人们当前的情绪与未来的承诺联系在一起。目前占主导地位的情绪包括：对稀缺性（贫困）的恐惧、孤独、迷茫、海量信息、缺乏意义、良心不安、现实与政治正确之间的认知失调。与声称能够解决这些担忧与需求的宏大叙事相关的技术和产品很有可能成为一种炒作。而且**炒作很少与产品或者服务的实际用途有关，而是与叙事是否适合传播有关。**

我们举两个具体的例子。最近在投资领域出现的炒作来自3D打印行业。解决稀缺性问题是现代社会一个流行的神话（例如电视剧《星际迷航》）。打印机竟然变成终结稀缺性的工具。除了简化原件的生产之外，3D打印技术并没有在真正意义上提供解决稀缺性问题的方案。因为打印出来的产品通常比利用注塑技术大规模生产出来的产品更加昂贵（即需要用到更多的手段）。“打印出来的”部件只具有个性化的形式，在质量上没有任何优势。

第二个例子涉及企业炒作。一个女企业家针对女孩子的特征，在颜色等方面参考一般的女孩玩具，进而为她们生产工程玩具。作为一种产品，它的性价比非常糟糕，并且整个产品的概念也非常荒谬。但是媒体对此趋之若鹜，把它置于宏大叙事中，声称可以通过购买玩具消除性别差异带来的负面现象。结果当然是企业接到大量订单。越来越多的企业倾向于这种短期效果：将大众媒体的注意力转化为销售，进而吸引风投资本。如果能够正确识别这些只是为了夺人眼球的商业模式，投机者必然能够获得短期的利润。但是人们注意力的持续时间以及这些商业模式的存活期正在不断下降。尽管如此，我们还是可以总结出一条献给投资者的忠告：千万不要低估宏大叙事的重要性，即不要低估一家企业的外部表现和经营理念。适当地提升现有小企业和产品的意义和价值，包含着巨大的价值创造潜能，对于这些小企业和产品，大众往往尚未注意。

组合投资理念

到现在为止，我们对投资理念的探讨可以为人们考量财富的积累提供一些行动指导。从狭义上来说，有的人把投资视作人生使命，并且依靠它获得正常的收入来源（尽管这种收入不是固定有规律的，而是时有时无、大起大落的），有人把投资作为试一试、玩一玩、图个乐、涨涨见识的行为，这样的投资属于消费支出。这样我们就把投资划分为四个领域。这四个领域就是四种策略，它们彼此依赖、互为条件。捐赠基金是长期建立的公共结构，我们并不期望它能产生直接的回报，因而是这四种策略中占比最小的一种。传统经验和宗教建议对这一策略规定了最多10%的比例，例如历史上的什一税。什一税后因与《圣经》相关内容冲突而被强制征税制所取代。什一税让个体与家庭在相对更庞大的社会单位面前的优先权得到尊重。

我们可以大致形成一个资本配置比例公式：30%的资金用于囤积流动性；30%的资金用于资本投资（机器、工具、企业股份、房地产出租等）；30%的资金用于购买耐用消费品（自有房产、艺术品、价值高的家庭用品等）；最后10%用于捐赠基金（购买涉及慈善、科学、和平促进、文化和环境项目的企业的股份）。

提供这个资本配置比例指南的目的是什么呢？目的在于，一方面，如果人们不夸大这个资本配置比例指南的作用，也不过于死板地照抄照搬（例如为了达到我们推荐的分配比例，把一个成功的企业拆分掉），就能防止人们做出不恰当的举动。毕竟只有囤积品才适合分割成小单位，这也是它们代表投资活动第一阶段的原因。另一方面，如果相对价格发生显著的变化，这个配置指南肯定会鼓励投资者再平衡。把配置比例固定下来的优势在于，它能引领人们高减低加实现再平衡。长期来看，这种方法能让人们以相对较低的价格购买，然后以较高的价格出售，这就能很好地对冲市场的波动性。如果一个人准备在一个很长的时段内积累起财富，他就不必过于担心时机问题，他可以抛开不稳定的市场走势，把注意力放在更重要的地方。

我们推荐的配置比例也可用于财富积累过程，而不是仅仅用于关注不同资产的权重问题。如果一个人有固定的收入，这种较为分散的划分方式更容易执行。从这个意义上来说，一个人每月收入与支出差额的30%最终会以现金的形式从账户中被取出来，用于购买流动资产进行囤积（比如一盎司的金币）。长期来看，这种长期分解的购买行为会摊平价格。个人账户中还有30%的资金用于投资目的，例如选择一家公司提高自己的持股比（购买股票）或者提升自己的价值创造能力。资本市场中的证券投资可以通过对冲（基金）进行补充，只要与所使用的资本有着合理的关系。如果一整年都没有遇到好的投资机会，属于囤积的那块资产配置比例将增加，从而为之后合适的机会做好准备。个人每月储蓄中的另外30%用于提升个人的生活质量和住宅的价值。如果没有更好的用途，这部分资金可以用于有益的投机活动。但要牢记的是，即便（或特别是）有好的运气，也永远不要让自己的投机资金超过原本的预算。剩余10%的资金用于逐步建设和发展更美好的社区环境。理想状态下，财富积累是一种长期性的习惯。它可以让人们安然入睡，不再因为每天需要做出惊心动魄的决策而心生恐慌，细水长流，慢慢填充自己的财富宝库。

光有一个分配比例自然是不够的，它只是一个开始。我们生活在一个极不利于财富积累的时代。但在不确定性日益增加的情况下，我们被迫做出决策。最好的投资决策会有很多令人难以置信的形式：一天之内可急售得到的 50 000 美元现金要比难以变现的 1 000 000 美元的股票有价值；用于购买汉语课的 1 000 美元要比一份人寿保险值钱；用于购买软件以及学习如何操作软件的 100 美元比其他财产更有价值；十年前埋在地下被人遗忘的硬币比一个金额相同的储蓄账户更有价值。我们需要睁大眼睛，对生活充满热情，积极主动地以价值为导向，把目光放在长远的未来，同时关注流动性、企业家机会、生活质量、自己周围可能出现的问题以及解决这些问题的机会。

在接下来的内容中，我们会介绍传统的囤积、投资和投机工具。囤积主要包括囤积现金与外汇、贵金属、银行存款以及货币市场头寸。投资包括一定条件下的股票与债券。其他大多数金融工具则都属于投机工具。

第九章

奥地利学派的投资实践

“永久投资组合带来了相当可观的增长。每年9.2%的平均回报率甚至能够媲美风险远远高得多的投资组合。事实上，它的回报率几乎等同于把所有资金都投资于股票所产生的9.8%的平均回报率。而后者这个较高的回报率只有在波动性更大的情况下才能实现。”

“一旦出现经济衰退，原本非常成功的价值投资标准就会面临失效的危险。”

想要按照奥地利学派的原则进行投资的投资者，尽管——甚至是因为——在经济学理论方面有了更多的知识，仍会面临一定的风险和危险。投资者在做投资决策的时候一定要将这些因素考虑在内。所以在有些情况下，对货币和准备金制度的性质有所认知，了解奥地利学派的经济周期理论、利息和资本理论也许是比较危险的。因为不论自己是否意识到，人们在做出投资决策时往往先入为主、带有偏见。由于奥地利学派会批判性地考察市场和框架条件，他们可能会表现出看跌的“偏见”：对趋势的判断过于悲观。

这种过度悲观的偏见会影响投资者判断投资时机，进而可能导致某些时刻的错误市场定位。图 9.1 反映的正是这个问题。1999 年当威廉·安德森（William Anderson）警告人们注意互联网泡沫的时候，纳斯达克指数尚未达到 2000 年峰值的一半。如果有人同样打赌价格会在 1999 年下降，那么他不仅将错过人为制造的价格反弹，还会因此遭受亏损。随后，房地产泡沫中也出现了类似的情况。2004 年，马克·桑顿警告最终会出现救市政策，但美国的房地产股票指数此后依然连续涨了近三年（见图 9.2）。

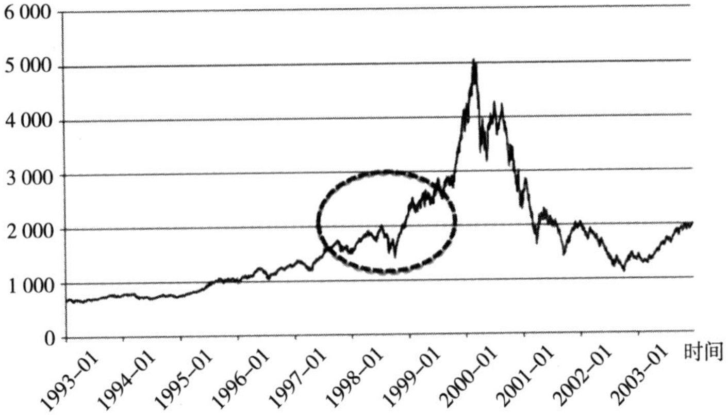

图 9.1　纳斯达克 100 指数

资料来源：Federal Reserve St. Louis.

安德森说："我们正在为一次打破纪录的经济发展欢呼雀跃，但其实这些并没有超越经济规律。毫无疑问，一旦产生问题，学术界以及媒体上的凯恩斯主义者就会指责是高利率以及美联储拒绝扩大信贷导致的。"①

---

① William Anderson: "New Economy, Old Delusion". In: The Free Market. The Mises Institute Monthly, Vol. 18, 08/01/2000.

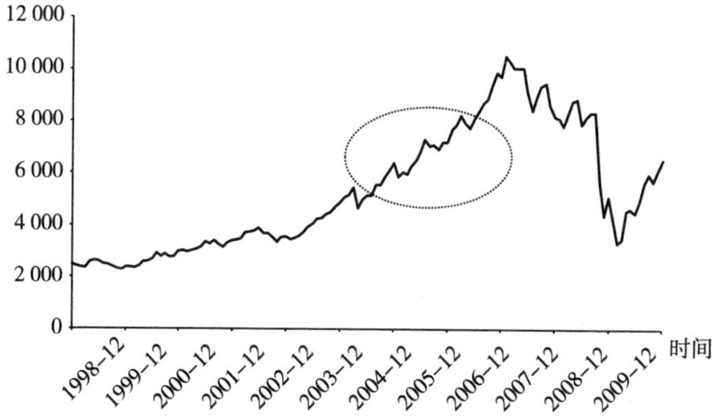

图 9.2　美国房地产股票指数（FTSE NAREIT）

资料来源：Bloomberg.

马克·桑顿认为："鉴于政府鼓励宽松的信贷，房价可能会崩溃，破产的概率可能会提高。包括政府资助的抵押贷款公司在内的金融公司可能再次需要纳税人的帮助。"①

奥地利学派投资者面临的另一个风险是配置问题。在人为制造的繁荣时期，市场价格会出现普遍性的错误。危机的发现过程往往伴随着重大的市场反应。泡沫经济的一个后果是人为地提高了波动性。一些奥地利学派投资者可能认为自己的观点绝对正确，由此选择非常极端的投资组合，最终无法经受强烈市场波动的冲击。他们可能会因为坚定的信念而在配置上变得非常顽固，其他市场参与者则因为无知反而采取其他的行动。

我们并不认为存在一种正确的奥地利学派范式的投资流程。在我们看来，奥地利学派的投资可以被定义为一种"运用奥地利学

① Mark Thornton："Housing：Too Good to Be True". Mises Daily，06/04/2004.

派经济学的指导原则进行投资决策”的行为。下面我们想从奥地利学派的视角讨论投资活动的不同方面与形式。通俗地讲，“传统”投资形式和“另类”投资形式是有区别的（见表9.1）。从最广泛的意义上看，传统的投资形式包括证券。它能为企业和政府提供融资。权益资本的所有权被称为股票，外部资本的所有权被称为债券。证券常常以基金（包括ETF）的形式捆绑交易。另类的投资形式包括对冲基金、直接持有企业股权和艺术品。

人们普遍认为资本市场是一场零和博弈。投资者购买股票的目的是获得对公司未来收益的索取权。公司的这些未来收益要么以股息的方式分配出去，要么被再次投入业务活动中。公司借助外部融资是因为它们需要额外的资源为研发项目提供支持，获得生产性资本。这些投资的目的是提高生产力和销售额。交易之所以发生是因为交易双方都（在交易前）认为交易活动能给自己带来收益。所以，如果投资能够成功，说明它是一个正和博弈，因为创造了额外的价值。与资本市场相反，衍生品市场的确可以被视为零和博弈。针对金融资产（或商品）未来价格趋势的对冲就在衍生品市场中进行。在这些市场中我们永远可以看到：有一个人快乐，必然有一个人悲伤。

表9.1　不同投资形式及其具体特征

	投资种类	流动性	现金流	对手/企业家风险	税收/财产没收风险
货币市场投资	传统投资	高	有	有	高
债券	传统投资	高	有	有	高
股票	传统投资	高	有	有	高
证券基金	传统投资	高	有	有	高

续表

	投资种类	流动性	现金流	对手/企业家风险	税收/财产没收风险
衍生品（上市）	另类投资	高	无	有	高
对冲基金	另类投资	中	无	有	高
企业股权	另类投资	低	有	有	高
私募股权基金	另类投资	低	有	有	高
房地产	另类投资	低	有	有	中
贵金属	另类投资	高	无	无	低
艺术品	另类投资	低	无	无	低
珠宝首饰	另类投资	中	无	无	低

资料来源：Incrementum AG.

而金融媒体上反复出现的头条消息会强化人们的另一个误解。在股市出现异常的负面价格趋势后，人们经常可以看到媒体报道宣称，在最近的交易期内，有多少（通常是一个令人震惊的数字）货币在证券交易所被销毁。要知道，证券交易既不会创造货币也不会销毁货币。交易价格仅仅反映以当地的通货计算的预期回报。即使没有任何一只股票易手，股票价格也有可能出现暴跌。约翰·斯图亚特·密尔（John Stuart Mill）已经非常明确地阐述了这一点：

> 恐慌不会摧毁资本。它们只是揭示资本因被毫无希望地用于非生产性用途而被破坏的程度。①

① John Stuart Mill："An Article Read before the Manchester Statistical Society in December 11，1867，on Credit Cycles and the Origin of Commercial Panics". In：Financial crises and periods of industrial and commercial depression，T. E. Burton（pub.）. New York-London：D. Appleton & Co.，1931（1902）.

信息来源

互联网为个体投资者提供了价格数据、证券选择、技术和基本面分析、新闻、论坛上的意见交流等各种信息，当然还包括线上的交易经纪人。下面这些网站能为投资者和投机者提供一些有用的信息：

• 在英语国家，可以访问 Yahoo Finance、Bloomberg.com、investing.com、Money. MSN. com、marketwatch. com、financialsense. com 以及 seekingalpha. com 等。它们涵盖了非常优质且极其全面的信息。

• 在技术分析方面，可以访问 stockcharts. com、bigcharts. com、Google Finance、Zignals. com 以及 TradingView. com 等。

• 使用 Investopedia. com 可以提高自己的财务知识储备。

• 在 mam. econoday. com 上，你可以找到与市场相关的宏观数据和统计数据，并且它们以简洁而全面的日历形式展示。

• acting-man. com 和 viennacapitalist. com 等优质博客从奥地利学派的视角对当前的发展进行评论。

• 其他媒体平台也会提供很多有趣的信息。比如 gordontlong. com 会分享有趣的财经新闻，尤其是关于金融管制的信息。

• 对机构投资者来说，要想从奥地利学派的视角进行金融市场研究，最有趣的莫过于弗兰克·肖斯塔克（Frank Shostak）博士创办的 AAS Economics。

筛选

筛选是指根据一定的标准选择证券。finviz. com 提供了非常棒的证券筛选工具。该网站上有 50 多个筛选器，包括众多的描述性标准（如证券交易所、行业、原产国、分析师共识、交易量）、基本面标准（如市盈率、价格/现金比率、债务和增长指标等）以及技术标准（如波动性、RSI、K线形态）等。此外，还可以根据内幕人士的交易活动以及公司介绍等方面进行筛选。该网站的一个缺点是它只关注北美市场（大约包含6 500只美国和加拿大的股票）。

ft. com/marketsdata 涵盖的股票更多。利用50个筛选器可以比较世界各地共计40 000种证券。特别有趣的是，它还能根据沃伦·巴菲特、本杰明·格雷厄姆或者马丁·茨威格（Martin Zweig）等耳熟能详的“大师”策略预先确定搜索标准。更加全面的当属谷歌的筛选器（google. com/finance/stockscreener），包含了近50 000只股票和60个筛选标准。

经纪公司

不论是好还是坏，如果要进行投机性的或生产性的投资活动，必然需要借助银行服务。一般而言，在大多数情况下银行的证券托管账户比在线经纪公司的证券托管账户的费用要高，提供的选择也更少。具体的选择取决于下单频率、交易的资产类别和投资组合的规模等。我们可以访问 stockbrokers. com/compare 和 fool. com/how-to-invest/broker/两个网站，对最佳经纪公司（可以按期权经纪人、差价合约经纪人、结构化产品经纪人、外汇经纪人、股票经纪人等工具进行排序）有一个总体的了解。

永久投资组合

要想把我们在前文阐述的奥地利学派投资理念运用到实际的

资产组合当中，一个可行的方式是采用所谓的“永久投资组合”。它是由美国著名投资分析师哈利·布朗（Harry Browne）在20世纪70年代初提出的。[①] 布朗深受奥地利学派的影响。永久投资组合也是最简单的投资概念之一。虽然面对扭曲的市场它也无法真正解决具体的配置问题，但是它凭借简洁性和易操作性给人们留下了非常深刻的印象。其方法的核心在于保持谦虚（这本身就带有浓厚的奥地利学派色彩）。未来是不可预知的，所以投资者需要把自己的资金分散配置，以便能够适应任何可能的经济环境（如经济繁荣、经济衰退、通货膨胀、通货紧缩）。它所包含的各个资产类别在不同的经济环境中往往是不相关的。永久投资组合由黄金、现金、股票和债券组成，每个部分的比重均为25%。在以下四种经济情形中：

- 通货膨胀引发的经济增长（有利于股票和黄金）。
- 通货收缩引发的经济增长（有利于股票和债券）。
- 通货紧缩引发的经济停滞（有利于现金和债券）。
- 通货膨胀引发的经济停滞（有利于黄金和现金）。

表9.2更加详细地描述了不同的经济环境对各类资产会产生什么样的积极影响或消极影响。四个组成部分的结合不仅能带来长期稳定的回报，同时也大大地降低了波动性。从这个角度来说，永久投资组合并不是一种快速致富的方式。只有采用高度集中的投资组合才能获得明显更高的回报，不过同时也会带来更大的风险：

---

① Harry Browne：Fail-Safe Investing. Lifelong Financial Security in 30 Minutes. New York：St. Martin's Griffin，2001。在这样的背景下，将克雷格·罗兰（Craig Rowland）和J. M. 劳森（J. M. Lawson）的书《哈利·布朗的永久投资组合》推荐给你们。作者聚焦于与永久投资组合概念相关的创新（如ETF作为一种经济构成要素）。

表 9.2　不同资产的积极环境和消极环境对比

资产类别	积极的环境	消极的环境
股票	·经济繁荣 ·投资者信心上升	·通货膨胀率快速上升 ·通货紧缩 ·焦虑和信心丧失期
债券	·经济下行 ·（轻微的）通货紧缩环境	·通货膨胀率快速上升 ·信贷风险上升 ·利率上升
现金	·信贷收紧 ·通货紧缩 ·利率上升	·严重的通货膨胀 ·经济繁荣
黄金	·通货膨胀率上升 ·通货紧缩 ·投资者信心下降	·投资者信心上升 ·实际利率显著为正（或上升）

资料来源：Incrementum AG.

“股票的持有时间越长，风险就越低”是一种错误的观点。约翰·诺斯塔德（John Norstad）发现标准普尔 500 指数在 1968—1982 年的 15 年内按通胀调整后价值计算，下跌了 4.62%，这就揭露了“时间分散化的谬误”（fallacy of temporal diversification）。让投资者坐在场边忍耐这么长的时间不出手几乎是不可能的。与传统的平衡增长投资组合相比，永久投资组合的回报更加稳定。因为在大多数情况下，平衡增长投资组合是由 70%的债券以及 30%的股票构成的。图 9.3 显示了 1972—2010 年永久投资组合的名义回报率以及实际回报率。仔细观察可以发现三个特别值得注意的特点。第一，永久投资组合带来了相当不错的增长。每年 9.2%的平均回报率甚至能够媲美风险远远高得多的投资组合。事实上，它的回报率几乎等同于把所有资金都投资于股票所产生的

9.8%的平均回报率。而后者这个较高的回报率只有在波动性更大的情况下才能实现。

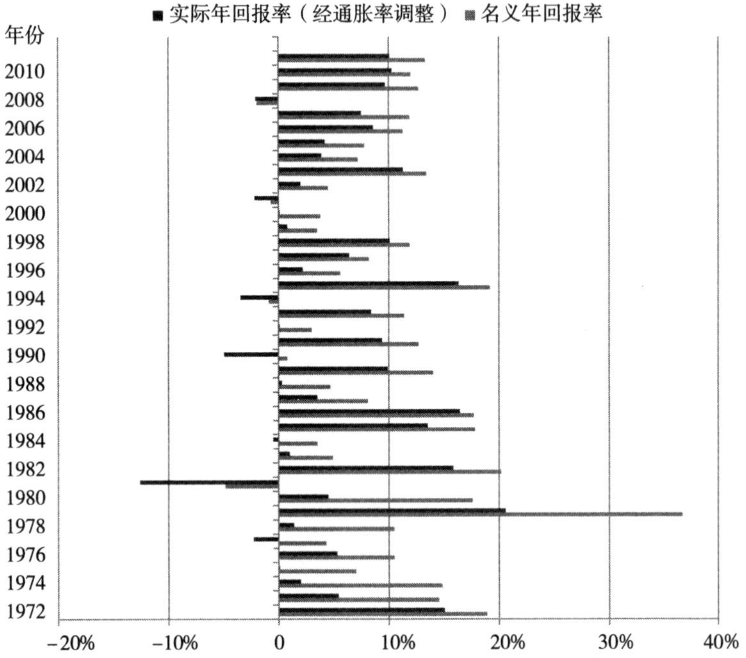

图 9.3　1972—2010 年永久投资组合的名义年回报率和实际年回报率

资料来源：Datastream.

第二，永久投资组合并没有出现非常大的亏损。出现亏损的年数非常少，而且即便发生亏损，损失也很小。在最糟糕的一年里（1981 年），永久投资组合的名义损失为 4.6%，根据通胀率调整后为 12.6%。与 100%的股票投资组合相比，这样的亏损状态并不算严重。此外，永久投资组合在次年（1982 年）以 16%的实际回报弥补了上一年的亏损。

第三，在所考察的时间段内，实际回报率大部分为正值，这意味着无论市场趋势如何，永久投资组合都能为投资者带来明显高于通胀率的回报率。一言以蔽之，永久投资组合能够带来真实收益。根据通胀调整后的回报来对投资策略进行评估是极为重要的，但人们往往忽视了这一点。

另一个重要的特点是投资者需要定期对永久投资组合中的各资产类别的权重进行再平衡。一旦某个资产类别的份额超过35%或者低于15%，就要将它恢复到25%。在实际操作中，如果某个资产类别的份额超过35%，就要不断减持，直至它的份额重新回到25%；如果它的份额小于15%，就要不断增持，使其变为25%。这考虑到了均值回归现象以及市场往往容易过度反应，并需要经历一段时间才能重新回归均值的事实。正如俗话所说的：爬得越高，摔得越重。这种市场上相当少见的反向调整仓位以实现再平衡的策略是基于这样一种理念：投资组合的维护工作，应该尽可能地保持较低的水平，而且人们无法预见在投资组合内部各个资产板块之间进行调整的时机何时才会到来。因此，永久投资组合的确是一种维护成本相对较低的模式，我们不需要决策在哪个具体的时间节点行动。并且由于交易的频率比较低，成本也能得到控制。从表9.3中可以发现交易成本对投资组合的长期表现有多大的影响。表9.3模拟了不同费用对每年总回报率为10%的投资的影响。

表9.3　费用对长期投资的影响

初始价值（美元）	费率（%）	扣除费用后的回报率（%）	年限	最终价值（美元）	费用（美元）
10 000	0	10	20	67 275	0
10 000	0.1	9.9	20	66 062	1 213

续表

初始价值（美元）	费率（%）	扣除费用后的回报率（%）	年限	最终价值（美元）	费用（美元）
10 000	0.2	9.8	20	64 870	2 405
10 000	1	9	20	56 044	11 231
10 000	2	8	20	46 609	21 116
10 000	3	7	20	38 696	28 579

资料来源：Incrementum AG.

投资者还须遵守其他的投资原则，如不要将投资决定权交给别人，避开自己不了解的公司或产品，用一部分资金投资海外市场。最后一条原则也被称为地域多样化原则。它可以保护投资者免受自己所在地区自然灾害或者政府法令等风险的影响。这样做不是为了向税务机关隐瞒自己的资金，只是为了对冲极端事件的发生和恶化。贪婪、嫉妒、恐惧等情绪对投资者的投资决策有很大的影响，并且常常成为投资失败的原因。永久投资组合会让投资者考虑这些危险，保护他们的个人储蓄。很多原则其实本身就是投资学常识。

永久组合投资的整体发展过程主要基于三个原则：首先，良好的回报率可以在很长一段时间内增加投资价值，避免承担不必要的风险。其次，要避免重大亏损。当遭受重大亏损后，投资者很难从这类损失中恢复过来。要弥补重大亏损，往往要承担更高风险，有好的运气，或者漫长地等待（对于快退休的人来说，这难以接受）。最后，这也是决定性原则，即必须关注实际回报。在评估回报的时候，永远不要忽视通货膨胀的影响。

有两只基金会根据永久投资组合的原则进行管理：一只是发

行于 1982 年的永久投资组合基金（Permanent Portfolio Fund），目前管理的资金约 160 亿美元。另一只是 2012 年发行的永久投资组合 ETF。但根据表 9.4，两只基金的实际投资策略与哈利·布朗最初的建议有所不同。

表 9.4　永久投资组合原则的实施

<table>
<tr><th>资产类别</th><th>哈利·布朗</th><th>永久投资组合基金*</th><th>永久投资组合 ETF</th></tr>
<tr><td rowspan="5">股票</td><td rowspan="5">占比 25%，包含美国高市值企业的股票</td><td rowspan="2">15%投资于增长强劲的股票</td><td>9%投资于美国高市值企业的股票</td></tr>
<tr><td>3%投资于美国低市值企业的股票</td></tr>
<tr><td rowspan="3">15%投资于美国以外地区的房地产和大宗商品股票</td><td>3%投资于跨国公司股票</td></tr>
<tr><td>5%投资于美国房地产股票</td></tr>
<tr><td>5%投资于美国和其他国家的大宗商品股票</td></tr>
<tr><td>债券</td><td>25%投资于美国超长期国债（偿付期限大于 25 年）</td><td>35%投资于美国短期国库券以及其他美元资产（占比约 7%）</td><td>25%投资于美国长期国债（偿付期限小于 20 年）</td></tr>
<tr><td rowspan="2">黄金</td><td rowspan="2">25%投资于实体黄金</td><td rowspan="2">20%投资于金币和金块</td><td>20%投资于交易所交易的黄金基金和黄金证券</td></tr>
<tr><td>5%投资于交易所交易的白银基金和白银证券</td></tr>
<tr><td>流动资产</td><td>25%投资于现金（美元）</td><td>10%投资于瑞士法郎相关资产</td><td>25%投资于美国长期国债和美国政府短期债券（偿付期限小于 3 年）</td></tr>
</table>

* 本栏百分比数字加总不足 100%，怀疑原书存在数字误差。——译注

资料来源：Incrementum AG.

贵金属

在前面的章节中，我们已经讨论了为什么当下推行的货币制度很有可能导致金融市场的极度扭曲。目前的金融政策并不具有

可行性。在我们看来，经历了这段不确定的时期之后，我们会怀念传统的货币制度。在当前的环境下，黄金的作用就如同一份货币保单。安东尼·萨顿（Antony Sutton）这样描述黄金投资的反周期性特征：

> 那些为从众本能所困的人最终被淹没在历史的洪流中。但总有极少数人通过观察、推理和预警成功避免洪水的侵袭。对这些极少数个体来说，黄金是他们最后可以依赖的手段。①

正如前文提到的，贵金属有着极高的市场接受度。一种财货充当货币的重要性越明显，它就能越容易地与其他财货进行交换。和其他财货相比，黄金的边际效用递减较慢。正是由于这种优质的特性，而不是所谓的稀缺性，黄金和白银稳居货币的宝座。黄金和白银极高的市场接受度也让它们从各种其他储值手段（比如房产或者艺术品）中脱颖而出。危机到来时，房产或者艺术品很难在短期内以可接受的价格清算掉。也正是这个原因，中央银行会把黄金而不是房产或者艺术品作为货币储备。

黄金与通货膨胀

大多数分析师认为，黄金具有对冲通胀的特性。当然，也有人提出反对意见，认为黄金价格和通胀率之间没有统计相关性，并由此得出结论，认为所谓的通胀对冲概念只不过是一个神话而

---

① Antony Sutton：The War on Gold. How To Profit From the Gold Crisis. Self-Counsel Press，1979，ch. 4.

已。我们研究了这个问题，并得出以下结论：黄金价格和通胀率本身没有相关性，但是和通胀率的变化有相关性。为了支撑这个假说，我们得出了图 9.4 的回归。①

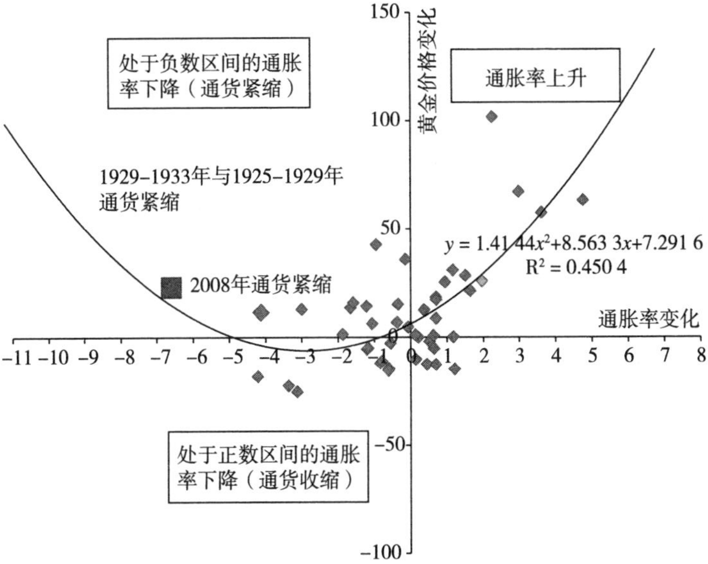

图 9.4　通胀率的变化和黄金价格的变化

资料来源：Federal Reserve St. Louis，Incrementum AG.

图中的数据是布雷顿森林体系结束之后的年度数据。深色的数据点（即左边的大正方块）没有包括在回归计算中。它的作用是支持我们的假设，因为这是 1971 年之前黄金价格唯一出现明显波动的一段时期。该数据点与回归曲线非常匹配，证实了在通货紧缩时期，不管是看实际价格还是看名义价格，黄金价格都呈现出正向趋势。在去通货膨胀也就是通货收缩时期，不断下降的通

① Ronald Stöferle，Mark J. Valek：In Gold We Trust，Report 2013.

胀率仍然处于正值区域，如我们所观察到的 2012 年和 2013 年，这也是对黄金价格而言最不利的环境。

黄金与通货紧缩

只有在通胀率不断上升至高位的时候，黄金价格的变化才会呈现出正向的趋势。这种观点最早可以追溯到 20 世纪 80 年代和 90 年代长达 20 年通货收缩时期的熊市。当时，人们通过简单的推断认为如果黄金在通货收缩时期就已经被削弱了，那么在通货紧缩时期，黄金将变得更加疲弱。但这种观点是错误的。很少有人分析黄金在通货紧缩时期的状态，尤其是因为通货紧缩本身就很少出现。当然，在这种情况下，我们必然会谈及 20 世纪 30 年代的大萧条（见图 9.5）。但在大萧条时期，美国以及世界其他国家仍然保留着金本位制度。因此，黄金的价格是固定的。所以，我们可以通过考察废除金本位制度之后各种货币的贬值情况来估算黄金价格可能的变化。例如，1931 年英镑贬值 51%。紧接着，美国照搬英国的做法，将黄金升值 60%（每盎司黄金从 20.67 美元上升至 35 美元）。

我们可以猜测，在黄金价格固定的时期，巨大的购买压力正在积聚。1933 年，黄金储备不断下降，直逼要求的最低水平。这正是罗斯福总统下令没收私人黄金储备的原因。私人黄金储备被没收的一个后果就是黑市的泛滥。大量资金流入黄金开采行业。美国矿业局的数据显示，1940 年美国从事开采生产的金矿约有 9 000 座。不论是从相对值还是从绝对值来看，大部分已上市的黄金公司的股价在这段时间都出现了反弹。例如，当时最重要的霍姆斯特克矿业公司的股价在几年之内从 75 美元（1929 年）上涨到 500

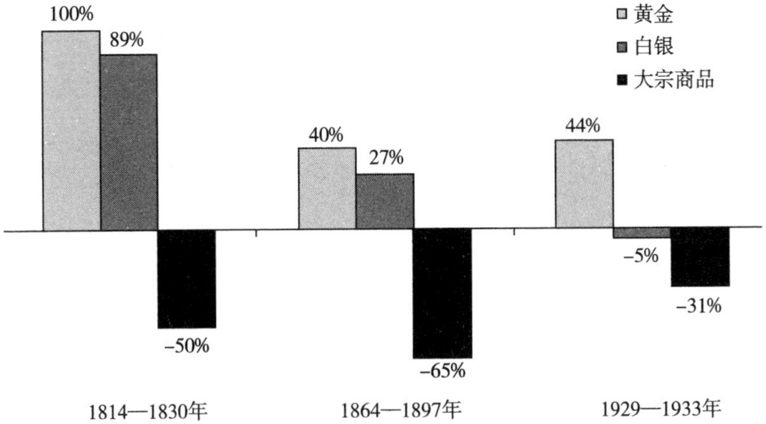

图 9.5　通货紧缩时期的黄金、白银和大宗商品

资料来源：Roy Jastram，*The Golden Constant*，Erste Group Research，*Silver, the Restless Metal*.

美元（1935 年）。另外，在此期间支付了总计 130 美元的股息（这个数据偏小，估计原文有误，疑为每股股息——译注）。由于黄金价格是固定的，最主要的投入成本（比如能源和劳动力）都呈现出通货紧缩的趋势，所以黄金开采商的利润率极速上升。

在通货紧缩非常明显的时期，政府预算严重吃紧，金融部门面临着系统性问题。通货被迫贬值，这是为了让金融系统再度扩张。信贷质量逐渐变差，企业和政府的信誉受到质疑。人们的观念发生了变化，认为资本的维持比资本的增长更加重要。人们对金融系统和纸币的信任感下降。而黄金则因为自身一流的信用质量让人们重新认识到它作为货币的重要意义。

到了现代，绝佳的例子就是发生于 2010—2012 年的欧元区主权债务危机。欧洲银行体系突然陷入困境：大部分以主权债券的形式持有的资金面临威胁，资本市场的短期资金枯竭。这导致为银行资产负债表上的长期资产进行融资变得越来越困难。这些问题最终演变成通货紧缩：银行不再提供新的贷款，而是尽可能回收尚未偿还的贷款。货币供应的增长率开始极速下降，一些受危机严重影响的周边国家甚至出现了负增长。储户开始担心自己的存款，大量储户从欧元区逃到美国，至少美国的联邦存款保险公司（FDIC）为应对2008年金融危机而临时实施的无限存款保险政策仍然是有效的。

在整个欧洲，人们对黄金的需求大幅增加，因为人们试图保护自己免受欧元崩溃以及银行业危机失控的影响。以黄金ETF形式持有的黄金数量也在飙升。它虽然和整个黄金市场相比只是非常小的一部分，但的确能作为一个指标衡量当时人们对黄金的情绪。它表明，当时人们意识到了真正的通货紧缩对部分准备金制度来说是一个巨大的风险，而活期存款账户中的信用媒介很有可能失去原本人们以为存在的货币特征。正如后来在塞浦路斯所发生的那样，一旦银行资不抵债且政府无力援救储户，这类存款就不再是货币了。相反，它们突然被揭示为一种债权，只不过永远不可能得到偿付罢了。通过在银行体系之外囤积黄金，人们不仅能够减轻上述危险，同时还能减少将欧元转换为本国以前的货币所固有的风险。

美国经济学家、纽约联邦储备银行前副主席约翰·埃克塞特（John Exeter）曾对通货紧缩螺旋式的下降做出著名的图解。它类似于一个沙漏，随着人们冒险的意愿逐渐降低，金融系统中的流动性逐渐向下流动。顶端是投机性投资，由于信心逐渐丧失，流动性逐渐从顶端撤离，因而施加了巨大的价格压力。卖方市场逐渐变成买方市场。众所周知，在信贷市场上，一有风吹草动便会草木皆兵。由于人们的风险厌恶情绪不断累积，债权人试图稳健地将各种流动性较差的资产尽可能售出，并且将资金转移到埃克塞特倒金字塔靠近底部的资产中（底部是黄金，见图 9.6)。因为民众普遍的怀疑态度，黄金的流通量随着囤积量的增加而减少。囤积的程度总是与人们对政府以及法币的信心成反比。黄金永远都不是稀缺的，除非它被人们出于充分的理由囤积起来，并被刻意隐藏起来。因为不存在与黄金相关的支付承诺，所以它是纸币唯一的替代品，因而处于倒金字塔的最底部。

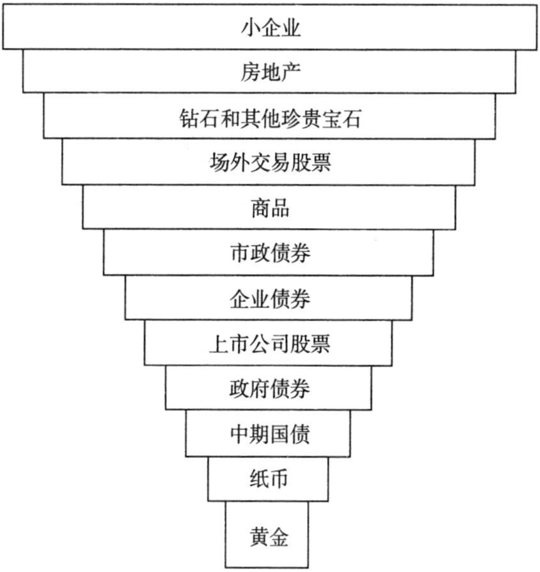

图 9.6　埃克塞特倒金字塔

在繁荣和信心增强的情况下，人们冒险的情绪增加。流动性再一次逐渐从黄金等领域流入倒金字塔上方对应的领域。一个崭新的循环开始了。因此，通货紧缩意味着货币质量的提高，而通货膨胀则意味着货币数量的增加。

黄金和实际利率

黄金价格最重要的指标功能就是对实际利率趋势的衡量。负实际利率与黄金价格上涨之间一直存在很强的相关性。这是为什么呢？放弃利息收益是持有黄金的机会成本。因此，当实际利率上升时，持有黄金的机会成本上升，通常而言这是持有黄金的一个负面影响。相反，实际利率越低，相对于黄金而言，债券等的吸引力越小。因此，负实际利率是黄金牛市最主要的驱动因素。当然还包括货币供应总量的增长率、政治风险、未偿债务的数量和质量以及同类竞争性资产的吸引力等其他重要因素。

我们反复提到负实际利率，目的是想把它作为解决过度负债问题的一种可能方法。在图 9.7 中，我们可以看到负实际利率为黄金价格的正向趋势提供了非常完美的基础。在 20 世纪 70 年代的黄金大牛市中，实际利率在大部分时间内处于负值区域。在保罗·沃尔克大幅上调短期利率并实施美元强势政策之后，他也终结了黄金牛市。在 20 世纪 80 年代和 90 年代，实际利率为负值的时间只有 5.9％，这对黄金投资来说是一个看跌的环境。因为机会成本太高，所以相对而言股票和债券更加具有吸引力。然而，2000 年的环境再次向黄金倾斜。在那之后的大部分时间里，实际利率一直维持负值。

表 9.5 也证实了这一点。表中的第二列显示的是美国国库券的实际收益率小于 1％的月份占比。第三列显示的是同期的黄金名义收益率。第四列显示的是同期的黄金实际收益率。

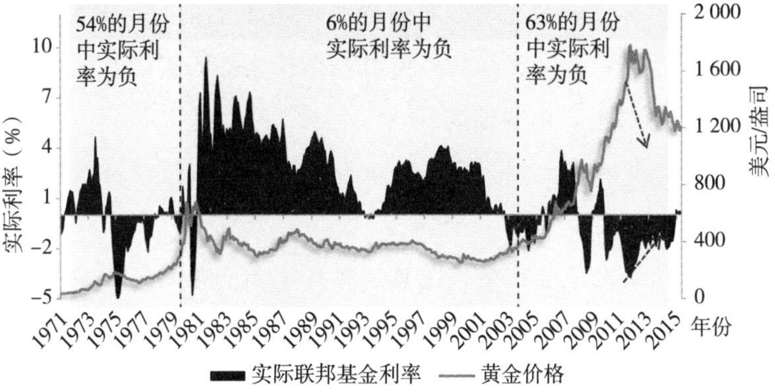

图 9.7　1971 年以来的实际利率和黄金价格

资料来源：Federal Reserve St. Louis.

表 9.5　美国国债的实际收益率以及黄金的名义收益率与实际收益率

时间	实际收益率小于1%的月份占比	黄金名义收益率	黄金实际收益率
20 世纪 70 年代	50%	1 356%	627%
20 世纪 80 年代	11%	−22%	−53%
20 世纪 90 年代	25%	−28%	−64%
2000—2009 年	60%	281%	196%
2010—2013 年	64%	26%	20%

资料来源：Erste Group Research.

由于过度负债问题和金融抑制等不奏效的解决方法，我们预计在未来几年内，实际利率将继续保持在较低水平甚至负值。这能为黄金价格上涨提供一个极好的环境。因此，黄金牛市的终结不仅让人们重新思考回归货币诚信的问题，还引起了实际利率的持续上升。在这种情况下，我们有必要问自己以下这些问题：

（1）这会对各种股票估值模型产生什么样的影响？毕竟利率是这些模型的主要影响因素。

（2）如果利率大幅上升，它对金融系统尤其是经济的短期影响是什么？

（3）这会对债券市场，尤其是那些垃圾债券以及新兴债券市场有何影响？

黄金作为组合投资的对冲

黄金具备多种品质，因而能够作为平稳的、长期性的投资工具。黄金与大多数其他资产类别，尤其是股票和债券的相关性非常低。自1970年以来，黄金与标准普尔500指数的相关性为－0.18；与10年期国债的相关性为－0.04。因此，黄金作为一种相关性较低的资产类别，可以充当实现投资组合多样化的一种手段。在短期内，黄金与其他资产类别也保持着类似的低相关性。图9.8显示了黄金与商品、股票和债券的5年期相关性。

图9.9能够非常明显地说明为什么黄金经常被视为突发事件的对冲手段。图9.9显示了黄金的年度价格和标准普尔500的年度指数。时间按照标准普尔500指数的糟糕程度进行排列（即指数崩盘的年份罗列在图的左侧）。我们可以看到在经济不景气的时期，不管是从相对值还是从绝对值来看，黄金都有非常强劲的表现。当然，在标准普尔500指数表现良好的时期，情况正好相反。

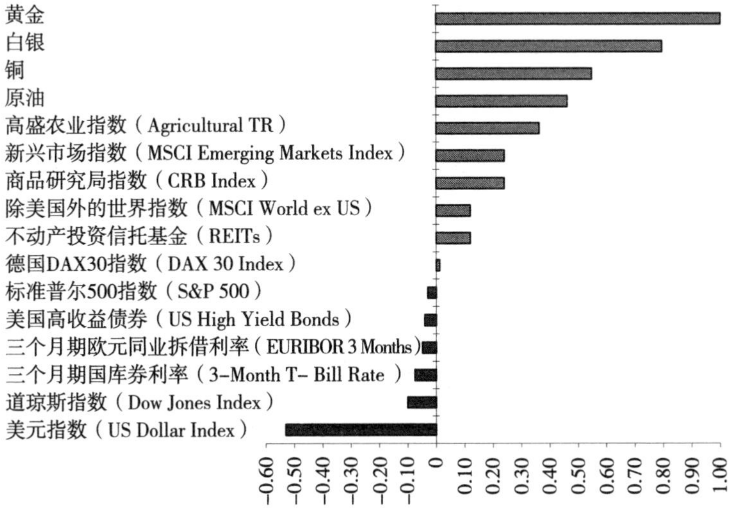

图 9.8 黄金和其他资产类别的相关性

资料来源：Datastream，Erste Group Research.

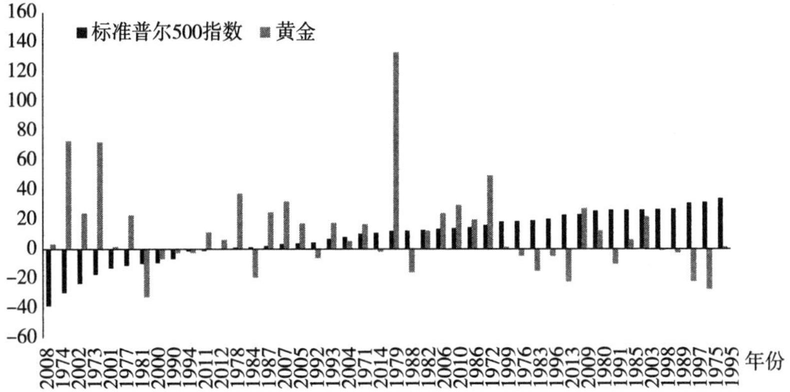

图 9.9 黄金年度价格与标准普尔 500 年度指数

目前存在大量有关黄金性质特征的学术研究。① 其中大部分研究认为，黄金能够降低投资组合的整体风险，减少投资的波动性。尤其是在极端动荡时期，这种功能更加明显。大部分研究建议黄金配置占个人总财富的5%～10%。鉴于目前所推行的货币政策，我们会把这个比例再往上调。一个相关的经验法则是：黄金所占的比例应该大致相当于极端情况的预期发生概率。例如，假设恶性通货膨胀或者货币革命发生的可能性为50%，那么黄金在组合投资中的占比应该相应地变为50%。

由于黄金的独特性质，在当前货币面临崩溃并且存在过度负债的时期，黄金成为为数不多的用于风险对冲的手段之一。它可能是唯一一种不受某些债权人关系约束的流动资产。黄金独立于政府，是一种在各个大洲都被广泛接受与认可，并且也是迄今为止能够在每一次政府破产以及每一场战争中幸存下来的支付手段。我们相信，当前的经济危机最终会让我们回归稳健的货币，重新发现黄金在过去几个世纪中确立起来的作为货币的重要性（见表9.6）。

表9.6　不同贵金属投资方式的比较

	投资种类	交易成本	对手/企业家风险	与黄金/白银的相关性	储存
实物投资	古钱币	非常高	无	中等	贮藏成本/盗失风险
	金币	低	无	1	贮藏成本/盗失风险
	金块	低	无	1	贮藏成本/盗失风险
	银币	中等	无	1	价值密度低
	银块	中等	无	1	价值密度低

① Richard Michaud, Robert Michaud, and Katharine Pulvermacher: Gold as a Strategic Asset. London: World Gold Council, 2006.

续表

	投资种类	交易成本	对手/企业家风险	与黄金/白银的相关性	储存
贵金属证券	ETF/ETC	低	存在	非常高	托管账户
	期货/期权	非常低	存在	非常高	托管账户
	黄金凭证/黄金认购权证	高	发行方	非常高	托管账户
股票	银矿业股票	低	企业家风险	中等（股票风险）	托管账户
	金矿业股票	低	企业家风险	中等（股票风险）	托管账户
	矿业基金	高	企业家风险	中等（股票风险）	托管账户

资料来源：Incrementum AG.

库存流量比

黄金能够在各种资产中脱颖而出并具备极高货币价值的一个重要特性就是它有很高的库存流量比（stock-to-flow ratio，见图 9.10）。迄今为止，历史上开采的黄金总量约为 175 000 吨，这是目前的黄金存量（此处为原书出版年份 2015 年前后的数据——译注）。2012 年，矿山的黄金年产量约为 2 700 吨，这是每年的黄金流量。如果用黄金存量除以黄金流量，则库存流量比约为 64.8。菲利普·巴顿（Philip Barton）解释了黄金惊人的库存流量比的历史背景：

> 一切事情都有自己的源头。174 000 吨黄金并不是突然出现的。它是在漫长的过程中不断积累的结果。在某个时刻——可以远远追溯到人类历史刚刚起步的时候，祖先们就做出了积累黄金这个影响人类命运的决定。后来者追随第一

位早已无人知晓的无名英雄。没有人会保存一打鸡蛋或者一根铁棒，并期待60年后它们仍然具有价值，更不用说经历600多年的岁月。从第一块尚未被精炼的金块被人们储存起来的那一刻起，黄金就已经被视为一种能够保持价值稳定的事物。如果黄金没有这种特性，人们从一开始就不会储存它。人们不会储存那些价值不稳定的事物。①

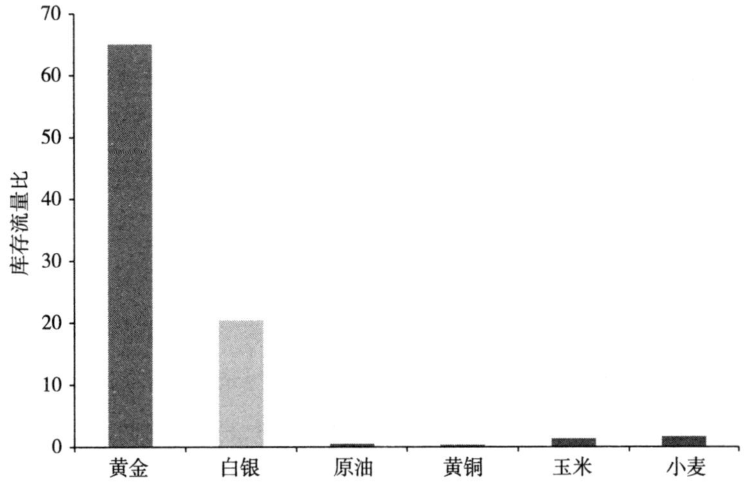

图9.10　黄金、白银和其他商品的库存流量比

资料来源：Erste Group Research，Incrementum AG.

因此，全球黄金存量的年增长率仅为1.5%。这和全球人口的增长率大致相同，并且明显低于全球货币供应总量的增长率。举一个简单的例子来说明为什么高库存流量比能够天然地对冲通

---

① Philip Barton［Forthcoming］. The Dawn of Gold.

货膨胀。在金矿产量增长50%的情况下，黄金存量每年只会增长2.3%。和当前中央银行的货币通胀率相比，这个数值可以说是微不足道的。此外，即便矿场停运一整年也不会有太大的影响。如果铜矿出现这种状况，那么库存将在30天内耗尽。而且，一旦发现新的大型可开采铜矿，铜的价格将受到巨大的影响。但如果是黄金，那么金价的波动将会很小。这种差异让人们对黄金和白银等贵金属的稳定性充满了信心，这也是它们能够成为实质性货币的原因所在。

“专家们”经常秘密宣称，黄金的价格永远不会跌破它的生产成本（若将所有费用计算在内，当前的黄金生产成本为每盎司1 200美元）。这是一个非常常见的误解，原因在于很多人仍然把黄金当成一种工业产品进行分析。但由于工业产品有被彻底用尽的一天，而人们会对黄金进行囤积，所以传统的供求模型并不适用于黄金市场。因此，生产成本并不是决定黄金价格的因素，不过，它对金矿业股票的走势有着重要影响。

黄金的需求方是中央银行、珠宝商和投资者。对黄金最大的需求来自所谓的黄金储备，也就是黄金所有者并不准备以当前的价格出售手中的黄金。因此，他们对黄金价格的稳定起到了非常重要的作用。所以，不愿以当前价格出售黄金的决定和打算购买黄金的决定是同样重要的。它们的净效果是一样的。总而言之，黄金的供给量总是很大，而常常被人们提起的“黄金赤字”只不过是一个传说而已。

我们必须以整体的方式考察黄金市场，而不是将黄金供给的年增长与总存量分割开来，否则将得出错误的结论。不论是最近开采出的黄金，还是一千多年前开采出的黄金，或者是刚刚被回收的牙金，不同来源所供应的黄金没有差别。因此，相对而言，矿场产量的波动对黄金价格的形成并没那么重要。

黄金股

虽然黄金本身充当了囤积的手段，但黄金股却是投资或者投机工具。目前，黄金股本质上是一种极其反周期性的投机活动，对黄金价格有很强的杠杆作用。目前没有哪个行业会像黄金矿业一样被机构投资者大大低估。黄金股似乎因为资本密集型开发项目、风险收购以及大幅上涨的生产成本而被沮丧的投资者所厌弃。我们可以从黄金股指数和黄金价格之间的比率认识到这一点。如图 9.11 所示，2014 年仍在使用的黄金股指数巴伦黄金矿业指数（BGMI）相对于黄金价格而言处于 70 年来的最低水平。

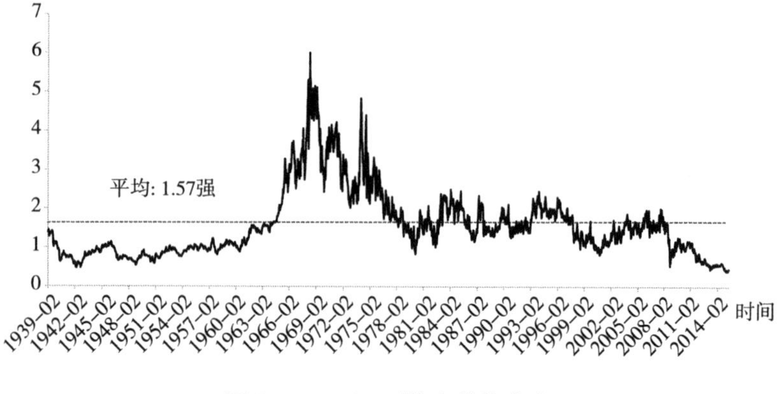

图 9.11　BGMI/黄金价格比率

资料来源：Barron's，Sharelynx，Incrementum AG.

黄金矿业目前正在经历翻天覆地的变化。整个行业似乎正在改变自己的首要目标。盈利能力、资本约束和稳定的每盎司回报率似乎都要比产量的最大化受欢迎。

生产成本永远在上升这一推断似乎依旧是人们当前的共识。我们对此持怀疑态度。在经济增长乏力且商品价格不断下跌的情况下，许多投入成本早已不再上升，甚至开始下降。所以在最近残酷的市场调整过程中，能源、工业轮胎、炸药以及劳动力的价格已经出现了下降。因此，在我们看来，“生产成本永远在上升”的口号是错误的。我们也期望看到成本不再提高甚至出现下降的情况。

对黄金股盈利能力最重要的影响因素是黄金价格和黄金生产成本之间的差异。超出一定的价格阈值后，大部分矿场运营商的开采活动开始变得无利可图。但是已经开采出来的黄金仍然继续参与交易。因此，虽然矿场产量对黄金价格的影响非常小，但黄金价格却对黄金的开采以及矿场的盈利能力有着巨大的冲击。由于不同矿场的生产成本并不一致，盈利能力差异很大。所以，如果黄金价格上涨但黄金开采成本保持不变，那么原本不可能出现的黄金储备也会变为可能。在这一点上，黄金价格的绝对水平并不重要。例如，黄金是少数几种在人们对经济发展信心不足以及经济衰退时期反而受到追捧的物品。因此，黄金股也是少数几个与整个股票市场长期保持负相关性的板块之一。比如，我们可以从 20 世纪 70 年代观察到这个现象：标准普尔 500 指数在 1973 年 1 月的 118 点和 1981 年 1 月的 135 点之间横盘整理。与此同时，Datastream 的世界黄金指数（World Gold Index）从 100 点上涨至 407 点。

在我们看来，每一个参与矿业股投资的投资者都应该仔细研究以下六个 P。这六个 P 代表了投资者可能会遇到的最基本的风险。

·人（People）：由于缺乏经验丰富的专家、地质学家和工程师，劳动力成本大幅上升。

·采购（Procurement）：采矿所需的商品和服务成本上升。

·能源（Power）：例如，矿石品级的下降所引起的能源成本上升。

·许可证（Permits）：采矿许可证的申领条件更加严格，成本更高。

·项目（Project）：替换已开采的矿石储备变得越来越困难。

·政治（Politics）：政府对市场的干预增加。例如，环境或劳工保护要求以及不断增加的税费（如暴利税或者开采权使用费等）。

如果你想在矿业取得不错的投资成果，上述最后一点是尤其需要考虑的。近年来，矿业国有化和高税收的趋势越来越明显。世界各国政府长年累月的预算赤字问题让它们变得更加贪婪。近年来，政府已经提出并开始收取许多全新的税和许可证费用。我们罗列了以下几种矿工所面临的政治风险：

·矿业改革，对现有许可协议进行新的立法和谈判（蒙古、几内亚、巴西、津巴布韦）。

·征用和国有化（阿根廷、委内瑞拉、南非、津巴布韦、乌兹别克斯坦、吉尔吉斯斯坦、哈萨克斯坦）。

·收购行业领先企业（南非、巴西、俄罗斯）。

·安全问题（科特迪瓦、尼日尔、墨西哥）。

·新型税费（坦桑尼亚、赞比亚、秘鲁、巴西、澳大利亚）。

·环境立法管制（美国、加拿大、智利、欧洲）。

黄金股和石油股目前的估值如此之低，其中一个原因就是这些行业非常容易受到政治风险的影响。一旦一个人在矿场或石油生产设施上投资了数十亿美元，这个人就会成为政客潜在的俘虏，因为政客可以随意地增加税收甚至没收他的个人资产。这些资产由于很难转移到其他用途上，所以很容易成为政客的攻击目标。因此，司法管辖权的选择是当前黄金股投资最重要的决策标准之一。

在政局稳定的地区，稳健的矿业公司意味着存在高杠杆和极具吸引力的投资机会。由于黄金股是唯一一个与整个大盘呈负相关性的股票板块，因此可以被视为对冲股市下跌的手段，在黄金股相对于整个大盘出现极度超卖的时候尤为如此。在挑选合适的黄金股时，政治风险与六个 P 的调查是投资者主要采用的衡量标准。

白银

和黄金一样，白银也是一种充当货币的金属，但白银的工业用途远远多于黄金。因此，白银在经济扩张期间往往会迎来更加强劲的反弹，而黄金通常只在经济不景气的时候拥有更好的表现。所以，白银也是一个非常出色的衡量通胀的指标。在价格通胀率上升（即黄金/白银比率下降）时，白银的涨幅往往明显大于黄金；而在去通胀时期（即黄金/白银比率上升），情况正好相反。值得注意的是，当贵金属行业面临激烈的投机热潮时，白银的反弹往往比黄金更强劲。图 9.12 显示了自 1971 年以来的黄金/白银比率。

目前，该比率约为 75，远高于 55 的中值水平。这表明在长达 40 年的时间内，当前白银相对被低估。该比率的最低值出现在 1980 年，1 盎司的黄金只能兑换 14 盎司的白银。1940 年则出现了历史性的最高值，1 盎司的黄金可以兑换 100 盎司的白银。

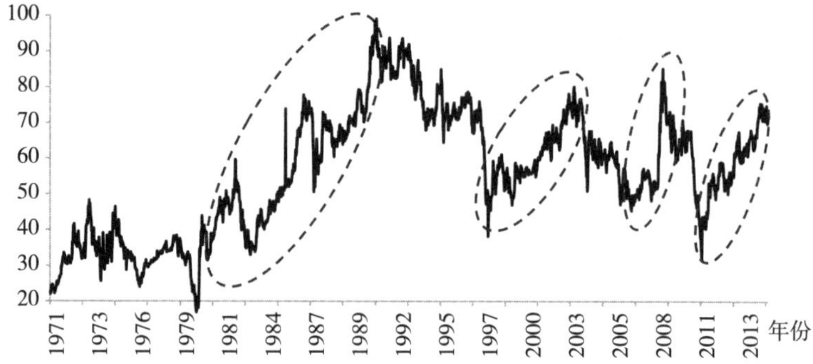

图 9.12　黄金/白银比率

资料来源：Federal Reserve St. Louis，Incrementum AG.

1990 年也出现了类似的高值。我们预计在黄金牛市的最后阶段，相对于黄金，白银将表现出显著的强势趋势。20 世纪 70 年代的比率趋势（在图中已圈出）也能支持我们的这一预测。

纵观几个世纪以来的趋势，我们明显可以发现自 20 世纪以来，相对于白银，黄金的购买力大幅提高（见图 9.13）。该比率的长期中位数（自 1688 年以来）是 15，大致相当于白银存量和黄金存量的比率。地壳中的白银含量大约是黄金的 17 倍。根据美国地质调查局的测量和推断，白银资源仅比黄金高出 6 倍。

在古代，黄金的价值是白银价值的 12～13 倍。这个倍数是根据天文现象计算得到的（因为银色的月亮在黄道带中的移动速度比金色的太阳快很多倍），并且沿用了 800 多年。直到吕底亚人时代人们才放弃使用这个倍数。在金银双本位制时期，这个倍数在大多数时间内一直保持在 10 到 15 之间（见表 9.7）。但这个倍数不是由市场决定的，而是由政府规定的。自 1870 年以来，这个倍数有所增加。可能的原因是市场将黄金视为主要的充当货币的金属。

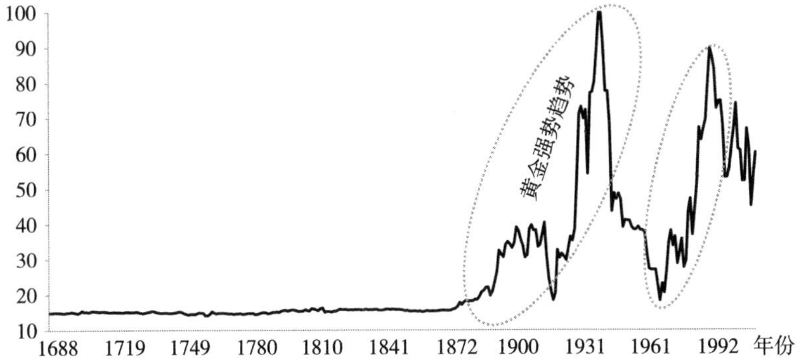

图 9.13　自 1688 年以来的黄金/白银比率

资料来源：Measuringworth. com，Incrementum AG.

表 9.7　金银双本位制时期的黄金/白银比率

年份	法国	英国	威尼斯	德国	平均
1300	—	9.29	10.84	10.00	10.04
1350	11.10	11.57	14.44	11.33	12.11
1400	10.74	11.15	11.69	11.37	11.24
1450	11.44	10.33	12.10	11.12	11.25
1500	11.83	11.15	10.97	11.12	11.27
1550	12.07	12.23	11.07	11.38	11.69
1600	11.68	10.90	12.34	11.50	11.61
1650	13.50	13.34	15.37	11.64	13.46
1700	—	—	—	14.81	14.81
1750	—	—	—	14.53	14.53
1800	—	—	—	15.68	15.68
1850	—	15.70	—	—	15.70
1990	—	26.49	—	—	26.49

资料来源：The Prudent Investor，John F. Chown，*A History of Money*.

然而，黄金股在1929—1932年的通货紧缩以及1932—1935年突然爆发的通货膨胀之后，出现了最为强劲的反弹。我们很容易就能想象到未来会出现类似的情况。在股价暴跌的时期，黄金股能够保持稳定可能是因为黄金的价格是固定的，因此黄金生产商的收入保持稳定，而其他所有商品的价格都经历了暴跌。

购买金条

人们应当从那些已经在市场上生存多年，受到公认并拥有良好信誉的商家那里购买实物金条。和商业银行相比，专门从事贵金属业务的商家在大多数情况下能够提供更大范围的可投资黄金及白银产品。此外，后者的价格通常更低，也能提供更有用的建议。

金币和金条都是合适的黄金投资品。较小的硬币（例如1/10盎司以及1/4盎司黄金的硬币）和金条通常具有相对较高的铸币溢价。从经验上看，单位越大，即质量越大，一个人获得的黄金或白银越多。买两根50克的巧克力棒的成本总是高于买一根100克的巧克力棒。

在各种金币当中，克鲁格金币（Krugerrand）、生肖纪念金币（Lunar）、美国雄鹰金币（American Eagle）、美国水牛金币（American Buffalo）、笑翠鸟金币（Kookaburra）、枫叶金币（Maple Leaf）、熊猫金币（Panda）以及爱乐乐团金币（Philharmonic）都是比较知名的。在购买金条的时候，购买者应该关注类似优美科（Umicore）或者贺利氏（Heraeus）等得到LBMA认证的金条供应商，只相信那些“信誉良好的铸币厂和精炼厂”。其中具有代表性的是奥地利铸币厂、瓦尔坎比铸币厂、优美科、亚格—贺利氏以及加拿大皇家铸币厂。

为了解决存储的问题，我们应该事先问自己是否了解以下几个问题：自己的投资期限有多长？哪些人有权接触自己的存款？为了安全存储贵金属，自己愿意承担哪些费用？除了自己的住所（劣势是面临较高的安全风险，优势是随时取用）之外，独立于银行的金库或者保险箱以及保税仓库都是非常合适的存储地点。传统的银行存款箱的服务成本通常能让人接受。但一个明显的缺点是，它的营业时间与银行的营业时间一致。这一缺点在银行发生重大危机的时候尤为凸显。此外，在大多数情况下，人们被迫证明自己的身份。因为银行并不允许匿名访问。当然，我们不能排除政府直接没收的可能性。毕竟这种情况曾在历史上出现过。

相比之下，独立于银行的（通常是一些从事贵金属行业的商人）以及专业的安全存储服务公司能为我们提供审慎的、匿名的解决方案。在国外的保税仓库存储自己的贵金属也是一个非常有趣的选择。虽然相对而言成本较高，但优势也是显而易见的。特别是当你持有的白色金属（铂、银、钯）的比例相对较高时，就应该考虑这种存储方式，因为很多国家都会对白色金属收取增值税。如果把白色金属存储在保税仓库，那么只要通过买卖仓库进行交易，就可以避免缴纳增值税。另外，在大多数情况下，保税仓库会提供全面的保险保障，并由注册会计师进行定期审计。

股票

路德维希·冯·米塞斯的学生伊瑟雷尔·柯兹纳（Israel Kirzner）认为“企业家的发现过程是搜寻并找到其他市场参与者

忽略的事物”①。他强调市场经济中企业家的基本功能是发现尚未被利用的机会。按照这种研究范式，我们可以把那些利用本杰明·格雷厄姆基本分析方法，系统性地投资被低估的资产，随后将其出售以获利的价值投资者称为“奥地利学派企业家”。

沃伦·巴菲特被人们视为世界上最著名且最成功的价值投资者。他对自己的评价是，做企业让他成为一个优秀的投资者；做投资让他做企业做得更好。在巴菲特看来，他在投资领域最重要的见解来自格雷厄姆，即投资活动越是以商业为导向，投资就越成功。格雷厄姆坚信用于股票估值的数学模型应该尽可能简单。在华尔街工作的44年时间里，他从未见过某种模型因为使用了初等代数或者简单代数之外的数学工具就变得安全可靠了。他认为，高等数学的使用只是起到警示作用，表明使用者正试图用理论代替经验，并且让自己的投机行为看上去近似于投资活动。这个观点显然和奥地利学派的前提假设一致。②

总而言之，价值投资的范式与奥地利学派的研究方法在很大程度上是一致的。例如，二者在强调价格与价值之间的差异性方面，或者在利率、资本和时间偏好对投资决策与风险评估的作用方面有很多相似性。在他最知名的著作《聪明的投资者》(1949)一书中，格雷厄姆强烈反对现代投资组合理论所倡导的观点，即证券的价格波动等同于该证券的风险。主要在于周期性引起的价格波动会导致价格和价值之间出现暂时性的、有限的差异，而价值投

① Israel Kirzner：The Driving Force of the Market. Essays in Austrian economics. London：Routledge，2000.

② Chris Leithner：“Ludwig von Mises，Meet Benjamin Graham：Value Investing from an Austrian Point of View”，Paper prepared for “Austrian Economics and Financial Markets”，Las Vegas，2005.

资者会系统性地利用这种差异，将其作为买入或者卖出的机会。格雷厄姆和米塞斯在曼哈顿居住了16年，两人仅仅相隔几个街区。但在这段时间内，并没有证据表明两人有过直接的思想交流。在这种情况下，价值投资理论和奥地利学派的理论概念之间存在如此多的共同点，是一件相当了不起的事情。

价值投资的核心是确定公司的基本（或“内在”）价值。这种价值的确定独立于公司的股票价格。通常会使用各种衡量公司的指标以及公认的公司评估方法进行价值计算（例如DCF法、折现收益和资产净值计算法、倍数法等）。单个指标的权重以及分别使用一种还是若干种估值方法会因投资者而异，并不存在某个普遍有效的标准。

内在价值这个概念意味着我们要对“价格”和“价值”进行严格的区分。需要注意的是，本书使用“内在价值”一词并不是要否定价值判断的主观性。相反，用罗伯特·布鲁曼的话来说，“企业家所评估的价格，是以对未来的假设为基础的”。人们最常引用格雷厄姆的一句话来直截了当地点明：“你付出的是价格，而你得到的是价值。”① 因此，我们可以认为，虽然随着时间的推移，股票价格和基本价值会出现趋同，但两者之间的分离却时常发生，从而可以获得系统性的超额回报。诺贝尔经济学奖获得者尤金·法玛（Eugene Fama）的有效市场假说因为与真实世界脱节而受到价值投资者和奥地利学派经济学家的批评。近几十年

① Benjamin Graham：Security Analysis：The Classic 1940 Edition. McGraw-Hill Professional Publishing，2002，ch. 50 and 51；Graham：The Intelligent Investor，1949/2003.

来，价值投资理论成功地经受住了无数的实证检验与研究。①

另一个重要的衡量标准是是否存在足够大的误差范围。这是由可观察到的市场价格与投资者计算出的基本价值之间的差异决定的。这个误差范围主要起到安全缓冲的作用，防止在商业模型的评估过程中，不可避免地出现假设条件的错误或其他计算失误。虽然我们无法给出一个普遍有效的数字，但是许多保守的价值投资者通常只有在折算后的内在价值超出公司市场价格的30%时才会选择投资。

除了众所周知的低市净率、低市盈率［根据格雷厄姆和戴维·多德（David Dodd）对季节性极端因素的调整，即当前股价除以10年移动平均收益］以及高股息收益等传统特征，格雷厄姆在他去世前不久还确立了以下标准，以确定股票是否具有较好的价值。

（1）收益率至少是AAA级债券收益率的两倍；

（2）当前市盈率最多为过去5年最高纪录的40%；

（3）股息收益率至少是AAA级债券收益率的2/3；

（4）股票的市场价格不超过公司有形账面价值的2/3；

（5）市场价格不超过流动资产净值（流动资产减去短期负债）的2/3；

（6）所有负债的总和不超过有形账面价值的2/3；

（7）三级流动性（流动资产除以短期负债）大于2；

（8）所有负债的总和小于或最多等于流动资产净值的两倍；

（9）过去10年的年化收益增长率至少达到7%；

（10）在过去10年中，该公司不能在两个年度出现超过5%

① Thomas Braun，Georg von Wyss：“Geduld ist das Rezept der Value-Investoren”. INVEST“Portfolio 2000”der“Finanz und Wirtschaft”，12/11/1999.

的负收益增长率。

当然，在投资领域几乎无法找到同时满足上述10项标准的股票，但这10项标准还是被人们视为选择目标股的基准。格雷厄姆的指导方针能够确保所选择的投资具有可靠的价值，能为投资者带来稳定的回报，并且所投资的公司的债务水平具有可持续性。特别是在经济衰退时期，低债务水平是公司保全自身最重要的先决条件之一，因为这让公司即便是在困难时期也有吸引到新资本的可能。格雷厄姆非常看中第5项标准，因为它很好地反映了内在价值的概念以及价格和价值存在差异的观点。

纸币时代的价值投资

尽管有很好的理论基础，并且实证研究也证实了上述价值投资技术可以实现价值的长期增长，但在经济衰退时期，对价值投资者的投资组合进行历史分析后，我们发现了非常消极的趋势。在过去十几年的所有经济衰退中，价值股的表现都显著落后。例如，在2008年发生的严重金融危机中，邓普顿成长基金（Templeton Growth Fund）出现了剧烈的下跌（从峰值到谷底大约下降了60%）。这种现象似乎规律性地出现。一旦出现经济衰退，原本非常成功的价值投资标准就会面临失效的危险。

奥地利学派的支持者认为，价值投资标准的失效是因为价值投资者没有充分考虑宏观经济环境因素。最严重的错误在于价值投资者在决策过程中几乎完全忽略了货币政策和经济学理论等问题。作为最知名且最成功的投资者，沃伦·巴菲特的一句话说明了这一点：

> 就算美联储（前）主席艾伦·格林斯潘愿意悄悄告诉我他未来两年的货币政策，我仍然不会改变任何投资决策。[①]

1971年布雷顿森林体系解体之后，我们彻底抛弃了金本位制度。许多价值投资者一次又一次陷入致命的计算失误中，从而定期招致投资损失。要理解为什么会出现这些投资失误，我们必须了解路德维希·冯·米塞斯提出的奥地利学派的经济周期理论，相关理论我们已经在前文描述过了。许多古典价值投资者因为忽视货币政策的变化以及由此产生的经济变动，最终成为信贷扩张之下经济计算失误的受害者。

如果仔细看看全球最重要的几家中央银行为应对2008年金融危机而采取的过度的货币干预政策[②]，我们就会发现中央银行越来越多地通过政府债务的直接和间接货币化来扭曲利率与价格。除了把法定利率设置在接近零值的历史最低水平从而影响短期利率之外，“通货护卫队”还试图通过购买政府债券来操控收益曲线的长期效果（见下文）。凭空制造出来的新货币一开始主要流入金融市场，在金融市场中制造投机性泡沫，但这些泡沫迟早会在更惨烈的修正过程中破灭。

与第二次世界大战之前繁荣-萧条周期性交替出现的繁荣时期相比，2008年金融危机结束之后的经济繁荣时期存在着明显的技术差异。此前，中央银行的作用主要是给商业银行发起的信

---

① Linda Grant：“Striking Out at Wall Street”. U. S. News & World Report, 06/20/1994, p. 58；Janet Lowe. Warren Buffet Speaks：Wit and Wisdom from the World's Greatest Investor. New Jersey：Wiley，2007，p. 149.

② 这里尤其要提到美联储，它的资产负债表从2008年的8 200亿美元扩大到2013年的36 000亿美元。

贷和货币供应扩张兜底。这种主要由私营部门引发的增量货币往往会在特定的节点进入实体经济（例如20世纪90年代的科技公司和消费贷款，21世纪初的房地产开发和抵押信贷），同时蔓延到各个市场中，资本所有权（股票和公司债券）以反馈环（feedback loop）的形式不断得到交易。

私营部门的信贷需求很高，商业银行尽最大努力满足私营部门的要求并怂恿它们进一步扩大信贷需求。商业银行设计出各种金融创新手段，以便自己能向信用更差的借款人提供信贷。商业银行之所以能够实现这个目的，是因为它们向追逐收益的投资者出售证券化的贷款，从而不断释放出资本，并形成新的贷款。主要的信用评级机构对商业银行创造出来的结构性信贷产品中的优先段产品给予很高的评级，从而助长了此类行为。评级标准主要基于次级信贷部门的历史违约率以及次级段产品的抗风险能力。金融危机的爆发说明了对历史数据的分析并不足以让人们正确判断风险，因为此前并未出现过更严重、更普遍的抵押信贷泡沫。经济萧条揭示了这样一个事实，即繁荣时期呈现出来的许多利润只不过是一种幻觉：大量的资本其实已经被消耗掉了。这让家庭、金融行业以及其他跟本轮经济繁荣密切相关的行业陷入困境。它们的资产负债表遭到彻底的破坏。至此之后，商业银行不再是被动接受中央银行兜底的货币通胀制造者。相反，中央银行转而通过债务货币化积极扮演货币通胀制造者的角色。因此，新创造出来的货币首先进入金融市场，而流入实体经济的资金相对较少。结果就是金融市场的趋势、价值评估与它们本该正确体现的真实经济状况之间出现了前所未有的脱节。

这给投资者带来了全新的挑战。除此之外，极端的价值评估、情绪以及头寸数据似乎可以持续更长的时间，并且和之前的泡沫时期相比，被推到更高的水平。也就是说，最终的经济衰退会变得更加严重、更加令人痛苦。

奥地利学派的支持者把每一次持续的股市繁荣都归因于此前信贷的扩张。只有在人为扩张货币供应的情况下，消费部门和生产部门的资产价格才会同时上涨，因为只有额外创造的货币才能代替原本不存在的需求。由于商人和投机者都不知道扩张性货币政策将实施多长时间以及达到什么样的程度，所以在一段时间内，人们暂时不会清算头寸。因此，即便是明显被高估的证券，其价格也可能在相当长的一段时间内保持在非理性的高水平上。

人为制造的繁荣的另一个特征就是远离消费端的那些行业会出现增长。与此同时，储蓄率会出现下降。[①] 由于人为降低利率降低了人们储蓄的积极性，而负的实际利率导致储蓄的资产逐渐贬值，消费活动开始增加。这意味着，经济中稀缺的资本将被不断消耗。如果在可投资资源本身稀缺（因为这些资源正在流入消费领域）的情况下，还在对远离消费端的生产过程进行投资，那必然是因为金融部门人为创造了额外的货币供给。扩张性货币政策还会让原本无利可图且有风险的商业模式获得融资支持。一旦“关掉淌钱的水龙头”，经济衰退就会接踵而来。因为只有经济衰退才能将错误配置的资本重新分配到合适的生产过程中。但是这也意味着那些没有意识到泡沫本身无利可图的投资者将遭受沉重的损失。

每个投资者在金融市场中发现价格反弹时，都要格外注意我

---

① 例子参见：Massimo Guidolin，Elizabeth A. La Jeunesse：“The decline in the U. S. personal saving rate：is it real and is it a puzzle?” Federal Reserve Bank of St. Louis，Issue Nov. 2007.

们在上文描述的因果关系。在价格反弹的早期阶段，预期货币政策越来越扩张，或至少继续以现在的程度扩张，我们建议使用以下指标（动量标准）来实现成功的股票投资。

·和去年同期相比，每股收益（EPS）出现强劲增长。每股收益应该表现出明显的增长趋势。通过对20世纪表现最强劲的股票的经验性观察，投资者威廉·J. 欧奈尔（William J. O'Neil）建议投资每股收益增长率达25%及以上的股票。不过，虽然有些股票的每股收益增长得比较缓慢，但仍然表现出上升趋势，通常也是一个很好的买入信号。

·息税前利润（earnings before interest and tax，EBIT）和股东收益回报率（利润/权益资本）也应该表现出明显的增长趋势。在理想情况下，这些指标出现增长时，公司报告中的销售额也应当出现增长，同时伴随着相关股票交易量的增长。根据奥尼尔的观点，这些指标的增长率越高越好。

·另一个非常重要且可靠的指标是投资资本回报率（RO-IC）。投资资本回报率的计算方法是用税后净营业收益除以投资资本（权益资本加上有息外部资本再加上长期准备金）。关于这个指标，很重要的一点是投资资本回报率应该总是大于公司的资本成本。表现出明显的行业周期性的公司或者在不稳定经济体中注册的公司，它们的资本成本较高。所以它们必须表现出对应的更高水平的投资资本回报率。因此，投资资本回报率是一个相对指标。它在估计公司盈利能力方面是必不可少的工具。

人们应该始终牢记，**市场中不同行业所经历的人为制造的繁荣只能持续有限的时间。因此，在扩张性货币政策结束之前获利是非常重要的。**涨势接近尾声的关键迹象包括信用违约掉期的风险溢价上升，违约和私营部门破产现象的增加导致贷款利率上升，以及中央银行加息。所有这些因素都降低了商业银行发行额外流通信贷的能力，从而那些无利可图的商业模式迟早会暴露，且纠正性的经济衰退开始出现。因此，除了本章开头所讨论的传统价值标准之外，从长远来看，投资者在选择投资项目时还需要时刻关注以下两个特征。

• 稳健的债务指标：在经济衰退时期，具有良好信用评级且不完全受到外部资本提供者的约束，有独立回旋余地的公司显得格外有价值。反映资本结构稳健性的指标包括较高的股本比例以及200%及以上的流动比率。流动比率的计算方式是用流动资产除以短期负债。如果流动比率低于100%，则短期债务不能被流动资产完全覆盖，这意味着在短期债务到期时，公司可能很快面临生存威胁。对于制造型企业，固定资产与流动资产的比率应该保持高水平。较低的比率可能会被认为该公司使用过时的技术，因为它所使用的是已经大幅折旧的固定资产。

• 强大的价值导向性：高股息收益率（参考格雷厄姆的第3项标准）能够提供大量的现金流，并反映相关投资的直接回报。投资者还应该关注那些拥有有价值的专利、品牌、生产技术，以及有巨大长期价值的固定资产的公司。与经典价值投资方法的原则一致，较低的市净率（price to book ratio）被认为是一个有价值的公司应该具备的标准。

根据奥地利学派的经济周期理论，我们建议投资者在股市繁荣结束时，将自己的资金重新分配到消费品行业内的公司。因为这些公司受到资本市场调整的影响往往比较小。此外，通常而言，在熊市结束之前，尽量减少股票投资方面的资金配置，而将资金转变为现金或者债券投资。

家族企业

由于短期业绩压力以及管理层的频繁变动，大型上市公司的董事会更倾向于进行季度性而不是年度性的规划。和这些大型上市公司不同的是，家族企业更倾向于追求长期性的、可持续性的商业战略。因此，家族企业在管理决策的制定方面更加清晰，其业务流程的规划和实施则有更高的异质性。这主要是因为从传统和家族所有权的角度来看，家族企业管理层与公司的联系更为紧密，从而使得家族企业和大型上市公司相比更不容易受到利益冲突的影响。从投资者的角度来看，这种特点能反映出更加稳定的长期回报。那些追求利基市场，并且在范围明确的细分市场中表现出卓越专业能力的家族企业是非常合适的投资目标。正如上一节所述，这种商业模式有很强大的股权基础，并且在前几年就已经产生了稳定的回报。

家族企业的特点同时也是它最大的优势所在。一般而言，管理层通常代表的是大多数股东的选择。这是为了防止双方之间发生利益冲突。所以，家族企业的 CEO 的任职时间会更长。此外，管理层往往倾向于做出更负责任的决策，因为自己的相当一部分财富充当了风险资本。在这种情况下，风险有可能是进一步增加企业价值的机会。家族企业也会表现出更强大的财务稳定性，因为平均而言，它们的权益资本要比同行更高。这类企业的另一个优势是具备更大的创业自由度，从而具有更充分的灵活性。因为在大部分情况下，它们主要将资本投资于长期项目，因而可以实现可持续的价值增长。管理层关注的不仅仅是股价上涨或利润最大化等短期目标，还优先考虑包括产品质量、品牌发展，以及最重要的与客户和供应商建立起良好的个人关系在内的其他因素。另外，员工的幸福感也是企业成功的关键。家族企业还有一个优势，即具有精简和高效的结构，从而简化了成本控制的流程，缩短了决策的链条，权力关系的建立也非常清晰。

这类企业在管理方面的缺点包括：对企业所有者有一定的依赖性。在大多数情况下，企业所有者只是一个有名无实的傀儡。但家族企业通常对所有者非常依赖。如果企业所有者退休并发生代际更替，家族成员之间便会因继任计划而关系紧张，进而对企业的发展产生负面影响。少量的自由流通股可能会对可交易性造成损害，从而导致在安全性上出现更剧烈的波动。此外，在特定的市场发展时期，较小的公众持股量可能导致不利的市场价值评估。

但总的来说，家族企业的优势还是明显的。图 9.14 显示了全球范围内，以瑞士信贷集团家族指数（TR）为代表的家族企业的绩效表现，并和 MSCI 世界指数（NTR）进行对比。显而易见的是，前者展现了显著的价值增长。这一现象也得到了累积性能差异图的印证。2013 年 3 月，圣加仑大学的一项研究也得出了类似的结论，并指出家族所有制和企业绩效之间存在正相关性。[①] 如果创始人同时积极参与企业管理，那么这种相关性会更加明显。

许多研究都声称自己证实了这个观点。例如“我们的结果表明，以 5 年内的股票价格作为衡量标准，内部人员掌握企业所有权和企

① Philipp Sieger，Thomas Zellweger：“Entrepreneurial Families. Vom Familienunternehmen zur Unternehmerfamilie. Generationenübergreifende Wertgenerierung in Unternehmerfamilien”. Center for Family Business，University of St. Gallen，March 2013.

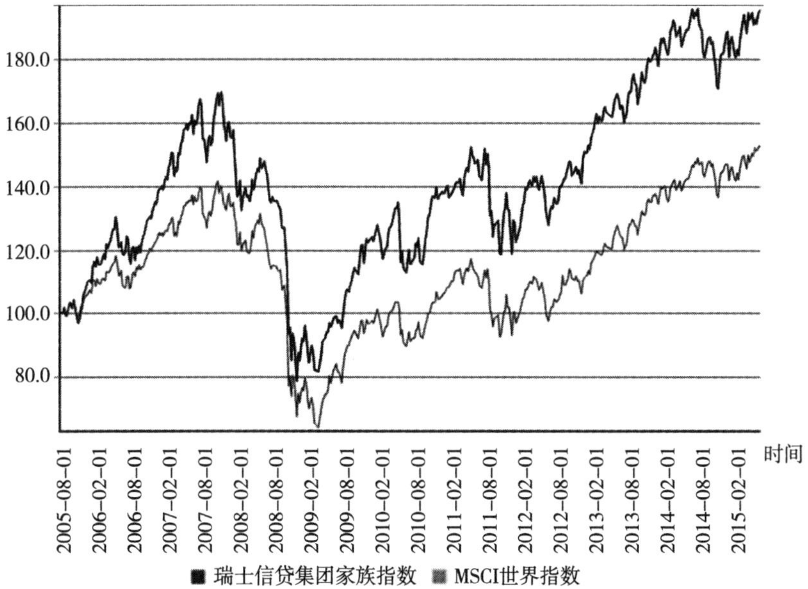

图 9.14　全球家族企业绩效

资料来源：Bellevue Asset Management.

业绩效之间存在明显的正相关关系"[①]，或"家族企业的绩效要比一般的企业更优异……家族所有制是一种有效的组织结构"[②]，或"如果家族成员担任企业 CEO，家族企业的价值会进一步增长"[③]。

① Christoph Kaserer，Benjamin Moldenhauer："Insider ownership and corporate performance：evidence from Germany". Review of Managerial Science，2/1，March 2008，pp. 1－35.

② Ronald C. Anderson，David M. Reeb："Founding-Family Ownership and Firm Performance：Evidence from the S&P 500". The Journal of Finance，58/3，June 2003，pp. 1301－1327.

③ Belen Villalonga，Raphael Amit："How do family ownership，control and management affect firm value?". Journal of Financial Economics，80（2006），pp. 385－417.

分析

托宾 Q

为了让投资者更好地运用奥地利学派的经济周期理论，我们有必要对货币政策的影响进行量化。在做出投资决策时，也就是对单个投资活动成功或失败的可能性进行评估时，投资者依靠的是过去的经验，因此需要掌握一些工具，从而在选择不同投资标的时，能够对各种起决定性作用的现象进行衡量。

其中一种工具是托宾 Q。这个指标可在一定的限制条件下衡量人为的货币供应扩张的影响。诺贝尔经济学奖得主、经济学家詹姆斯·托宾（James Tobin）在 1969 年发表的一篇文章中介绍了相关概念，因而以他的名字命名这个工具。托宾绝对不是奥地利学派的一员，但我们可以从他的理论中找到奥地利学派理论的痕迹。对冲基金经理马克·斯皮茨纳格尔这样描述自己在实践中专属的指标，即米塞斯平稳指数（Misesian Stationary Index，MS Index）：

> 这个指标是在理解门格尔和庞巴维克提出的资本的时间结构、迂回生产和时间偏好以及米塞斯对货币干预如何扭曲经济的洞见的基础上进行的自然扩展。[①]

这类指标有助于衡量奥地利学派经济周期理论所描述的资本错配程度，从而使投资者能够对未来的经济发展做出预测。在一

---

① Mark Spitznagel：The Dao of Capital：Austrian Investing in A Distorted World. Hoboken，NJ：John Wiley & Sons，pp. 179.

个经济周期开始之前，可以将当时的经济状况与一个均衡模型进行比较，以便和之后的各个经济发展阶段对比并进行说明。路德维希·冯·米塞斯和穆瑞·罗斯巴德把这个起比较作用的均衡模型称为均匀轮转经济（ERE)。这个模型中不存在价格变化以及不确定性，所以不需要企业家行动，因而也不存在资本的错配。为了便于识别当前经济情形处于经济周期的哪个阶段，人们可以观察当前经济与均匀轮转经济的偏差有多大。

这种虚构的模型当然不可能与现实中的实体对应。这也正是斯皮茨纳格尔采用改进版模型的原因，他称之为“合计型 ERE”(aggregated ERE)。在这个模型中，虽然存在企业家行动，但最终合计的总盈亏仍然是零。如果总投资资本回报率突然永久性地高于或者低于资本的置换成本，其原因必然来自货币政策。市场参与者时间偏好的改变只会产生暂时性偏差。这种关系给我们提供了丰富的信息，因为总投资资本回报率不可能在长期偏离加权平均资本成本（WACC)。高 Q 值只出现在投资不当特别明显的时期。Q 值不断下降则发生在这些不当投资被清算的时期。托宾总结道：

> 当 Q 值很高时，大规模的亏损不再是尾部事件（tail events)，而是可预期事件（expected events)。[①]

图 9.15 描述了 1950 年以来美国经济中托宾 Q 值的变化趋势。有趣的是，自 1900 年以来，中位数约为 0.7 而不是 1。斯皮茨纳

---

① Mark Spitznagel："The Austrians and the Swan：Birds of A Different Feather". Universa Working White Paper，2012.

格尔由此得出结论，所计算的企业公允价值也应当为 0.7。[①] 因此，如果超过该值则表明估值过高，股票价格将面临大幅下跌的风险。自 2009 年（托宾 Q 值为 0.95）以来，我们可以看到托宾 Q 值在不断上升并且达到 1.15。托宾 Q 值越往上升，全面的经济修正甚至经济崩溃发生的可能性越高。因此，投资者有必要密切关注托宾 Q 值。

图 9.15 托宾 Q 值

资料来源：Federal Reserve St. Louis，Incrementum AG.

收益曲线

利率期限结构（term structure of interest rates，即收益曲线）反映了市场参与者对未来利率的预期。它比较的是相同类型但期限不同的债券利率。通常而言，人们会将特定国家发行的政府债券视为

① Mark Spitznagel：“The Dao of Corporate Finance，Q Ratios，and Stock Market Crashes”. Universa Working White Paper，2011.

无风险债券，从而将偿付期限为几个月至二三十年的债券的利率绘制在一张图中。结果可以分为四种模式：正常形态、水平形态、驼峰形态和反向形态。实际的收益曲线不一定和这四种模式中的某一种完全相同，因为这四种模式仅仅代表图示上的简化。

正常形态的收益曲线其前端会有剧烈的上升趋势，后半部分的上升则不太明显（见图 9.16）。之所以称其为“正常”，是因为在 20 世纪和 21 世纪的经济发展过程中这一类型的收益曲线经常出现。产生这种形态的原因是长期债券附带风险溢价和价格溢价，也就是说它们包含了对未来更高通胀率以及相关限制性货币政策的预期。预期未来会出现经济增长，随之而来的是央行提高短期利率——旨在通过加息等货币政策防止经济出现“过热”的问题。

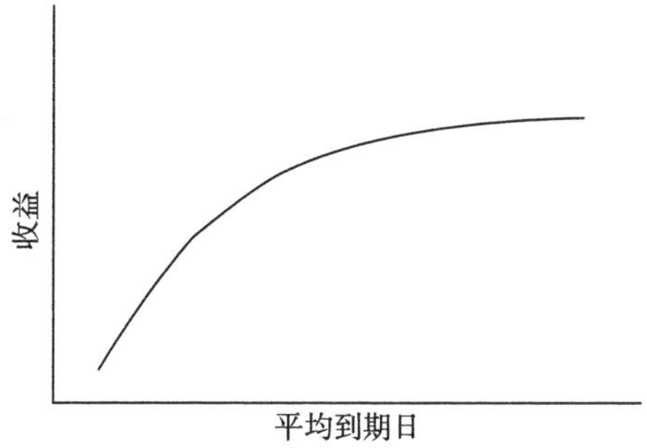

图 9.16 正常形态的收益曲线

相较而言，水平形态的收益曲线反映了人们对利率下降的预期（见图 9.17）。因此，不同期限债券的利率处于相似的水平。投资者不再因承担长期债券到期所固有的更高风险而获得额外回报，因此，相比短期债券，一个不得不投资债券的投资者不再有动力选择长期债券。驼峰形态的收益曲线（钟形收益曲线）的含义和水平形态的收益曲线的含义相似（见图 9.18）。对投资者而言，这两种模式都会在正常期限结构（a normal term structure）转变为反向期限结构（an inverted term structure）的过程中出现。因为对债券最重要的价格来说，不管期限多长，都大致处于相同水平。

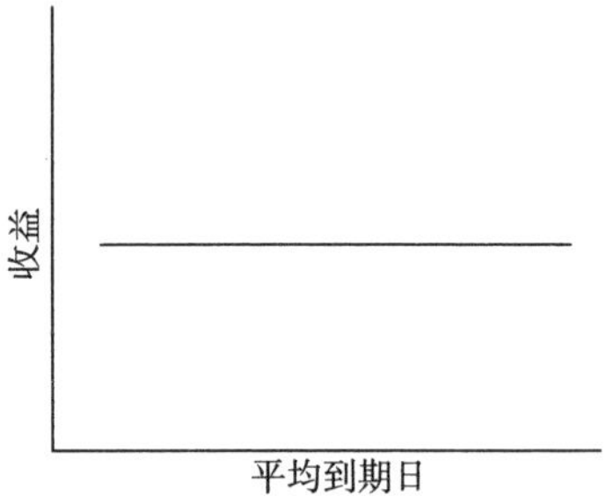

图 9.17　水平形态的收益曲线

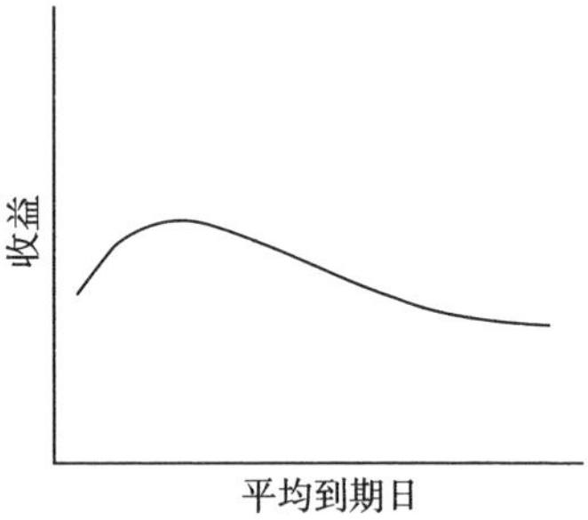

图 9.18　驼峰形态的收益曲线

反向形态的收益曲线表明人们预期较高的货币供应增长率即将结束。与正常形态的收益曲线不同的是，反向形态的收益曲线通常不会像图 9.19 所描绘的那样陡峭。

为了说明这一点，我们考察了互联网泡沫和房地产泡沫破灭前不久美国国债收益曲线的形态（见图 9.20）。这些曲线在每个交易日都会发生变化。人们可以在网上搜索各种动画视频，动态展现这些不断变化的曲线。在本书，我们选择曲线形态有明显差异的日期进行说明。

1 月初，收益曲线的形态还算正常。到了 3 月，收益曲线转变为驼峰形态。8 月转变为反向形态。我们可以从收益曲线中清楚地看到，它同样隐含了 2007 年美国房地产泡沫即将破灭的警告。直

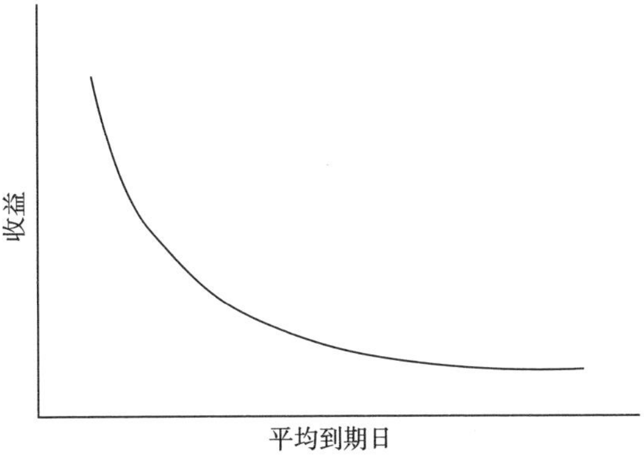

图 9.19　反向形态的收益曲线

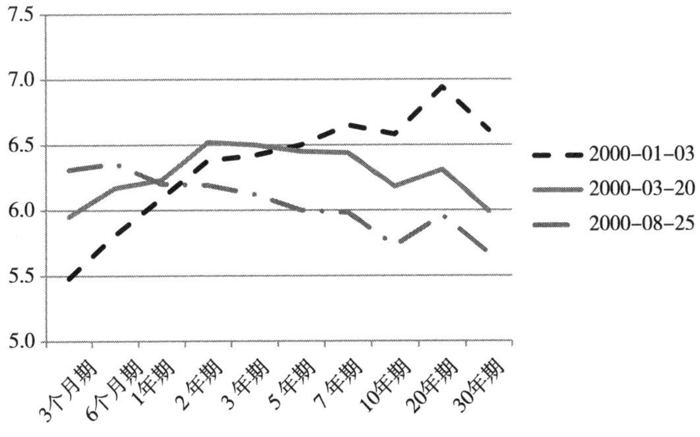

图 9.20　2000 年美国国债收益曲线的形态

资料来源：Incrementum AG.

到 2006 年 2 月，收益曲线还保持正常形态。此后，它在一段时间内保持水平形态，到了年底则明显变成反向形态（见图 9.21）。

为了在不受损害的情况下摆脱经济衰退的影响，或者在最理想的情况下，即便作为投资者处于有利的地位，你也必须尽可能精

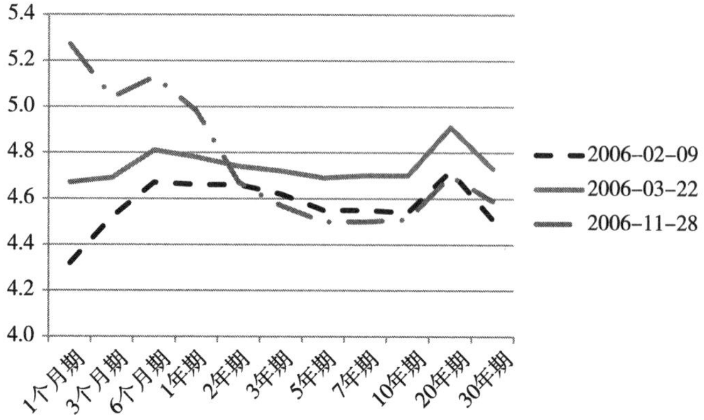

图 9.21　2006 年美国国债收益曲线的形态

资料来源：Incrementum AG.

准地确定经济衰退发生的具体时间。奥地利学派经济学家保罗·弗朗西斯·科维克（Paul Francis Cwik）对此曾写道：

> 投资不当的热潮是一个不可持续的状态。并没有足够的储蓄支撑经济繁荣时期积累起来的不当投资。由此产生的是信贷的紧缩、实际资源的紧缩或两者兼而有之。任何一种状况都会引起收益曲线在经济崩溃的前一年出现反向形态。①

根据经济学家加里·诺斯的观点，收益曲线出现反向形态总是预示着股价将在此后不久出现下跌，且经济将在之后约 6 个月的时间内开始出现衰退：

① Paul Francis Cwik：An Investigation of Inverted Yield Curves and Economic Downturns. Dissertation，Auburn：Auburn University，2004，p. 157.

正是基于这个指标，我在自己创办的《残余杂评》（*Remnant Review*）中预测了2007年的经济衰退。而根据国家经济研究所的数据，经济衰退最终于2007年12月出现。①

目前的经济状态显然是稳定的，收益曲线也保持着正常形态，但这也是美联储对收益曲线的短期端和长期端进行前所未有的干预的结果（见图9.22）。

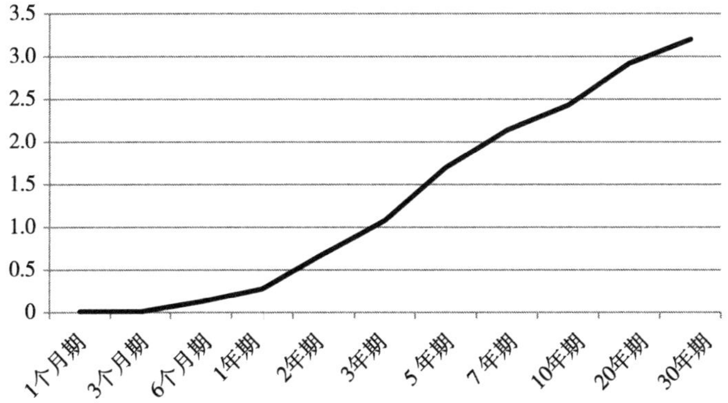

图9.22　2014年美国国债收益曲线的形态

资料来源：Incrementum AG.

技术分析

技术分析（也称为图表分析）尝试依据历史价格趋势以及某些特定的价格形态来预测市场的未来趋势。这种根据历史数据推

① Gary North：The Yield Curve. The Best Recession Forecasting Tool，http：//www. garynorth. com/public/ department81. cfm.

导未来价格的尝试很吸引人，但效果也非常可疑。研究的内容不仅包括价格趋势，还有交易量、市场结构数据以及心理因素（各种衡量情绪的指标）。技术分析师会运用各种各样的工具得出自己的结论，其中包括：

- 趋势线。
- 移动平均线。
- 价格形态（比如头肩形态、三角形态）。
- 各种震荡指标（如 RSI、MACD、威廉指标）。
- 周期性（如艾略特波浪）。
- 情绪指标。
- 斐波那契数列。
- 市场结构数据/头寸（交易者持仓报告）。
- 跨市场分析。

在这些工具的帮助下，技术分析试图找出相对有利的买卖点位。因此，技术分析的首要目的不是选择资产类别，而是选择买卖时机。在基本面分析中，证券的评估和选择非常审慎，并且通常在购买后长期持有。但是技术分析主要针对短期交易，一般来说，背后的实际经营状况根本不重要，重要的只是对价格趋势的考察。相比之下，基本面分析包括各种选择标准，有关这方面的内容我们已经在之前的价值投资中讨论过了。基本面分析对应的是买什么的问题，而技术分析对应的是什么时候买的问题。

技术分析的出现可以一直追溯到查尔斯·亨利·道（Charles Henry Dow，1851—1902）。1884 年，他发布了第一个美国股市指数（道琼斯铁路平均指数），1889 年创立了《华尔街日报》。道琼斯铁路平均指数最初包含 11 只股票，后来变成 14 只股票

（以铁路公司为主）。1896 年，道提出著名的道琼斯工业平均指数。他在《华尔街日报》上发表的 255 篇社论被整理为“道氏理论”。该理论至今仍被视为技术分析的先驱。

基本面分析假定历史数据（价格和交易量）和未来事件或价格（收益和损失）之间不存在联系，但是技术分析则假定两者存在联系（见表 9.8）。从基本面分析的角度来看，市场错误会导致人们对各种资产的价值评估过高或过低，但错误的价值评估迟早会被发现和纠正。而从技术分析的角度来看，市场永远是正确的。因此，即便出现错误，那也是分析师出了错，而不是市场出了错。

表 9.8　基本面分析和技术分析

基本面分析	技术分析
历史价格和收益数据与未来收益之间不存在因果关系	历史价格和收益数据与未来收益之间存在因果关系
市场很容易出现错误，进而导致高估或低估资产	市场永远是对的，股票价格包含了所有相关的信息
随着时间的推移，能纠正对市场的错误判断	分析师会犯错，市场不会犯错

资料来源：Incrementum AG.

和主流经济学家一样，奥地利学派的支持者对技术分析持怀疑的态度。古典金融市场理论的拥护者认为有效市场假说和随机游走假说是分析金融市场的标准模型。有效市场假说假定市场本身是有效的。在这种语境下，“有效”一词暗含的意思是，在任何时候能够影响证券价格的现有信息都已经全部“包含在价格中”了。

有一则关于有效市场假说的笑话：一位金融学教授和他的博士生申请人走在校园里，申请人在地上发现了一张 100 美元的纸币并弯腰捡了起来。教授对他说："别费事了！如果真的有钱掉在地上，早就被其他人捡走了。"

有效市场假说的一个重要观点是把效率细分为弱效率、中强效率和强效率。弱效率指的是基于已经包含在价格中的信息，我们无法预测未来的价格。能够实现的最佳预测是对当前价格的预测，所以技术分析无法提供更好的结果（因为当前价格是能够实现的最佳预测）。中强效率指的是除了过去的价格趋势之外，价格还包含了公开可用的信息以及与市场相关的信息。这不仅导致技术分析失效，就连基本面分析都不再起作用，因为通过全面分析一家公司而得到的所有信息早已包含在股价中了。强效率则更进一步，就连内部信息都被纳入价格中了。在这种状况下，因为股价显然已经变得不可预知，连通过内幕交易获利都无法实现了。

随机游走假说是另一种以有效市场假说为基础的研究方法。它假定证券的价格围绕其公允价值随机波动。因此，有关历史价格水平或价格结构的信息是无关紧要的，因为这些无法揭示任何有关未来随机价格的内容。

奥地利学派从不同的角度对技术分析进行了批评。因为市场参与者的手段—目的关系在不断变化，未来充满了不确定性。没有人能在今天断言，明天的消费者最迫切需要的东西是什么。更准确地说，没有人能够收集和评估其他个体的价值判断。（从奥地利学派的角度来看）技术分析最致命的缺陷是没有任何经济理论可以支撑它。对移动平均线、趋势序列和价格形态的研究与人的行动理论没有关系。但是，价格波动的主要原因却恰好来自人的行动。价格上涨和价格下跌都是人的行动的结果。它们不会因为某些指标出现偏差而发生改变。技术分析过度强调数学和统计学，反而将人的行动的影响边缘化。马克·桑顿对此总结道：

> 奥地利学派认为，只有借助经济学理论才能正确理解“经济”，而不可能通过公式或者方程式来正确理解它。“经济”不可能用任何有意义的科学方法来衡量。只有因果关系这个逻辑结构才能帮助我们。①

尽管如此，技术分析在金融界仍然有一定程度的合理性。奥地利学派认为不可能对合适的时间节点进行预测。这对投资者来说是最薄弱的一环，因为抓住“正确的”时间节点是投资者的首要任务。如果知道危机会降临，却不知道什么时候降临，这又有什么意义呢？技术分析可以为当前占据主导的市场心理提供一些参考指标，虽然其作用也是有限的。我们不能排除技术分析对投资决策存在一定指导作用的可能性，毕竟它还是能告诉我们一些有关什么使得典型投资者做出那样的行为的信息。例如，移动平均线反映了市场的总体趋势。市场仍然处于强势阶段还是弱势阶段？从一个清醒者的角度来看，趋势线的突破并不代表趋势必然结束。但是我们还是要意识到，技术分析已经成为投机者广泛使用的手段。如果重要的趋势线或结构被突破，会被视为一个“自我实现的预言”（self-fulfilling prophecy)，因为这些情况会引起交

---

① Mark Thornton：“The Dao of the Austrian Investor”. Ludwig von Mises Institute，12/20/2013.

易者的广泛关注。

奥地利学派投资者还是能够从情绪指标中获得一些有用的帮助。情绪指标能够显示市场普遍弥漫的乐观情绪或悲观情绪的程度。这能帮助投资者鉴别某只股票是否有可能被高估或低估。如果大部分投资者都充满信心，这可能是股市被高估的一个危险信号。如果市场普遍悲观，那么人们可能低估了股市。对投资者来说，市场情绪是非常重要的信息。最理想的情况是，投资者在股票被低估的时候买入，而在被高估的时候卖出（即以反周期的方式进行投资），以此获得成功。

交易者持仓报告（CoT）也是一个有用的工具。它包含了大型交易商（商业交易者）、大型投机者（非商业交易者）和小型投机者（非报告头寸）的头寸信息。有了交易者持仓报告的帮助，投资者就可以观察和分析不同市场参与群体的头寸信息。在这种情况下，最为重要的是净投机头寸（多头或空头）的历史极端数据以及大型投机者和小型投机者的头寸差异（大型投机者往往掌握更丰富的信息）、净投机头寸与价格或者价格趋势之间的差异。商业套期保值者通常持有不依赖于价格趋势的头寸，因为他们要么以真实的基础性金融工具或大众商品的形式对冲库存，要么持有可抵消期货头寸的场外交易衍生品。在期货市场上，他们被视为主要的流动性提供者，他们的活动让投机者的持仓成为可能。

尽管技术分析因为没有经济学理论的支撑从而受到奥地利学派经济学家的质疑，但对投资者来说，它是把握时间节点的一个有用工具。虽然它本身包含缺陷，但还是能提供一些有关当前市场状况，特别是有关市场心理的重要信息。

维克塞尔差值

2012年，托马斯·奥布里（Thomas Aubrey）提出了一种非常接近奥地利学派研究范式的分析方法。[①] 他的分析方法以瑞典经济学家克努特·维克塞尔的理论为基础，试图将维克塞尔对自然利率和货币利率的区分整合为一个投资策略。这个投资策略可以在一个经济趋势的早期阶段预测重要的转折点（峰值和谷值）。它的设计目的是给投资者提供一种工具，使得投资者能够跟上经济周期的变化。为了实现这个目的，奥布里将“维克塞尔差值”定义为自然利率和货币利率之间的差额。

一些市场指数会充当衡量自然利率和货币利率的指标。股本回报率和外部资本回报率是衡量自然利率的指标。政府债券收益率的5年移动平均线则是衡量货币利率的指标。

根据奥布里的理论，如果自然利率和货币利率之间的差值增大，代表牛市出现（投资政府债券）；如果差值减小，表明熊市出现（投资商品）。从历史记录看，奥布里在1986—2011年期间，使用这种方法成功实现了8.7%的平均年回报率。然而，使用这种投资策略并不能保证每次都能成功预测峰值和谷值。在2007年的危机中，奥布里使用维克塞尔差值及时退出了市场。但在1996—2001年的互联网泡沫中，这个工具并没有发挥太大的作用。它的一个固有障碍在于不能直接观察或者衡量自然利率。因为自然利率代表的是整个社会的时间偏好（即相对于现货而言，未来商品的折现率）。我们只能在“均衡”，即均匀轮转

---

① Thomas Aubrey: Profiting from Monetary Policy: Investing Through the Business Cycle. Basingstoke: Palgrave Macmillan, 2013.

的、没有变化的经济中才能观察到自然利率。在这种经济中，自然利率将恰好等于不同生产阶段普遍存在的利率差。但均匀轮转经济只是一种心智建构（mental construct），不可能存在于现实生活中。我们永远不能真正测量或者观察到自然利率。奥布里使用的各种替代性指标只能被视为自然利率的近似值。

债券

债券是企业或政府为了筹措资金而发行的具有固定利率的证券。发行方从债券购买者（债权人）那里借入外部资金。因此，债券也被称为无担保债券（debenture）或者债务凭证（debt certificate）。还有一些比较特殊的债券，包括零息债券、摊销债券、年金、可转换债券等。本节主要讨论的是标准债券，其中大部分是固定利率证券。

债券的收益、偿付期限以及偿付等条件都是事先约定的。根据约定，可以定期（例如每年或者每两年）或在债券偿付时支付利息。期限可以是 1 年至 30 年不等。债券偿付时，债权人（债券购买者）有权获得债券票面价值 100％的还款。

在债券偿付日之前，债券的价格是可以变化的，也就是随着时间的推移发生改变。除了借款人的信誉之外，债券的价格主要取决于市场利率。当债券偿付日逐渐临近，债券的价格将趋近于它的票面价值。这种独立于利率结构变化的价格变动也被称为“骑乘效应”（rolling down the yield curve effect，字面意思是“沿着收益曲线向下滚动”——译注）。

债券发行方可以在没有抵押品的情况下获得外部资本。银行贷款通常需要抵押品，如果发行的是股票，股东有权参与决策发言。但是购买债券并不能让购买者成为股东，只是成为债权人。对于债券购买者来说，好处在于能够提前约定定期的利息支付，并且在期末得到投资资本100%的偿还。购买者还可以在债券偿付日之前，在证券市场上出售债券，从而获得价格收益。此外，在企业破产的情况下，债权人的权利优于股东。

然而，债券也蕴藏着巨大的风险。最值得注意的是债券包含的信用风险。在市场经济中，每家企业都必须接受市场的考验，只有那些最能满足消费者需求的企业才能在市场上立足。如果无法做到这一点，企业将不得不退出市场。因此，债券发行方很有可能延迟付款或者面临资不抵债的情况。在这种情况下，利息支付和本金返还等承诺都将受到威胁。国际信用评级机构可以帮助投资者更好地鉴别信用风险。虽然评级机构是企业评估领域的专家，但还是要考虑人为犯错的可能性、政治压力以及其他因素对评级结果的影响。和其他任何级别的债券相比，投资者在3A（AAA）级债券中往往会损失更多资金，因为这些级别的债券总是隐藏着令人难以接受的意外。

债券包含的另一个风险是利率风险，它指的是持有债券时，因为市场利率的变化而面临的不确定因素。如前面所提到的，债券的价格会随着市场利率的变化而波动。利率下降导致债券价格上升；利率上升导致债券价格下跌。如果一个人计划在债券偿付日之前出售债券，那么利率风险就是一个很重要的考虑因素。如果市场利率高于债券收益率，意味着持有者会亏损；如果市场利率低于债券收益率，则持有者可以获利。为了将利率风险降到最低，可以选择浮动利率债券。由于市场利率取决于货币、政府政策以及经济趋势，因此，如果人们打算在偿付日之前出售债券，就必须仔细分析各种可能影响市场利率的信号和趋势。

另外，债券有可能包含外汇风险。一般而言，计价货币（债券偿付地使用的货币）和票息货币（支付利息使用的货币）通常是相同的，那么在购买以外币表示的债券时，需要承担额外的外汇波动风险。未来汇率的波动可能会超出我们预期的收益，造成名义上的损失。当然，我们也不能排除汇率的波动带来的收益。

最后，购买债券还面临通货膨胀风险，即未来获得的利息支付的实际价值具有不确定性。通货膨胀率上升会降低实际得到的收益，甚至导致亏损。如果在小型市场中投资或者购买外国债券，还存在着流动性风险。这种风险指的是因为交易量太小，出售债券时的价格低于预期的可能性。

政府债券

政府债券被认为是一种“保守的”投资方式，收益率虽然低，但安全性非常高。以下是一些按照期限分类的有息证券。德国的 Schatz 票据（偿付期限为 1～2 年）、联邦票据（Bobls，偿付期限为 5 年）以及联邦债券（Bunds，偿付期限为 10 年或更长）；美国的短期国债（treasury bills，偿付期限不到 1 年）、中期国债（treasury notes，偿付期限为 1～10 年）以及长期国债（treasury bonds，偿付期限为 10 年以上）。政府债券以征税权作为后盾，即政府可以通过税收收入的方式支付本金和利息。由于目前任何水平的强制征税都被视为合法的，因此大多数西方工业化国家的信誉在国际评级机构眼中仍然是非常高的。但是，这并不代表政府不可能破产。

政府债券和其他类型债券的不同之处在于，政府债券的收益并不用于资本积累，而是为消费提供资金支持。从经济学的角度来看，政客常常谈到的“投资”很明显应当被视为消费。理由是，一方面政客为了获得连任，需要向一部分特定人群倾斜。政府支出是实现这个目标的直接手段，而非一种创造附加值的迂回生产方式，因为迂回生产需要做出暂时的牺牲（指“储蓄”——译注）。反观政府支出，它会让某些目标人群尤其是政客自己直接获益。比如，政客能够从政府支出中立刻获得权力与威望。

另一方面，长期投资项目的收益情况是无法确定的，所以没有人能够为这些项目的损失负责。政府支出充其量只能增加日后的税收收入，但考虑到官僚机构无法计算机会成本，额外增加的税收收入实际上不可能高于相关的支出加上利息支付。问题在于，通过征税的方式支撑政府支出，只不过代替了原本的私人支出，并没有添加任何新东西。奥地利学派经济学家认为，注重储蓄的私人预算决策才是正当的，并且在未来会产生经济上富有成效的支出。相比之下，从经济学的视角来看，政府消费绝不应该受到追捧。

因此，每次购买政府债券都是对更高税率的投机行为。其结果是，由于负面激励、避税行为以及隐瞒收入等因素，长期的税收收入必然会出现下降。这使得整个事件变成一个传销活动。从长远来看是不可持续的。政府要么直接破产，要么通过货币贬值的方式避免破产。政府债券只能提供名义上的“保证”，因此所谓政府债券的安全性直接取决于现行货币的稳定性。

然而，在通货膨胀的环境下，政府债券的价格在初期往往会上涨。特别是因为政府有能力在中央银行以优惠条件对自己发行的债券进行“再融资”，政府债券的确能够暂时提供无风险收益。

政府债券和那些因为低利率政策而出现收益下降的其他资产之间的利差越大，其价格上涨得就越高，从而让政府债券成为通货膨胀时期的热门投机对象。但是，这并不是投机者的错。投机者的行为只能表明，经济中存在着他们不能为之承担责任的扭曲。

通过对长期和历史的考察，奥地利学派发现政府债券的风险比传统上所认识到的风险更严重。作为投机的对象，政府债券是经济泡沫的核心因素，正如我们现在就经历着一个巨大的政府债券泡沫。结合奥地利学派的资本理论可以得到一个重要的结论：被政府再分配的税收收入必然首先来自私营部门。但是在高税收国家，向私营部门征税变得越来越困难。税收收入增加的潜力微乎其微，但是减少的可能性非常大。

单纯从经济学的角度来看，政府债券可以作为投资组合的一部分。税收压力和公共债务总额越小，政府表现出的好战性和使货币贬值的意愿越低，它们的行为就越明智。因此，在19世纪和20世纪，奥地利学派经济学家会建议投资者购买斯堪的纳维亚国家或瑞士政府的债券。而在当今世界，能够选择的目标并不多。无论是从投资者的角度来看还是从一个公民的角度来看，在一个本人或本人的后代有纳税义务的国家购买政府债券是非常值得怀疑的建议。因为这个人本质上是在赌未来的税收负担不会增加。从长远来看，政府债券只不过是一种左手借右手的自我征用的行为。

当前的政府债券面临着一个极其扭曲的局面。一般情况下，支付的利息少表明投资活动是安全的，并且政府的负债水平较低。然而，当前的公共债务规模已经创下了历史新高，但债券收益率却处于历史性的低水平。我们可以举一些具体的案例：2011年12

月，德国发行了6个月期的Schatz票据，收益率为0.0005%。总面值为26.75亿欧元的政府债券的利息成本仅为6 687.5欧元。在过去几年里，6个月期和2年期国债的收益率跌至历史新低。到期收益率甚至变成了负数。在写作本书的时候，一些价值2万亿欧元的欧洲政府债券的到期收益率是负值。一些政府已经能够在一级市场拍卖中以负收益率出售债券。

如图9.23所示，美国政府的融资成本已经达到了最低的限度。如果没有制度性的利率操控，这个现象表明政府的信誉比历史上任何时期都强。但从美国联邦债务的发展趋势看，这种高信誉度令人怀疑。仅仅是自1971年以来，公共债务就增加了40多倍。由于极端的过度负债问题，大幅加息的空间已经很小了，留给美联储的回旋余地也随着时间的推移逐渐缩小。自1870年以来，美国中期国债的平均收益率为4.65%。假设美国政府不得不以7%的利率发行债券，那么在很长一段时间内，美国的应付本息总额将从每年3 000亿美元上升到2万亿美元，相应地占税收收入的80%。

最令人瞠目结舌的是日本的过度负债问题。由于日本实行了18年的零利率政策，政府已经以尽可能低的利率水平为其大部分债务进行再融资。尽管采用了各种有利于再融资的手段，日本政府的应付本息总额仍然占税收收入的25%。如果平均收益率提高3个百分点（至4.4%），应付本息总额将吞噬所有的税收收入。仅这一点就能说明，在现有的预算情况下不可能再提高利率水平了。

在零利率环境下，投资者应该重新定义“风险”一词。因为名义上的“安全”投资会让投资者产生实际亏损。这说明即便是

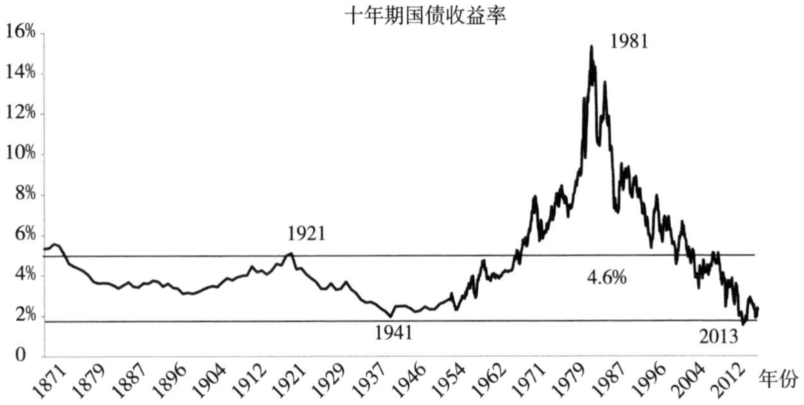

图 9.23　1870 年以来的美国政府债券收益率

资料来源：罗伯特·席勒（Robert Shiller），Incrementum AG。

那些波动性较低的资产也绝不意味着它们必然是低风险资产或者无风险资产。储蓄和投资之间的差异在于，储户试图维持自己的购买力，而投资者则试图提高他们的购买力。但在实际利率为负值的情况下，仅仅是为了保本就必须承担风险。目前，对收益率的追求再加上宽松的货币政策和金融管制已经显露出一些影响。货币市场基金、定期存单或政府债券等所谓的安全投资无法再提供任何收益。投资者越来越多地倾向于选择风险更高的资产。

对收益率的追求实际上会产生令人担忧的后果。根据美国银行的数据，总面值为 200 亿美元的债券的收益率低于 1%。因此，对收益率的追求导致各种高收益债券或者新兴市场债券出现非理性繁荣。巴克莱美国高收益指数（Barclay's US High Yield Index）在 2014 年首次跌破 5%。2015 年之前，即使是收益率为 5%的美国国债也被人们视为低收益债券。蒙古或卢旺达等一些典型的不稳定国家从 2015 年开始也能毫无障碍地发行政府债券。

蒙古政府发行的债券总面值为15亿美元（相当于该国经济总产出的20%），利率仅为5.125%，而卢旺达政府则能够以6.62%的利率发行债券。

目前，许多资产的实际收益率出现负值。“无风险”政府债券的收益率处于历史低位。现在，人们觉得市场参与者就像一群巴甫洛夫的狗，习惯于并期待着更多的货币刺激政策。如果不是这个原因，我们很难解释为什么市场参与者会对央行政策一直保持歇斯底里的狂热情绪，也很难解释为什么市场专家和投资者会对央行政策中每个字的细微含义都仔细研究。一旦停止供应致命的“货币烈酒”，投资者就会转而选择流动性好的、看似安全的美国国债或者德国国债。这些国债的价格不断地定期创下历史新高。这种在风险资产和避险资产之间反复横跳的游戏让人不禁想起那些狂躁抑郁症患者的情绪波动。

在当前的环境下，曾经非常具有稳定性的黄金支撑债券（gold-backed bond）被人们严重忽视了。人们在未来对黄金支撑债券的需求很有可能出现增长。我们可以举出很多例子来表明人们在危机来临时选择黄金。例如，在20世纪70年代，意大利和葡萄牙将自己的黄金储备作为向德国中央银行和国际清算银行贷款的抵押品。1991年，印度用黄金作为抵押品，向日本中央银行贷款。

就连一项代表欧洲议会进行的研究也推荐黄金支撑债券。研究者安斯加尔·贝尔克（Ansgar Belke）的结论是，和中央银行的政府债券购买计划相比，黄金支撑债券对投资者来说更透明、更公平、更具吸引力。黄金支撑债券至少能在短期内减轻主权债务危机的压力。世界黄金协会也在朝这个方向发展，并建议意大利也发行以黄金为支撑的债券。意大利可以将 2 400 吨黄金储备的一部分充当抵押品。这能降低融资成本，恢复人们对意大利政府的信心。正如该研究所指出的那样：

> 简单来说，以黄金作为解决方案能够降低通货膨胀发生的概率。那些认为以黄金作为解决方案将导致货币供应与硬通货脱钩，产生恶性通货膨胀的人没有意识到，现有的货币背后并没有黄金作为支撑。最重要的是，在证券市场计划（SMP，欧洲央行有针对性地购买债券）和直接货币交易（OMT，理论上欧洲央行可以无限制地购买债券）背景下，以黄金作为抵押品，能有效避免或降低受惠国改革激励不足的影响。①

经济学家安塔尔·费克特一直遵循门格尔的研究传统。他同样建议面临经济危机的国家发行以黄金为支撑的债券，以此增强自身的信誉并防止破产。同时，这能为其他国家提供案例，即展示黄金支撑债券的实际效果。费克特详细介绍了黄金支撑债券以及黄金支撑货币的其他优点②：

（1）政府黄金能够提供流动性。

（2）能够鼓励私人持有黄金，助力私人发行的黄金支撑债券。

（3）投入使用的黄金比堆在金库里积灰的黄金更有价值，就

---

① Ansgar Belke：A More Effective Euro Area Monetary Policy than OMTs－Gold-Backed Sovereign Debt，2012.

② Antal Fekete：“Cut the Gordian Knot：Resurrect the Latin Monetary Union”，2011.

像被开发的土地比休耕的土地更有价值一样。

（4）黄金流通能够增加公众信心，囤积黄金则表明公众缺乏信心。

（5）和法币不同的是，受到黄金支撑的货币会比其他外币表现出更强的稳定性。

（6）市场利率将趋于稳定。其他市场价格的稳定并不是好事，因为会掩盖重要的价格信号。但是利率应该保持稳定，以防止资本外流。

（7）一直以来，黄金都直接或间接地作为货币使用。放弃黄金支撑货币之后演变出了今天的危机。

（8）不可赎回的货币意味着债券当然也是不可赎回的。因此，债券并没有真正意义上的安全性。

不论是由政府发行还是由私人机构发行，黄金支撑债券将如何运作？从根本上讲，在到期偿付的时候，都应该以黄金或黄金支撑货币作为还本付息的方式。黄金支撑债券市场将变成更广阔的资本市场的一部分。投资银行家将充当发行方和买家之间的中间人。黄金支撑债券的发行方必然想方设法保持债券价格的稳定。为了实现这个目的，发行方可以建立偿债基金，并在必要时提前回购未偿付的债券。通过这种方式，政府黄金支撑债券的流动性将大大提高，并且以低收益率交易。这个收益率反过来又能为银行贷款利率和公司债券利率提供基准。[①]

---

① Antal Fekete: "Whither Gold?" Memorial University of Newfoundland, St. John's, Canada 1996.

公司债券

与政府债券相比，公司债券的交易通常存在一个价差（spread，这里应该是指公司债券的利率更高——译注）。产生这一现象的原因有两个：首先，从历史上看，公司的违约比政府的违约更为普遍。因此，必须为买方面临的潜在高违约风险进行补偿，否则他们就会选择其他投资风险更低的资产。其次，政府债券的流动性比公司债券的流动性更强。也就是说，政府债券的交易更方便，具有更高程度的市场流通性。

但是，近年来发生的主权债务危机改变了人们对政府债券和公司债券的传统认知。原本被视为无风险的政府债券越来越受到质疑。造成人们认知变化的原因是工业化国家的预算状况不断恶化。如今，一些国家的债务与GDP之比已经达到了一个不可持续的水平，而许多公司的经营状况则好得多。作为投资者，我们必须思考公司债券和政府债券的传统关系是否已经成为历史。我们能否看到公司债券的风险溢价更低，收益甚至低于政府债券的极端情况？

在目前的状况下，虽然公共债务水平屡创新高，但是我们仍然很难想象一个工业化国家会濒临破产。在紧急情况下，承受巨大压力的政府总能找到方法将债务转移给第三方（即公民）。税收、强制征用以及通货膨胀等关键词应该能给你一些提示。此外，政府总能够依靠印钞机偿还债务。据此，是否可以认为公司的信用风险依旧更高一些？

公司可以通过在国外建立分公司或者借助对冲手段来保护自己免受国内政策的影响。跨国公司可以规避特定国家或地区的风险，因为它们能够找到安全的避风港。它们的管理活动比许多国家的政府更为保守，这听上去很合理，因为公司更加注重长期性的决策维度，并且始终以盈利为目标。所以，相比行动迟缓的国家政府，它们更有动力并且也能更快地查找可能产生的低效率与错误。

在最近发生的主权债务危机中，种种迹象表明公司债券确实比政府债券更安全。例如，当希腊政府无法掌控其预算状况时，希腊电信公司（OTE）仍然稳定运营。另外还有几十家公司的信用评级比它们所在国家的信用评级高得多。在政府债务重组的情况下，公司债券的实际表现如何最终取决于多个因素。

传统观点认为，公司债券以更高的价差交易的第二个原因在于它们的流动性较低。过去，政府债券受益于规模大、流动性强的参考市场（reference markets）。但是，如果政府的信誉度离3A级越远，公司债券的流动性溢价就越趋于缩小。如果某个国家政府的信用评级非常低，则公司债券市场的流动性最终将提高。爱尔兰和葡萄牙政府的案例能够给我们一些启示。

不过，公司债券当然也不能在经济泡沫中幸免。由于马里奥·德拉吉以极其优惠的条件向私人银行提供了1万多亿欧元的资金，欧洲中型企业的公司债券业务蓬勃发展。这并没有什么奇怪的，因为不仅机构投资者对5%～8%的收益率感到极具吸引力，就连个体投资者也对此青睐有加。目前，信誉欠佳的借款人发行的公司债券的收益率非常低，这显然是经济泡沫的一个典型现象。

巨灾债券

在债券领域，巨灾债券（catastrophe bonds）是一个非常不错的备选对象，也称为CAT债券。这是一种比较新兴的资产类别，主要用于为自然灾害提供保险服务。巨灾债券的风险以及收益和传统金融产品几乎没有任何相同之处，但是和再保险合同的风险及收益状况比较类似。为了把巨灾债券合理纳入某个资产类别，我们需要对保险业的发展史进行简单的回顾。

保险公司已经存在了好几个世纪。一些历史学家甚至发现，在基督时代之前就已经出现了类似保险的协议。英国凭借曾经作为海上霸主和全球贸易强国的地位，在我们今天熟知的保险业发展历程中扮演了重要的“志愿者”角色。当时最需要规避的是航运、货运和火灾等风险。一大批早期的保险公司在市场上非常活跃，伦敦劳合社也发展迅猛。1842年，德国汉堡发生的大火让保险业在承保能力方面出现了严重的瓶颈，随之而来的是包罗万象的再保险业务的萌芽。因此，1842年被视为再保险业务元年。科隆再保险公司，即巴菲特的伯克希尔·哈撒韦旗下的通用再保险公司是最古老的再保险公司。在1992年之前，这种双层体系对保险业来说已经足够了。然而，到了1992年，保险市场再次出现动摇。“安德鲁”飓风在美国造成了极其严重的破坏。和1842年一样，保险业的承保能力出现不足。于是，将承保的风险转移给其他合作伙伴的想法应运而生。这个合作伙伴需要拥有大量的可支配资金，并且必须对保险业务的风险和收益感兴趣。

与此同时，全球金融市场正在搜寻与传统金融具有非相关性的收益来源，因此保险债券有资格成为理想的合作伙伴。但是，具体的产品设计必须符合资本市场的要求。在这个背景下，巨灾债券得以诞生。这种债券的基本要素不是单纯的票面利率和信用风险，而是保费支付，并且能够显示保险（而不是发行方）的风险状况。1995年，第一只巨灾债券发行。1997年，信用评级机构第一次对巨灾债券进行评级（平均为BB级）；同年又设立了第一只巨灾债券投资基金。2002年，瑞士再保险公司发布了第一个巨灾债券指数。2013年，巨灾债券的总市值首次突破200亿美元大关。最近的研究表明，尚未到期偿付的巨灾债券的数量将在未来几年内增加一倍以上。一方面，由于巨灾债券代表的是抵押再保险单，巨灾债券的发行方（通常是初级保险公司或者再保险公司）不需要投入权益资本。因此，除了传统的再保险合同之外，它们获得了第二种保证自己免受最大风险影响的方法。另一方面，巨灾债券的投资者有机会获得收益，其面临的风险也独立于传统的资本市场。巨灾债券面向地震或者飓风等严重灾害，其中有一小部分巨灾债券还会为恐怖主义和流行病风险提供保障。一般而言，巨灾债券的偿付期限是3年，可变收益率以3个月期伦敦银行同业拆借利率（LIBOR）加上承保保费（premiums written）为基础。巨灾债券在发行的时候通常会包含2%的预期损失率，相当于每50年出现一次索赔。保费会根据涵盖的风险内容发生变化，一般而言高于3个月期伦敦银行同业拆借利率2%～15%不等。

共同基金

早在20世纪初，盎格鲁-撒克逊世界早已建立起共同基金（mutual funds）等集体投资产品。而在德国，第一只投资基金最早可以追溯到1950年。共同基金行业在欧洲大陆开始出现强劲的增长态势应该是在20世纪和21世纪。随着2008年金融危机的爆发，这类资产的成长期突然中断。根据欧洲基金和资产管理协会（EFAMA）的数据，截至 2013 年末，欧洲经济区共有 97 亿欧元投资于共同基金，这一结果令人震惊。①

共同基金根据预先制定的投资原则将财富投资于股票或者债券等特定的资产类别。但在某些情况下，共同基金也会进行多种资产类别的组合投资。一般来说，共同基金选择的投资组合会呈现出更为显著的多元化。从经济学的角度看，共同基金的优势主要在于它选择多样化的资产组合，风险更低，收益也较好。这符合人们所认知的“不能把所有鸡蛋放在同一个篮子里”的原则。20 世纪 50 年代，哈里·马科维茨（Harry Markowitz）在投资组合优势特征方面做出了知名研究。他也因为“现代投资组合理论”获得了诺贝尔经济学奖。

由于各种交易成本和最低费用要求，个体投资者通常只能在各种证券之间做出有限的多元化选择。因此，广泛的多元化是投资基金的最大优势之一。它可以以相对较低的成本选择多元化的投资组合，将其打包成证券。基金中各个组成部分的所有者参与了整个投资组合的发展过程。今天，投资基金是金融系统中受到严格监管的行业之一。监管机构针对多元化和可允许的投资活动做出了非常详细的规定。

除了多元化之外，将资产管理活动转移给专业投资公司是投资基金的另一个重要特征。在德国和奥地利，投资基金在法律上被定义为一种独立的资产类别。投资者的资本和投资公司的资本严格区分，并由一家与该投资公司没有业务关系的存款银行持有。

---

① “Net sales of long-term UCITS jumped to EUR 31 billion in December and reached EUR 320 billion in 2013”. Pressemitteilung European Fund and Asset Management Association，02/13/2014.

这种法律和组织上的隔离措施有效消除了共同基金的交易对手风险。这也是它和法律上所谓的无担保债券等凭证产品（结构性产品）的区别所在，后者会面临发行方的交易对手风险。开放式基金（与封闭式基金相反，除非它们在交易所上市）可以进行定期交易。投资者可以根据投资基金条款规定的时间间隔购买或者出售所持有的份额。投资基金可以采用完全不同的投资策略，选择不同的投资理念、投资风格以及各种子类工具。位于德国的奥地利资产管理研究所在甄选“奥地利基金”方面是一个先驱性组织。它专注于将矿业股、大宗商品、贵金属、拥有合理股权基础的家族企业、进行“深度价值投资”和财富管理的基金等作为投资目标。基本面分析、技术分析和最优投资组合的比较见表 9.9。

表 9.9　基本面分析、技术分析和最优投资组合的比较

	基本面分析	技术分析	最优投资组合（资产分配）
管理理念	积极管理	积极管理	被动管理/积极管理
投资目标	股票选择	时间节点	组合投资的风险收益最优化
投资风格	价值/增长/GARP	趋势跟踪/反周期	简单多元化 VS. 最优多元化
子类工具	自下而上 VS. 自上而下	量化分析/图表分析	非杠杆 VS. 风险平价
交易理念	购买并持有	交易导向型	购买并持有/策略性资产分配
代表人物	克斯托兰尼（Kostolany） 巴菲特 芒格（Munger）	保罗·都铎·琼斯（Paul Tudor Jones） 查尔斯·亨利·道	瑞·达里奥（Ray Dalio） 法玛（Fama）
资产类别	以股票为主	所有流动资产	所有资产类别的组合

资料来源：Incrementum AG.

交易所交易基金

一般而言，交易所交易基金（ETF）是被动型投资基金，其特点是费用相对较低（特别是和那些受到精心管理的基金相比）。交易所交易基金资产也会和交易所交易基金经理的资本分开，因此它们并不存在发行方的违约风险。此外，和传统的共同基金不同，一些交易所交易基金的流动性很强，它们也可以实现日内交易。就其表现而言，交易所交易基金类似于所谓的指数凭证（index certificate）。投资者可以通过交易所交易基金实现广泛的投资多元化，因此人们可以投资于不同的行业（如黄金股）、不同的国家（如 MSCI US）、不同的地区（除日本以外的亚洲地区）或者不同的资产类别（如成长型股票），还能预判价格的上涨（多头）或下跌（空头）。此外，现在还出现了杠杆化的交易所交易基金，它每日的表现可以达到基础基准的2～3 倍。

由于自身的可交易性，交易所交易基金和现代泡沫经济中通货膨胀的强弱直接相关。不过吉姆·罗杰斯并没有因此发出警告，而是给出了以下建议：

> 交易所交易基金在某些方面让世界变得更加简单，同时它们也为那些愿意探索和研究交易所交易基金或各类指数尚未涵盖的企业的人提供了不错的契机。在全球范围内，有成千上万家企业因为没有被交易所交易基金或者各类指数涵盖而无人问津。如果某位分析师有足够的野心，他可以毫无竞争压力地通过实地考察来仔细研究这些企业。[①]

---

① Jim Rogers：Street Smarts. Adventures on the Road and in the Markets. New York：Crown Business，2013，pp. 184－185.

绝对收益基金

大部分“传统投资基金”都以基准指数（benchmark indexes）为导向。这种投资视角的相对性往往会给投资者带来不利的结果。虽然基金经理可能会吹嘘基准指数下跌了30%，自己“仅仅”损失了25%，因而比参考指数的表现“更加优异”，但投资者可能并不会因此感到高兴。很多研究表明，精心管理的基金很少能够跑赢基准指数。

绝对收益基金（absolute return funds）为人们提供了另一种选择。它允许在不参照任何基础基准的情况下进行投资，这基本上算是最负盛名的资产管理原则。它关注的重点是无论股票市场的大环境如何都要实现资本的绝对增值。在大部分情况下，绝对收益基金主要通过多元化的资产投资策略实现这个目标。更具体地说，绝对收益基金可以灵活地投资于股票、债券、大宗商品和金融衍生品，既可以建立多头头寸，也可以建立空头头寸。绝对收益基金的优点在于投资者可以把资产委托给专业人士管理。这种投资基金的缺点是，在牛市期间它的表现往往不如那些纯粹投资于股票市场的基金。因为绝对收益基金的重点是避免损失，而不是“不惜一切代价创造利润”。所以，绝对收益基金的成功与否通常高度依赖基金经理本身的素质。

成本与费用

对客户而言，金融服务的成本和费用通常并不那么透明。由于经常性费用是从基金中扣除的，而不是由客户直接缴纳，所以客户常常低估自己的成本负担。不过，这也是一项有利可图的投资项目的关键之处。投资者首先必须承担的成本通常以预付费用（也称为“负荷”）的形式出现。这些费用作为基金价格的溢价由资产管理公司的分销合作伙伴收取。一些线上经纪人会推荐预付费用低或者完全不需要预付费用的基金，由此降低客户面临的预付费用。如果你在脑海中已经认定了某只基金，就应该比较不同经纪人所提供的报价。有时候，你也可以通过跟开户行或者经纪人协商来降低预付费用。预付费用的大小有所不同。根据历史经验来看，资产的波动性越大，预付费用越高。

除了一次性缴纳的预付费用之外，还有许多定期产生的费用，主要包括管理费用和托管费用。这些定期费用一般汇总在“总开支比率”（total expense ratio，TER）中。这里提及的费用通常也取决于资产的波动性，此外还取决于所选择的基金是主动型的还是被动型的（见表9.10）。

表9.10 基金费用比较

	被动型基金	主动型基金	主动型多元化基金	资产管理基金	主动型股票基金
认购费	0%～5%	1%～3%	2%～4%	2%～4%	2.5%～5%
TER	0.25%～0.75%	0.5%～1.25%	1.25%～2%	1.5%～2.5%	1.5%～2.5%

资料来源：Incrementum AG.

绩效费用是和基金管理成效直接相关的费用，它通常用于表示超额完成任务时产生的费用。收取与基金管理成效相关的费用可以更好地协调投资者和基金经理之间的利益关系。

但是，绩效费用可能会诱使基金经理采取非常冒险的投机行为。因为一旦成功，就能获得丰厚的报酬奖励。与此同时，基金管理中还设置了“高水位线”。也就是说，基金经理只有在基金创下历史新高的情况下才能获得奖励。绩效费用的另一个计算特征是设置了所谓的门槛率，即最低资本回报率。只有当基金经理达到这个门槛率，并且基金的净资产价值超过高水位线时，基金经理才有资格收取绩效费用。因此，基金经理有很强的动机，既要以尽可能让基金创下历史新高的方式管理手中的基金，同时又要确保新的纪录不会超过原纪录太多，因为基金价格超过高水位线越多，让基金达到新峰值的难度就越大。

证券借贷

证券借贷（security lending）市场（回购市场）是资本市场的一部分。公众对它知之甚少，或者完全不了解。出于各种原因，如果市场参与者需要实现特定证券的交付，证券借贷活动就会发生。基金经理可以利用回购市场进行借贷交易，以此产生少量的额外回报。在银行业陷入经济危机期间，当交易对手遇到支付困难问题时，就会出现对手风险。例如，在银行危机期间，当交易对手遇到支付困难时，这种风险就会具体化。

许多投资基金都会积极参与证券借贷，而投资者却对其中蕴藏的风险丝毫不知情。美国基金分析公司晨星做了一项调查，发现在某些情况下，被动型基金的证券借贷的平均占比超过了99％。[①] 借贷费用通常没有（或没有完全）包含在基金中。虽然能够以交叉补贴的方式提供一个非常吸引人的费用结构，但从经

① Hortense Bioy：“Und was ist mit physisch replizierenden ETFs?” Morningstar，10/20/2011.

济学的角度看，它是以承担致命性隐藏风险为代价的。只有基金的招股说明书明确排除了证券借贷的可能性，投资者才能确信不会发生这种风险。

另类投资

另类投资（alternative investments）包括所有不同于股票、债券和货币市场工具领域中常规性投资技术（以赢取收益为目标）的投资形式。另类投资通常和对冲基金、私募股权基金等有密切关联。然而，从更广泛的角度看，另类投资还包括房地产和贵金属投资以及各种艺术品和优质葡萄酒投资。另类投资通常有以下一种或几种特点：

（1）另类投资通常与传统投资的相关性较低。

（2）投资资产的流动性有限。

（3）这些投资活动包含一些特殊的风险。

（4）通常对投资总额有相对较高的要求。

（5）部分投资活动较少受到监管。

期权

通货膨胀的一个后果是，相对于投资活动，投机活动的重要性逐渐增加。由于金融管制，投资者面临的选择是接受购买力必然遭受损失，或是涉足投机性极强的投资。原则上讲，并不是所有的投机活动都必然包含极高的风险。但是亏损的风险的确会随着潜在收益的增加而逐渐上升。无论是散户还是机构投资者，没有多少投资者能在投机性投资上取得长期的成功。通常在这种情况下，我们建议投资者“不要触碰自己不擅长的领域”。如今，人们能够接触到五花八门的投机性投资产品。小投资者还可以使用各种工具进行高杠杆操作或者赌价格会下跌。在欧洲，面向小投资者的金融衍生品通常以银行无担保债券的形式发行，并且以凭证产品（结构性产品）的形式进行交易，而在美国更常见的是期权。

通常情况下，期权是一种波动性很大，且极具投机性的工具。但是，经验老到的投资者也可以把它当作低成本的对冲工具，或者用于创建能够产生非对称收益的投资模式。期权是一种远期合约。通过该合约，期权买方有权在未来特定日期或特定日期之前向期权卖方（writer）购买或出售标的资产（如股票、指数、大宗商品或货币）。与期货合约相比，期权仅仅代表买方的权利，买方不需要履行任何义务，因此，期权也被称为有条件的远期合约。在期货合约中，合约双方都有交割标的物的义务，因此，这种交易被称为无条件的远期合约。

期权交易通常以现金方式结算，而不涉及实物交割。期权的价格被称为期权溢价。期权主要有两种类型：

· 看涨期权（call option）：期权的买方有权从期权的卖方那里购买标的资产。期权的买方从标的资产的价格上涨中获利。比如：买方预期某只股票的价格会上升，他在这只股票的价格为30美元的时候，以30美元的履约价格购买了看涨期权。那么在一年之内，买方有权以30美元的价格从卖方那里购买这只股票。

· 看跌期权（put option）：期权买方有权以约定的履约价格向期权卖方出售标的资产。

必须注意的是，期权价格不仅受到标的资产价格的影响，还和期权剩余到期时间、市场波动性等因素有关。在这种背景下，人们还可以通过组合不同的期权（独立于标的证券的价格趋势）来推测波动率的变化。

芝加哥期货交易所（CBOT）或者欧洲期货交易所（Eurex）等期权、期货交易所提供期权交易。这些交易都是严格标准化的。期权的价格通常由供需水平决定，但期权证书通常由发行方（一般是银行）提供，并且可以进行场内或场外交易。期权证书的买卖价格由发行方决定，而不是供求关系的结果。虽然发行方会参考交易所或者同类期权的价格，但它仍然可以以武断或者不透明的方式做出决定。

评估期权的重要指标包括 delta、gamma、vega、theta、rho 和 omega。不过我们并不打算对它们进行详细的讨论。需要指出的是，在实操过程中，个体投资者很难理解时间溢价（theta）和杠杆率（gamma）这两个概念。除此之外，隐含波动性也是评估期权的重要指标。隐含波动性的溢价越高，期权对买方的吸引力越小。

期权的替代品是指数凭证（index certificate）和差价合约（CFD）。与其他凭证产品类似，指数凭证的标的资产是无担保债券。借助指数凭证，投资者可以轻松地影响指数的表现。和复制整个指数（例如，为了复制 DAX 30 指数，投资者必须以适当的权重购买 30 只个股）相比，指数凭证提供了一种简单且节约成本的方法。但它的缺点是存在发行方风险。如果凭证的发行方破产，凭证将变得一文不值。指数基金的安全性更高，但在大部分情况下成本也更高。

差价合约的买方不购买金融工具（如股票、大宗商品等），只是承担支付差价的义务。因为只需要支付保证金，所以差价合约最明显的优势是可以用较少的资本实现高杠杆。例如当杠杆为50倍时，标的资产的价格仅仅上升2%，自己的资产就能翻倍。但是，杠杆的作用是双向的。所以，当标的资产的价格降低2%时，投资者会损失全部资金。和期权证书相反，差价合约的价格形成是透明的，投资者也很容易理解，因为它不受隐含波动性或者剩余到期时间的影响。购买差价合约是一项信贷融资活动，因而会产生融资成本。融资成本的大小因经纪人而异。因为差价合约是一种高杠杆交易活动，所以需要遵循非常严格的风险和资金管理原则。

对冲基金

对冲基金是另类投资中一种比较知名的类型，是一种面向合格投资者的私人投资工具。对冲基金通常与金融衍生品相结合，利用杠杆交易场内挂牌的资产。如果预期价格下跌，也可以通过做空从中获利。对冲基金最早出现在二战后期。很多股市投资者发现，在经济不景气的时候，即使他们成功地选择了表现相对不错的股票，纯粹的股票投资组合的收益最终仍有可能是负的。为了降低这种“经济风险”，人们在传统股票投资组合中加入了风险对冲。在这样一个具备风险对冲功能的框架下，聪明的投资者可以通过做空，赌他们认为被高估的股票将出现价格下跌。所以，投资者的总收益取决于各只股票价格变动的差异。这种方法可以在一定程度上“中和”市场的总体趋势，因而也被称为市场中性策略。

对股票价格的下跌进行投机，这种行为常常在伦理上受到质疑。从奥地利学派的角度来看，如果投机活动处于一个健康的水平，这种行为就不应受到谴责。投机股票价格下跌的经济意义在于，它能对生产性公司和非生产性公司进行一个必要的筛选。在一个稳健的货币体系中，利率通常远高于价格通胀率，投机股票价格下跌有着巨大的机会成本。为了做空股票，投资者必须借入有价证券，然后在市场上卖出，以便在之后的阶段买回，把它们还给出借方。借入证券（borrowing security）自然需要耗费成本。在证券借贷所涉及的机会成本中，很重要的一项是（暗含的）利息成本，它本身包含在借入费用中。证券借贷和正常的信用交易类似，借贷成本越高，吸引力越小。如果正处于结构性低利率时期，这种交易的成本会非常低，导致短期投机活动呈现出爆炸式增长。

对冲基金作为一种资产类别，在 20 世纪 70 年代迅速发展。对宏观经济发展进行投机的新战略正在兴起(“全球宏观”)。以外汇投机的形式摒弃金汇兑本位制，为对冲基金搭建起了巨大的舞台。外汇市场变成了一个包含海量交易员和投机者大军的庞大市场。乔治·索罗斯因为对英镑的成功投机而闻名。自金汇兑本位制终结以来，大宗商品市场的波动性也大幅增加。

近几十年来，结构性低利率对对冲基金的繁荣起到了重要的推动作用。一方面，实际利率水平迫使人们选择投机性的资产类别以获得收益。另一方面，做空和杠杆交易的融资成本较低，为这类资产的发展提供了非常理想的前提条件。那些在正常情况下永远不会产生收益的投机活动变得有利可图。这种过度的投机是货币体系不健全的典型特征。

当纸币制度进入最后的发展阶段，这个趋势将变得更加明显。在魏玛共和国时期，人们可以从书籍或者新闻报道中看到对投机活动飞速增长的描述。与此同时，大量对冲基金策略也应运而生：

- 全球宏观策略：这个策略以一种自上而下的路径，试图将全球宏观经济的趋势及其对股票、债券、货币和商品的影响利用起来。
- 股票做多/做空：涉及就股票头寸建立多头或者空头，这个策略能否成功取决于基金经理的选股能力。
- 套利：该策略的目标是利用各项相似资产的价格差异消除市场风险。套利基金经常采用极其复杂的估值模型。
- 事件驱动型策略：基金经理试图利用公司合并、重组、拆分等重要事件让交易获得成功。
- 大宗商品交易顾问（commodity trading advisors，CTA）/期货管理型基金（managed futures）：这种策略常常也被称为“趋势跟踪”策略，目的是快速识别和利用各种趋势。这类基金主要借助金融衍生品活跃于商品、外汇和股票市场。
- 私募股权：一种对冲基金替代品。其投资目标主要是那些被认为在长期投资期限内（通常为5～10年）具有特别强劲增长潜力的公司。私募股权投资缺乏流动性，在大多数情况下，与对冲基金或者传统投资基金相比缺乏透明度。

数字货币

作为数字货币（digital currency）的代表，比特币价格的惊人上涨引起了投资者对数字领域投资机会的关注。目前，还没有其他投资类型能在如此短的时间内表现出与数字货币类似的投机性价格上涨潜力。有趣的是，当代奥地利学派经济学家分成两类——既有最早对数字货币提出批评的，也有成为数字货币领域先驱的。数字货币究竟蕴藏着什么样的潜能和风险呢？

一方面，数字领域经常出现各种泡沫，比如前面提到的互联网泡沫。毕竟，如果没有物理形态的限制且对资本的要求比较小，那么投资者可能会听到许多有关美好未来的承诺。这就是为什么在泡沫经济时期，许多新成立的公司和现代企业组织如果想在扭曲的市场中快速把自己售出，大多数情况下都会将目光投向数字领域。数字产品遇上大众传媒的炒作机制可谓如鱼得水。因为大众传媒的炒作机制能够在短期内强化人们对所谓的新事物的兴趣。这一点对投机者有很大的影响。对他们来说，这是一个令人振奋的游乐场。对什么事物可能会出现“病毒式传播”的某种直觉，可能是这个领域投机成功的决定性因素。

另一方面，数字工具确实具有真正的价值创造潜力。如果是一种能够最大限度地创造价值的事物，并在很大程度上独立于炒作、政府补贴、合约和贷款，那么它会成为当代奥地利学派经济学家特别钟爱的事物：它可以成为公民抗衡金融管制，巧妙地避开国家层层管控的一个工具。国家监管与加密之间的竞赛还未决出胜负。在这个领域，私人的创造还有着异常丰富的机会与商业激励。如果数字工具最终获胜——击败各个国家越来越严苛的干预，一个可能的结果是全球数据网络的部分封锁、关闭和国有化。然而，即便发生这样的事情，也会出现奋起反击的企业家。

对支付流的控制是这场竞赛中最为关键的节点。然而，受到控制的货币数字化完全符合国家以及银行卡特尔集团的利益。这可能是当局尚未全力打击比特币的原因之一。其他种类的私人货币如果不受政府控制，不像比特币那样追踪任何支付流，也不是纯粹的法币，最后就都会被强制没收，相关人员也会面临牢狱之灾。只有一些通常以政府法币作为参考，对大众来说没有多大用处的区域性货币，才会被当局视为个人爱好而被容忍。这种区域性货币的价值主要体现在能够在不受政府控制的领域提供利基市场。区域性货币体系常常能让交易双方都感到满意，这主要是因为涉及的大部分价值并不是在每一次交易中都要交税。虽然税收向这种政府代币注入了价值，但同时也降低了其作为交换媒介的效用。这种效果被大大地低估了。

因此，我们很容易理解为什么“丝绸之路”网站（这与中国提出的“丝绸之路”经济带无关——译注）会成为第一个使用比特币的大型市场，实际上，它是一个用于销售违禁商品的“eBay”。人们只能通过所谓的 Tor 服务器安装匿名的访问软件访问它。在“丝绸之路”暗网上，各种毒品应有尽有。但是，很少看到其他商品（如武器）的销售。这个平台存在的风险当然是信任问题。毕竟，要求你提供收货地址的卖家很可能就是一个卧底。

比特币是一种虚拟的信用产品，通过随机算法以去中心化的方式产生。这种算法与所使用的计算机的算力有关。这种算力部分地用于记录和审计账簿条目。给计算机提供越多的算力，挖掘到比特币的可能性就越高。此外，比特币的总数是有限的。“开采出来”的比特币越多，找到新币的难度就越大，因为这个过程需要消耗更多的算力。这种效果和在现实中开采越来越稀有的资源是一样的。

问题在于，和人们挖掘比特币所需的算力相比，比特币在调配、管理过程中实际所需的算力几乎是无限小的（否则会产生过多的比特币），所以大部分的算力并没有额外的价值。与此同时，运行计算机的电力成本无论如何都已经超出了比特币可能的收益。简言之，比特币没有商品支撑，因为除了货币需求之外，不存在对它的产业需求。

这一事实是奥地利学派经济学家对比特币现象的批评与解释的关键。比特币是一种原始法币（proto-fiat money）。人们出于好奇和新鲜感而对比特币产生的产业需求非常小，大部分的比特币需求都是投机性的。这本身没有什么问题，因此也不能构成反对比特币的理由。任何财货在最终变成货币之前，总是因为存在投机机会而被人们接受。毫无疑问，比特币有成为货币的可能。但要让这种可能变成现实，人们对比特币的需求就不能仅仅局限于投机需求：要么对比特币有产业需求，要么有另外两个方面的货币需求在发挥作用。虽然人们目前对比特币的产业需求非常小，但这是一种非常重要的初始需求。满足这个条件后，所有三种类型的货币需求就都出现了：比特币让交易变得更加容易（免费且近乎实时的国际转账）以及让人们更有机会进入新市场。这个新市场最初主要是“丝绸之路”暗网，由于当时比特币被认为具有匿名性，所以比特币拥有很高的适销性。当然，这种适销性的提升并不代表比特币可以完全取代所有其他支付手段，而只是说明比特币可以作为它们的补充。

这就解释了主要是以法币形式存在的数字货币存在着什么问题：人们对它的需求相对而言不稳定，从而增加了波动性。请记住，如果其他条件不变，投机活动的增加会降低波动性。和人们通常的认知不同的是，波动性并不是投机活动的结果，而是人们的价值评估突然发生变化（如时尚、炒作的影响），尤其是人为干预与政治干扰的结果。正如我们所料，“丝绸之路”暗网被FBI关闭，比特币交易的便利性也受到了大规模的政治干预。由于人们意识到比特币作为一种支付手段，可以轻松、低成本地规避资本管制，比特币迎来了迄今为止最大程度的涨势。有些政府暂时容忍比特币的这种发展，是因为政府可以通过这个有限的“试验”观察资本市场开放对本国的影响。但这个试验是有限的，因为使用比特币的门槛相对较高。最初只有少数能接触相关技术的人才懂得如何运用。一旦这个试验扩大到脱离政府控制的程度，政府干预就会变得非常严苛。由于比特币基本上没有产业需求，所以从奥地利学派的角度来看，它很容易因为人为因素而面临剧烈波动的威胁。那就只能依靠大量的投机活动来减少这一威胁。当最大的比特币交易所 Mt. Gox 停止支付，并被怀疑从事部分准备金银行业务时（后被证明发生了大规模的欺诈行为），比特币的价格出现暴跌。

不幸的是，数字货币领域目前存在激励不足的问题。由于蕴含巨大的政治风险，最早积极投身这个市场的往往是那些具有极高风险偏好的、涉足非法活动的企业家，而他们又缺乏长远的眼光和足够的严谨性。对奥地利学派投资者来说，数字货币充其量只能在小型投机交易组合中占很小的一部分，但对储蓄来说没有什么作用。对提供支付服务的公司进行投资当然具有相当大的潜力，毕竟这是一个由垄断公司和卡特尔主导的行业，因此对创新的需求很大。然而，与所有其他投资类似，投资者需要首先了解市场。人们需要注意的一个重点是：在数字货币领域，因为放大效应非常明显，所以要做到反周期比其他领域难。一个对数字货币非常熟悉以至于打算投资的人，往往会深深陷入数字泥潭，并被数字工具释放出的潜意识信号不停轰炸。几乎没有哪个行业会像数字行业一样快速亏损。如果投资不当，投资者可能血本无归。

区域性投资

由于各种投资产品过于复杂和抽象，越来越多的投资者希望能更加直接地投资实体经济。因为文明的衰落，后现代意识形态的蔓延，对世界末日的恐惧以及缺乏社群和身份认同，人们越来越希望找到容易理解、简单而不复杂的投资项目。因此，投资者最好不要冒险选择遥远的地区进行投资，进入全球性的金融流，而是要寻找一些离自己所在地较近的投资机会。

区域性投资的代表是一家名为 Regionalwert AG 的德国公司（它很快将在奥地利的东北部建立第一个海外分支机构）。这是一家非上市的股份公司，通过它，大约 500 名持有价值 500 欧元到 15 万欧元股份的公民成为他们所在地区的小公司的共同所有者，这类公司主要集中在农业领域。目前，Regionalwert AG 与近 25 家企业合作，参与模式主要是有限合伙制，以有限责任公司的身份充当普通合伙人或者隐名合伙人（silent partnerships）。另一种合作形式是购买土地和农场以及选择承租人。股息尚未开始支付，人们购买股票的行为常常源于一些理想主义的动机。此外，生态环境、社会和政治标准也起到了重要的影响。

这类模式并不能被视为严格意义上的投资。它更像是在回答前文描述的捐赠基金在实际生活中可能的样子。然而，雄心越大，实现的难度越高。越是通过时代精神的强化，号召监管与控制，将拯救世界作为焦点，资本的破坏产生的危险就越大。尤其是在一个漫长的过程中，单纯依靠理想主义作为驱动而没有风险承担的价值创造活动是不可能一直存续下去的。

除了股票，利润共享的次级贷款（subordinated loans）以及隐名合伙人也可以作为理想主义的投资模式。但在大部分情况下，政府的管制框架而非经济意图才是最终决定哪种法律结构最为适合的因素。一种替代方案是选择自然化的投资模式，在大多数情况下，自然化投资对应参与性票据（participatory notes），它是股票与债券的混合。根据公司的经营状况，人们获得非现金的股息支付。其中一个成功例子是“羊股”（sheep shares）。从目前来看，由于理想主义的影响非常大，所以这些模式并不是狭义上的投资活动，因为它们并没有产生任何真实的股权参与，而是一种消费订阅（consumption subscription）模式。剧烈的经济动荡可能导致供应中断，从这个角度来看，投资者可以将购买承诺与交付承诺紧密联系在一起。

这些例子都为市场所需的进一步投资创新提供了灵感，但是政治和银行卡特尔往往成为阻碍。上文提到的 Regionalwert AG 也有足够的雄心，想通过长期投资实现盈利和价值创造，并覆盖生产、加工再到零售的整条价值创造链。这能显示出长期导向的投资和捐赠基金之间的密切程度。投资者会购买他们投资的目标公司的产品，一部分原因是为了提高自己的投资价值，还有一部分原因是为了增强所在地区产品供应的安全性。

很多区域性投资活动或者农业投资活动缺乏盈利性，这主要是经济扭曲的后果。由于坎蒂隆效应，购买力、人才和创造力不断从边远地区重新分配到城市中心，城市中心从而成为政治和金融业核心区。因此，当我们看到一位 25 岁的银行家开着保时捷，我们并不会感到惊讶，但如果看到是一个年轻的农民做这样的事，就会觉得奇怪。但经历一场巨大的危机之后，这种感受可能会发生变化。如今，因为年轻的农民缺乏储蓄和融资机会，奥地利每年有 2 500 位农民的下一代无法继续从事农业。政府补贴从根本上提高了集中度，摧毁了农民的企业家精神，使农业成为受到高度管制、享受政府补贴的官僚机构。原本旨在防止农场消亡的政治干预最终使得农场消亡的速度不断加快。这也符合奥地利学派经济学家一直以来的预测。所以，今天的奥地利只有 5 家大型乳制品公司主导着这个国家的乳制品行业。

虽然存在通货膨胀，但小企业发现自己更难从银行那里获得贷款了。这说明有必要建立避开银行系统的储蓄中介。这些创新必然受到那些旨在保护银行卡特尔免受竞争压力的法规的极力阻挠。最近，奥地利鞋类制造商 GEA 与金融市场监管机构之间的冲突恰好能够说明目前的挑战，同时也为新型融资形式的设计提供了丰富的灵感。由于民众的大力支持，奥地利政府目前尚未进行干预，但运用各种手段试图说服企业家海因里希·施陶丁格（Heinrich Staudinger）让步。

不同投资类型之间的市场差异似乎有扩大的可能。它们涵盖的范围非常广：从强烈受到理想主义驱动的近似非营利组织和捐赠基金的形式，到类似于新生企业孵化器的更具风险、利润导向性更强的风险基金。在泡沫经济的高峰期即人为繁荣时期，相较于小型区域性企业而言，政治化的规模经济对大型企业或者跨国公司更有利，而到了经济修正时期，牢牢抓住区域性价值创造链的小型企业会表现出更强的弹性。新生企业的风险极高，因此必须努力实现投资的多元化。投资多元化往往会让投资者变得贪得无厌，最终不可避免地产生资本的破坏（也就是企业家的判断出现错误，大部分的价值消失）。这个问题与导致信用合作社破产的问题相同。没有泡沫经济来人为支撑的企业毕竟需要企业家精神，而企业家精神的产生是充满困难和艰辛的，并且也是罕见的。企业家精神是很难通过委托或购买的方式获得的。马克思·沃斯（Max Wirth）在《商业危机史》中如此描述这个问题：

> 要想在某个部门找到勤劳且专业的工人就已经非常困难了。现在，要找到能够监督所有部门，对所有部门的事务进行判断，领导不同部门最终实现盈利的人几乎是不可能的。然而，这却是信用合作社为自己设立的任务。它们从事股票市场业务，而光是这一项业务，人穷尽一生可能都无法完全掌握。它们也从事银行业务，成立精巧的棉花、雪茄和机器工厂。如果它们亲自打理这些业务，肯定会遭受巨大的损失，因为它们无法管理和监督如此庞杂的异质事物。如果它们建立这些业务只是为了再次出售股份，在自己不了解的事情上自称是公众的守护者，就会在不知不觉中给股东造成巨大的损失。①

如果区域限制与区域性知识的特别集中有关，那就这一问题而言区域性投资就具有优势。由于区域结构通常是比较传统的，甚至可以追溯到货币革命之前的时代，所以它提供了额外的机会，同时也增加了额外的风险（在企业家精神中，机会和风险总

---

① Max Wirth：Geschichte der Handelskrisen. Frankfurt/M.：J. D. Sauerländer，1858，p. 320.

是并存的）。新的机会在于重新发掘原本已经被大量遗弃的知识；而新的风险在于所从事的活动不能满足当前的需求与条件。从企业家精神的视角看，从事区域性活动在知识和资源方面是有利的，但在销售和市场营销方面是不利的。那些能够满足全球需求的区域性公司蕴藏着最大的价值创造潜能。比如亚洲人对教育、真实性（authenticity）、自然、文化和生活质量的需求正在不断增加。这种需求当然会和许多理想主义的信念相冲突，因为鉴于目前存在的经济扭曲，每一次建立更大市场的尝试都可能成为引起金融泡沫或者需求炒作的因素。因此，明智的做法是严格区分投资（目标是为那些愿意提供资金的陌生人创造价值）与捐赠基金（目的是改进人们认为公正和重要的事务），将两者分开考虑。否则人们可能会对自己的行为有非常良好的自我感觉，但最终的结果却表明所有的付出并不值得。也就是说，最后的结局可能会变成既不是一项投资活动，也不是一项可持续的捐赠行为。

小额信贷

自从穆罕默德·尤努斯（Muhammad Yunus）获得诺贝尔奖之后，他就成了小额信贷业务的标志性人物。1974 年，他萌生了延长贷款时间以代替捐款的想法。他的家乡孟加拉国刚刚经历了一场饥荒，大多数人连基本的衣食住行都难以维系。尤努斯用非常少的钱资助了 42 个家庭，但要求这些家庭必须偿还这笔资金。这个要求的目的是激励他们更加高效地使用获得的资金。当时人们偿还借款的方式就是购买货物然后转卖掉，这种现象现在依然存在。这位经济学家对一些在政府机构中具有影响力的朋友进行了劝说，成功地让他们对这种特殊的信贷扩张方式产生了巨大热情。几年之后，尤努斯获得了银行业牌照以及优厚的免税待遇。他称信贷是一项“人权”，并认为：

> 如果让我只挑选一件事情让穷人能够摆脱贫困，那我一定会选择信贷。①

奥地利学派经济学家会对这种论断持怀疑态度。尤努斯也的确为小额信贷的现实性提供了一个反面案例。他从联合国获得了第一笔巨额补贴，随后又从孟加拉国纳税人基金那里获得了一笔补贴。此外，因他而创立的格莱珉银行通过美国基金会和世界各国政府担保的廉价贷款等方式获取补贴。格莱珉银行以 20%左右的平均利率将这些贷款提供给女性群体。贷款的标准不同寻常且存在很大问题：只有拥有不到 2 000 平方米土地的人才能因为自己的贫困而获得一份贷款“奖励”。

从格莱珉银行得到贷款的条件不止这一个。它通常会将女性债务人编成小组，定期举行集体仪式。除了其他事项之外，她们必须背诵“16 条决定”。这是一个有关道德戒律的目录，目的是提高妇女的道德教育水平。事实上，这似乎成为格莱珉银行成功的主要秘诀。尤努斯实际上创建了一个复杂的再教育计划。他只是利用贷款来创造形成依赖和责任的条件，并引入一种集体性的纪律工具。虽然教育的内容倾向于集体主义，但毋庸置疑的是，这的确对参与者物质生活的提高起到了很大的作用。

---

① Muhammad Yunus：“Does the Capital System Have to Be the Handmaiden of the Rich?” Keynote address at the 85th Rotary International Convention in Taipei, June 12－15，1994.

继孟加拉国之后，这个风潮又吹向了印度。当时的印度有1 000多家提供小额信贷的机构，这还不包括参与小额信贷业务的银行。小额信贷机构的组织形式各不相同。尤努斯的再教育系统似乎并没有被印度人采纳。当地的参与者更多地表现为“自助团体”。马尔科姆·哈珀（Malcolm Harper）教授认为，产生差异性的原因在于孟加拉国人民习惯于军事独裁。而在印度，至少从表面上看较为“民主”的政府形式更受人民的欢迎。①

“自助团体”的平均运营成本低于格莱珉银行，因此能够收取相对较低的利率。但是印度人对小额信贷的抵触也更为明显。2002—2006 年，约有 87 000 位农民因为负债过度导致作物歉收而自杀身亡。2006 年，当得知克里希纳县的妇女的确因为小额信贷而过度负债并自杀后，当局暂时关闭了几家小额信贷组织的分支机构，并宣布债务无效（《经济学人》，2006 年 8 月 17 日）。

世界银行前分析师、生态基金会（Ecological Foundation）主席苏仁德拉那加·夏尔马（Sudhirendar Sharma）称这些自杀事件是小额信贷运动中的“黑暗阴影”，并在《印度金融日报》（2002 年 9 月 25 日）的一篇文章中警告道，小额信贷很有可能造成债务陷阱，为了偿还贷款，人们不得不耗尽自己的储蓄。这就产生了一个矛盾：因为小额信贷本身的目的是促进贷款者的资本形成。如果小额信贷的确会对储蓄造成不良影响，那结局将是毁灭性的。这个问题在印度尤为严重，因为印度是世界上储蓄率最低的国家之一。

官僚主义让这个问题变得更加棘手。在大多数情况下，法律

① Thomas Fisher，M. S. Sriram，Malcolm Harper：Beyond micro-credit：putting development back into micro-finance. New Delhi：Vistaar Publications，2002.

禁止小额信贷机构管理储蓄。虽然迄今为止对小额信贷的影响做出的一项最系统的研究得出的是乐观的结论。但该研究仍然发出警告：小额信贷往往会把“穷人囚禁在不断恶化的债务旋涡之中”。[①] 从这项研究来看，小额信贷给穷人带来的帮助总体上似乎远低于给那些已经拥有资产的人带来的帮助。研究者大卫·休姆（David Hulme）和保罗·莫斯利（Paul Mosley）的结论是，借款人越富有，他通过小额信贷进行创业实现收入增长就越快。已经拥有财富和各类资质的借款人可以更好地利用贷款。最贫困的人群在承担风险以及利用贷款增加自身收入的能力方面都较差。实际上，许多极端贫困的借款人的情况会因为小额信贷变得更加糟糕，因为它给这些人带来了超出他们承受范围的风险压力。[②]

这个问题似乎是不言而喻的。但不幸的是，由于意识形态等原因，许多小额信贷计划将自己的受众群体定位为最贫困的人。然而，这些穷人的“企业家精神”跟独立自主或者冒险进取没有任何关系。这些群体中的大部分人更愿意为了工资而工作。于是我们面临一个困境：最贫困的人最不可能有效地使用小额信贷；而那些能够高效使用小额信贷的人实际上并不需要小额信贷，他们需要的是更为长期的、数量更多的贷款。但是，即便向最贫困的人提供小额信贷，还款率相对而言还是比较高的。不过，偿还小额信贷的方式是从另一家小额信贷组织借钱。以孟加拉国为例，尤努斯极力宣传小额信贷后，该国出现了 10 000 多家提供

---

① David Hulme，Paul Mosley：Finance Against Poverty，vol. 1. London：Routledge，1996，p. 206.

② 同上，p. 120.

小额信贷的组织。

尽管如此，小额信贷还是有着惊人的稳定高收益。这些高收益一部分可能来自劳动力而不是资本的回报。[①] 尤其是在一些地区，女工常常被排除在劳动力之外。因此，她们只能以自我雇佣的身份进行工作。这就需要个体拥有一些自有资金。在这种情况下，小额信贷可以让劳动力创造出原本不存在的收益。

在大多数情况下，小额信贷的金额在 40～1 200 美元之间，平均还款率高达 98%。贷款期限相对较短，为 6～36 个月。贷款能否延期取决于具体的商业计划。为了防止违约发生，小额信贷机构主要将钱借给团体组织，并且借款者只有在第一笔贷款已经及时清偿的情况下，才会获得额外的贷款。贷款利率在大部分情况下维持在 20%左右。贷款方的收益率在 3%～15%之间。

世界上最大的小额信贷机构其实位于德国[②]，这可能会让人感到吃惊，因为小额信贷总会让人联想到"第三世界国家"。但"穷人银行"运动在德国有着非常悠久的历史。最初，德国涌现出各种储蓄协会（最早的储蓄协会出现于 1778 年的德国汉堡），随后又成立了各种公共储蓄协会（第一家公共储蓄协会成立于 1801 年）。在储蓄协会扩张以及小额信贷业务在德国牢牢扎根的过程中，Raiffeisen 和 Schulze-Delitzsch 这两家大牌公司扮演了重要角色。

弗里德里希·威尔赫姆·雷发巽（Friedrich Wilhelm Raiffeis-

---

① M. Shahe Emran，A. K. M. Mahbub Morshed，Joseph E. Stiglitz："Microfinance and Missing Markets". SSRN Working Paper，March 2007.

② Hans Dieter Seibel："Does History Matter? The Old and the New World of Microfinance in Europe and Asia". Working Paper，Development Research Center (University of Cologne)，2005.

en）专注于农村地区的信用社业务。农村信用社的目标是向农民提供小额信贷。那些小额信贷不是通过政府支持的信贷扩张（通货膨胀）创造的，而是从农民自己的储蓄中提取的。那些后来被称为 Raiffeisen Bank 或 Kassen 的机构将这些储蓄投入到最有生产力的用途上，从而使各个地区能够逐渐经历缓慢但可持续的经济增长。人们不需要担心螺旋式上升的债务压力，因为贷款的规模受到原本数量就不多的储蓄的限制。高利贷的问题也不会出现，因为这些贷款需求并不是人为制造出来的（例如声称信贷是一项“人权”）。由于采用自助模式，所以管理费用也较为适中。雷发巽建议收取的利率为 5％。

赫尔曼·舒尔茨-德里奇（Hermann Schulze-Delitzsch）则活跃于城市范围内。他为工匠和小企业家建立了信用社，并使之最终演变为人们所熟知的“人民银行”（Volksbanks）。他非常重视自助模式和个体责任。与雷发巽一样，舒尔茨-德里奇也明白一个道理。这个道理用发展经济学家彼得·鲍尔（Peter Bauer）的话来说就是“富有是经济发展的结果，而不是经济发展的前提”①。

小企业家通常用自己的现金流为企业的业务扩张提供资金支持。另外，向穷人提供的贷款通常用于支撑他们周期性的或者紧急情况下的消费活动。正如托马斯·迪西特（Thomas Dichter）所强调的那样，先有经济增长，然后才有能力向人民群众提供信贷。② 但这已然悄悄埋下了现代通货膨胀型经济周期的种子：消

① Peter Bauer：From Subsistence to Exchange and Other Essays. Princeton，NJ：Princeton University Press，2000，p. 6.

② Thomas Dichter：“A Second Look at Microfinance. The Sequence of Growth and Credit in Economic History”. Development Policy Briefing Paper. Washington DC：Cato Institute，02/15/2007.

费品行业的大公司为了鼓励人们消费，支持以政治促销的方式向人们提供贷款。

与此同时，小额信贷运动从它自己的经验中学到了不少东西。许多专业管理基金允许投资小额信贷，并且有极其稳定的收益。但很不幸的是，到目前为止只有极少数的个体投资者获得参与其中的许可。小额信贷的一大优势是它与其他资产的相关性比较低。小微企业家与金融界或者证券交易所的各种事件并没有太多的交集。“小微”字眼表明所关注的就是小体量、小规模，这些企业或项目有巨大的潜力通过可持续的经营提高最贫困人口的生活水平，让他们得以安居乐业。在这些方面，我们可以从小额信贷项目中学到很多东西。我们最大的希望是将以往的经验知识运用于小额资本的积累。如果我们不让一厢情愿和意识形态蒙蔽自己，那么小额信贷的发展可以给我们带来有关更多人性化、“注重微观”的经济活动的重要建议。

通过小额信贷进行合理的投资，能够直接带来“微观的参与性利益”(micro-participatory interests)。这一点类似于我们在“区域性投资”一节中讨论的内容。地理和文化的邻近性是投资项目选择中的一个优势。同时，通过小额信贷进行的全球投资，只有以投资基金的形式出现才有意义，因为它能增加多元化的可能性。通过社会组织或者较小的倡议机构进行的投资更类似于捐赠基金。某些互联网平台说自己让个体企业与债权人建立直接的关系，这在很多情况下纯粹是一种广告策略罢了。

一些个案也许非常能打动人，但这并不代表投资一家个体企业是一个明智选择。从目前的情况来看，交易成本仍然过高。不过随着众筹平台的发展，这种情况可能会得到改善。大多数平台都会根据用户的预付费情况，对价格进行区分。其中只有极少数平台能够提供真正的投资机会，比如德国的 seedmatch. de 平台便是如此。这类理念的国际推广较为失败，究其原因是各国政府在管制上存在差异。这些管制通常非常严格，这样才能保护各国内部的银行卡特尔，而数字货币的出现给这个领域带来了新的机会。

在最好的情况下，小额信贷同奥地利学派的理念非常契合：真实的储蓄用于企业家的创业项目，企业家对损失承担完全的责任。由于货币贬值、内战以及由“发展援助”诱发的政治不稳定，世界上许多地方的人已经很难积累储蓄了。国际投资几乎是唯一一个通过资本积累来激发人们创业与创造潜能的途径。意识形态、“发展援助”、政治和银行的角色越弱，小额信贷所发挥的作用越明显。

结　论

经济学理论对投资者有什么作用？首先，经济学理论能够说明事物正朝哪个方向前进。其次，它会建议投资者如何依靠自己的力量把事情做好，积累、保护自己的财富。市面上有数不胜数的预测，但更多的则是模棱两可的话语。我们尝试着稍微调整一下读者的期望。在新古典主义、凯恩斯主义、货币主义（正统）以及历史主义（非正统）这两股经济学潮流中，奥地利学派一直保持着清醒、现实和谦虚的态度。

第一种经济学潮流认为，由政府主导的市场是有效率的。所以投资者除了相信银行家和政客之外，没有别的选择。未来已经包含在价格中，经济是可控且可预测的。第二种经济学潮流希望“制度”（system）终结，并预测了一种历史上预先确定的制度变革，否定所有经济规律的存在，唯一需要做的是将“政治正确”放在首要位置。相比之下，奥地利学派认为未来是不确定的，但未来事件也不是任意发生的。在塑造未来的过程中，经济学理论能够帮助我们识别不同的模式，并且根据这些模式承担起责任。

因为未来是开放性的，所以我们不能对未来进行明确的预测。任何信誓旦旦地描述未来必然会发生什么事情的人不是傻瓜就是骗子。我们能做的只不过是分享自己对未来的评估。这个评估不是基于模型的计算结果，因为有关模型的秘密公式被经济学家藏在某个地方（暗指不存在这样的模型或公式——译注）。相反，这个评估是建立在对当前可见的各种模式的主观思考之上的，而经济学理论使我们能够识别和解释这些模式。我们已经在前文阐述过自己的评估：短期内的滞涨介于恶性通货膨胀与恶性通货紧缩之间，并伴随着越来越严格的金融抑制；在中期，政府会尝试利用一种全新的主导货币进行全球性协调，这常常伴随着国际冲突；从长期来看，经济结构将发生大规模的调整，这样可持续的经济发展才再次成为可能。

当然，在全球范围内，一件事与另一件事同时发生是有可能出现的，不同的场景可能会叠加出现。当前的“再通胀”并不是经济复苏的征兆。从长期来看，不可能通过增加债务的方式解决债务问题，经济泡沫的后果也无法通过制造新的泡沫来消化。过去和现在之所以面临各种问题，一个重要的原因是我们的债务体系如同指令经济，并且如今几乎没有人再质疑这个体系。但是，如果对货币体系没有更深入的了解，就不可能理解当前的发展趋势。这也是我们如此关注货币理论的原因。

上面几段话看上去可能比较笼统，人们可能不会把它作为“预测”（forecast）来接受。就算失望的读者选择听从更多“时髦先知”和“专家”的话，我们也不能阻止。但是我们肯定会做出非常具体的评估，读者可以将其作为投资策略的基础。未来是不确定的，但我们真的就因此而无能为力了吗？事实恰恰相反！

经济学理论帮助我们勇于实践，从过去的错误中吸取教训，然后再次尝试。也许我们会再次经历失败，面对未来的黑暗。有些人可能停滞不前，或者盲目地追随其他人，听从新闻主持人的推荐或者政客们的承诺。另一些人可能只是盲目地朝一个方向飞奔，直到撞上南墙。经济学理论所能给予的无非是一点勇气、一点智慧和一点谨慎，以及一点对事物保持的平衡感——但这已经相当多了，因为所有这些都被认为是基本的美德。

有人会认为，如果我们不能准确地预测哪个人会走进赛马场的彩票店，我们所说的如何称得上是具体的建议呢？其实仔细阅读本书的人会发现我们提出了非常丰富的建议。但是，即便我们的建议再好，也无法代替人的行动，无法克服人与人之间的差异以及条件框架的不同所引起的矛盾。即使我们已经详细列出了买什么、以什么价格买、什么时候买，但谁又能让读者真的相信呢？

我们尝试将一般性的建议与具体的投资策略实例结合起来。然而，就和其他决策一样，即便我们给出详细的投资组合，它也取决于背景。在过去50年的时间里，永久投资组合是应对不可预知的未来的最佳策略，它能让你在泡沫经济中有所作为，不会任由泡沫经济摆布。在接下来的50年里，情况当然会有所不同。回顾过去，提出伟大的战略总是一件很容易的事情。因此，明确“不可知的未来是一个先决条件”，从一开始就是一个好的、现实的建议。但在明确这一点之后，我们也要申明，面对不可知的未来，我们并不是在盲目行动。正如汉斯-赫尔曼·霍普（Hans-Hermann Hoppe）所说的那样：

> 因此，虽然经济预测必然是一门无法进行系统性教学的艺术，但与此同时，所有经济预测必然受到有关行动本身的先验知识的限制……有些人的预测建立在正确的行为学的（praxeological）逻辑推理之上，而有些人的预测则建立在逻

> 辑混乱的思考和推理之上，那么前者必然能够对未来的经济事件做出更加准确的判断。这意味着从长期来看，受过行为学熏陶的人比那些没有学习过行为学的人表现得更好……要理解经济预测的逻辑和行为学推理的现实功能，就要把经济学的先验定理作为经验型预测的行动约束与逻辑约束，并把它作为判断未来会不会发生某些事件时应施加的逻辑限制。①

奥地利学派的理论能够帮助我们识别长期的模式。我们可以根据奥地利学派经济学理论判断出许多低劣的投资组合或者投资策略，比如那些极易受到债券泡沫破裂影响的极端保守的投资组合。奥地利学派的任务是为我们指出更多的选择——尤其是那些现在还不能立即辨别的选择。未来越是遥远，与现在的差异就越大，经济学理论就显得越重要。具体因素和当前实践的价值在减少，而一般性反思的价值在增加。正是出于这个原因，除了给出具体的建议之外，我们还概述了投资组合的理念，它们尽可能地独立于某个具体事件，是有关结构与战略的最为一般性的建议。

在本书，我们尝试做一种艰难的平衡：试图给出这样的理论，既在 50 年后仍然能够给出建议，同时也考虑当代的实际情况。最终，它们是两种不同的模式，因此书中的断裂有时是较为明显的。这两种模式的不同类似于投机者和经济学家之间的差异，它们有各自的合理性和不足之处。我们既不能只关注整个历史进程中出现的经济学理论，它们以各种抽象诡辩的方式充斥于大部头著作；也不能只关注当代具体的投机活动，因为它们在货

① Hans-Hermann Hoppe：Economic Science and the Austrian Method. Auburn，Alabama：Ludwig von Mises Institute，1995，pp. 44－48.

币贬值的恐慌中，追求着流行词汇、新的炒作和新的资产类别。

投机者常常因为过于受到时代精神的影响，而为自己敏锐的时机感付出代价。经济学家则可能让时间从身边流逝，静静待在他的象牙塔里。所以，奥地利学派非常强调，行动者必须把理论与实践结合在一起，成为一个有远见的企业家。但正是企业家行动，导致未来虽然不确定，但并非消极。有能力的企业家和有能力的理论家一样，往往走在时代的前面。他们不认为世界就应该是现在看上去的这个样子，而应该是它该有的样子。他们会在批判性反思的基础上审慎地承担风险。

学习奥地利学派经济学并不能保证你必然成为一名出色的企业家，也不能让你必然具备投资的敏锐性。作为一种有着充分深度的理论传统，只有那些想象和塑造未来世界的理论家才对它感兴趣。对务实的、创造未来世界的企业家来说，奥地利学派经济学传统能够提供一种有价值的方法来纠正偏差，使他们从受欺骗中摆脱出来。这并不是因为它带有“奥地利学派”的标签，而是因为带有这个标签的经济思想在整个动荡不安的历史时期存活了下来，在疯狂的 20 世纪经受住了考验。

奥地利学派曾经犯过错，现在也犯错。奥地利学派也并不是一个高度统一的、封闭的经济学流派。老维也纳时代的经济学家及其继任者没有秘密知识，他们的方法并不是唯一正确的，研读它们不能使我们在一夜之间解决今天的所有问题。尽管如此，我们给那些担心自己储蓄的人的最好建议是：把你们的目光从各种新闻报道上移开，转到奥地利学派的书籍上，即使这样做一开始可能会增加你的担忧。

本书旨在提醒读者不要被目前这个时代的舒适感所麻痹，也不要只会发一些不起作用的牢骚。在此，我们必须回答一个问题：对增进人们对当前经济事件的理解，做出更好的投资决策，奥地利学派经济学能够做出什么样的贡献？答案可能有些令人失望：比较少。怀着谦虚的态度，我们还要再次提醒人们小心那些许下美好承诺的大师。经济学与所有人的行动一样，如此多样化，充满着惊喜、疑虑、矛盾和不可预知性。归根结底，这正是经济学的魅力所在，也是奥地利学派经济学充满悬念的原因。

对经济学理论的一种恰如其分的理解是，它能够帮助我们反思自己的行动。也就是说，它可以被恰当地理解为哲学的一部分。伦理是对我们个体习惯与原则的反思；政治是对人类社群与冲突的反思；经济学作为实践哲学的第三个组成部分，是对我们家庭与企业结构的反思。由于大多数人只能通过为他人创造价值这样一个间接的途径提高自己的生活质量，并且只能在与他人的交流（交换）中认识、发展和发挥自己的潜能，因此，我们依赖经济学——从全球互联的角度看，也依赖宏观经济学。我们不仅有必要从伦理或政治的角度来看待经济——不是从我们希望它如何——而且有必要从现实的角度，也就是与经济主题相关的角度来看待经济。在本书有限的篇幅内，我们介绍了一般的排序原则和各种模式，并对具体事件、机会和危险进行了解释。

如果读者现在能够从稍微不同的角度认识日常发生的事件，收获新的想法，在某些时候注意到原本会被忽略的事情，以更加清醒、坚定和负责任的态度面对不确定的未来，那么我们就已经取得了很大的成功。

Österreichische Schule für Anleger：Austrian Investing zwischen Inflation und Deflation
By Rahim Taghizadegan，Ronald Stöferle，Mark Valek and Heinz Blasnik

图书在版编目（CIP）数据

奥派投资：穿越通胀与通缩/（ ）拉希姆·塔吉扎德甘等著；朱海就，屠禹潇，童娟译．--北京：中国人民大学出版社，2023.8

ISBN 978-7-300-31636-9

Ⅰ.①奥… Ⅱ.①拉… ②朱… ③屠… ④童… Ⅲ.①投资—通俗读物 Ⅳ.①F830.59-49

中国国家版本馆 CIP 数据核字（2023）第 068818 号

奥派投资

穿越通胀与通缩

拉希姆·塔吉扎德甘（Rahim Taghizadegan）
罗纳德·圣弗尔（Ronald Stöferle）
马克·瓦莱克（Mark Valek）
海因茨·布莱斯尼克（Heinz Blasnik） 著
朱海就 屠禹潇 童 娟 译

Aopai Touzi

出版发行	中国人民大学出版社		
社　　址	北京中关村大街 31 号	**邮政编码**	100080
电　　话	010－62511242（总编室）		010－62511770（质管部）
	010－82501766（邮购部）		010－62514148（门市部）
	010－62515195（发行公司）		010－62515275（盗版举报）
网　　址	http://www.crup.com.cn		
经　　销	新华书店		
印　　刷	北京联兴盛业印刷股份有限公司		
开　　本	890 mm×1240 mm　1/32	**版　　次**	2023 年 8 月第 1 版
印　　张	12.25　插页 2	**印　　次**	2023 年 8 月第 1 次印刷
字　　数	268 000	**定　　价**	118.00 元

金融帝国贝莱德

【德】海克·布赫特（Heike Buchter）著

石建辉 译

被《财富》誉为“华尔街过去 10 年中最大的成功”

万亿规模全球资产管理巨头成长史

看懂金融世界如何运行

贝莱德是全球最大的资产管理公司之一，2022 年所管理的资产约 8.6 万亿美元。本书展现了贝莱德的成长史及其创始人拉里·芬克的起落沉浮，呈现了贝莱德崛起背后华尔街的变化，以及美国和欧洲经济金融事件千丝万缕的联系。

在 2008 年金融危机中很多金融机构倒闭或凋零，贝莱德却抓住机遇迅猛扩张。华尔街的金融人士如何实现阶层攀登？美国资本如何影响欧洲？养老金投资如何成为新的大生意？普通人的生活如何受到影响？《金融帝国贝莱德》是一本让你看懂金融世界如何运行的书。

巴菲特幕后智囊：查理·芒格传

【美】珍妮特·洛尔（Janet Lowe） 著

邱舒然 译

国内唯一芒格本人及巴菲特授权传记

股神巴菲特、全球首富比尔·盖茨、迪士尼传奇掌门迈克尔·艾斯纳

睿远基金总经理陈光明、金石致远 CEO 杨天南、东方港湾董事长但斌

倾力推荐

查理·芒格是巴菲特的幕后智囊、杰出的投资思想家、伯克希尔的灵魂人物、51 年年复合增长率 19.2%的投资奇迹创造者。

本书通过对芒格本人、家人及密友长达三年的近距离了解和访谈，重现了芒格从律师成长为具有深刻洞见的投资家的人生经历，全面展现了芒格的投资和人生智慧，对于投资者来说是不可不读的经典之作，对于普通人来说也是全面提升思维决策水平的必读书。

钱的千年兴衰史

稀释和保卫财富之战

金菁 著

读钱的历史，在不确定的世界做出恰当的财富决策。

高　坚　国家开发银行原副行长

戎志平　中国金融期货交易所原总经理

重磅推荐

荣获“2020 中国好书”，入选光明书榜、中国新闻出版广电报优秀畅销书榜、百道好书榜、长安街读书会干部学习书单。

本书是一部关于钱的简史，从“用什么衡量财富”和“什么才有资格被称为钱”谈起，呈现了利息、杠杆、银行、纸币、债券等我们今天习以为常的金融要素产生的来龙去脉，其间充满了压力、创新、无奈甚至血腥的斗争。本书不仅让我们更了解钱，也通过阅读千年以来财富的稀释和保卫之战，启发读者思考在如今这个充满不确定性的世界，如何做出恰当的财富决策，实现财富的保值增值。